炉 边 谈 话

ROOSEVELT'S FIRESIDE CHATS

【美】富兰克林 · 罗斯福（Franklin Roosevelt） 著

赵越 孔谧 译

中国人民大学出版社

·北京·

危机·人民·领袖

——罗斯福"炉边谈话"及其他

作为美利坚合众国的首都，华盛顿自然少不了有关美国总统的纪念性建筑，诸如华盛顿纪念碑、林肯纪念堂等，早已为人们耳熟能详。华盛顿广场高耸入云的尖顶华盛顿纪念碑，似乎象征着一个年轻共和国的独立与成长，以及共和国宪政原则的严正与凛然。林肯纪念堂庄重的林肯塑像，又似乎象征了天赋自由的尊严以及合众国"合众为一"的精神旨归。这样的纪念性建筑，把美国人民对领袖的缅怀与景仰展现无遗，也把美利坚精神体现得淋漓尽致。

与华盛顿纪念碑的高耸、林肯塑像的庄重形成鲜明对比的，是罗斯福纪念公园的一尊塑像——一位穿着俭朴的平民，坐在房间的一角，全神贯注，正在倾听着什么。无须多想，人们马上就会说出："他是在聆听罗斯福总统的'炉边谈话'。"

任何纪念历史人物的建筑，本质上都是对于一些思想和精神的肯定与坚守。罗斯福纪念公园的这尊平民塑像，虽然没有直接表现总统，却生动形象地给我们讲述了一个领袖的非凡故事，一段令人难忘的峥嵘岁月，一些至今闪光的理念与精神。

一

富兰克林·罗斯福，1882 年 1 月 30 日出生在纽约的海德公园①。他是荷兰人的后裔，祖辈在 17 世纪 40 年代移民到新阿姆斯特丹②。罗斯福的父亲是一位富有的铁路官员，母亲也出自一个富足的美国家庭。父母对罗斯福从不溺爱，父亲教给他责任——为自己的所作所为负责；母亲的严厉则有助于他勤奋、坚韧品格的形成。少年的罗斯福在公立学校读书，但更主要的是接受家庭教育。一位法国女教师对他进行了严格的语言和历史方面的教育，对他价值观的形成也作用甚大。14 岁时，罗斯福进入私立寄宿学校格罗顿学习，在这所以严格著称的学校里，他经受了锻炼，学到了知识，激发了道德感和社会责任感。1900 年，罗斯福进入哈佛大学。大学期间，罗斯福通过体育运动和课余活动，尤其是参与办校报的活动，从一个腼腆的"局外人"成长为一名社交活跃分子。在校三年拿到学位后，他又留在学校当了一年校报主编。1904 年，罗斯福进入哥伦比亚大学学习法律，获得学位后轻松通过律师考试，进入了纽约的一家律师事务所。在此期间，他与远房堂妹埃莉诺·罗斯福（西奥多·罗斯福的侄女）结为夫妻。

---

① 罗斯福家族面积达数百亩的庄园。——译者注
　本书脚注均为译者注。不再一一说明。
② 现纽约市。

罗斯福很快便发现，自己已经不满足于仅仅做一名律师了。1910年，他作为民主党候选人竞选纽约州参议员，最终获得了这个已经被共和党垄断了32年的席位。在担任州参议员期间，罗斯福显得老练而独立，对政治生活十分适应。在1912年的总统大选中，罗斯福支持伍德罗·威尔逊，后来作为回报，他被任命为海军部助理部长。罗斯福对这一工作非常热爱，因为他从小就酷爱船与大海，而且笃信马汉的海权论。这份工作对罗斯福影响巨大。他主要分管海军的商务，因而必须面对企业和工会，这使他学会了与之相处，也认识到了商人唯利是图的一面。其间，他多次请求赴前线作战，以便为自己的政治生涯增添绚烂的一笔，却未能如愿。但幸运的是获得了一次赴欧洲考察海军基地的机会，他由此接触了欧洲同行，目睹了真正的战争。在1920年大选中，罗斯福被民主党提名为副总统候选人。虽然他最终和竞选伙伴詹姆斯·卡克斯败给了哈定和柯立芝，但这次竞选还是让罗斯福受益匪浅。

1921年8月，罗斯福在纽约长岛海滨度假时，由于火灾和冰冷刺骨的海水而患上了脊髓灰质炎①。这无异于灭顶之灾，因为这意味他从此要与轮椅和拐杖为伴，甚至是彻底退出公众生活。然而，罗斯福依旧十分乐观，他通过游泳和健身来增强自己的体质。他也没有从政治舞台上消失，人们总是能看到他参与政治活动的身影。而且在康复治疗中，罗斯福把对他的身体有颇多助益的佐治亚州的一处温泉建成了一个非营利性的小儿麻痹症水疗中心，并创办基金会，给患者提

---

① 即小儿麻痹症。

供收费低廉的治疗。

1924 年，罗斯福回归政坛。在民主党的大会上，他提名纽约州州长阿尔弗雷德·E. 史密斯为总统候选人。虽然史密斯最后未能获得民主党提名，但罗斯福拄着双拐登台演说的豪迈气概深入人心，这一举措也为他赢得了变革的名声。四年之后，史密斯在罗斯福的支持下获得民主党提名，而史密斯则劝说罗斯福竞选纽约州州长。结果，史密斯败给了胡佛，罗斯福却赢得了州长选举。担任纽约州州长是对罗斯福影响深远的从政经历。他的州长任期几乎是与经济危机同时开始的，而他在州长任上也把纽约州当作了进行体制变革和实现政治理想的试验基地，并赢得了广泛声誉。从此，罗斯福开始青云直上，再度担任纽约州州长后，在 1932 年的大选中，罗斯福这颗"民主党的希望之星"击败了胡佛，成为白宫的新主人。

前所未有的是，罗斯福在白宫一待就是 12 年！自从有"国父"之称的华盛顿坚持两任之后不再连任后，再没有任何一位美国总统的任期超过两届。1940 年，罗斯福本该离开白宫，但美国还没有完全走出大萧条，第二次世界大战的战火又已经弥漫欧亚。美国人似乎认为只有罗斯福才能让美国渡过难关、走向复兴，所以又把他留在了白宫。四年后的 1944 年，美国已经卷入战争，而战时更换总统显然是不明智的，因而罗斯福又开始了他的第四届任期。如今回顾历史，可以说美国人民的选择是明智的，对领导美国走出两次危机来说，罗斯福堪称不二之选。

遗憾的是，罗斯福没有完成他的第四任期。1945 年 4 月 12 日，身心疲惫的罗斯福，在佐治亚温泉休养时溘然长逝。幸运的是，此时战争已经接近尾声,而且罗斯福临终前便已断定战事即将结束,并且对战后的世界局势和美国的利益做了精心谋划。

二

还是在五岁的时候——1887 年,罗斯福收到了一个奇特的祝福:"小家伙,我有一个奇怪的祝福,祝你永远不要成为美利坚合众国总统。"给他祝福的是时任总统的格罗弗·克利夫兰,当时罗斯福一家受邀在华盛顿过冬,临别时父亲带罗斯福去白宫向克利夫兰总统辞行,总统抚摸着他的头,给了他那个"奇怪的祝福"。

众所周知,成为总统,可以说是"美国梦"的最高形式,而克利夫兰之所以有此"奇怪祝福",恐怕是"心有戚戚"了。今天,当人们谈论克林顿、小布什以及奥巴马头发的黑白对比时,这一点恐怕令所有人都"心有戚戚"。

的确,美国总统是个催人老的职业,而罗斯福当总统的那个年代,对总统的考验似乎更加严峻,对总统的锤炼似乎更加苛酷。人们习惯于用"受命于危难之际"来概括伟人的横空出世,但对罗斯福来说似乎并非如此,因为他是自己主动竞选而上任的;不过,时局危难,倒是千真万确。

首先是大萧条。

就像今天这场金融危机承接着"繁荣"一样,大萧条之前的美国同样经历了一个空前繁荣的时期,史称"喧嚣的 20 年代"(当然也有人称之为"繁荣的 20 年代")。在这十年间,美国国民生产水平大幅提高:1919—1927 年,工厂劳动生产率提高 53%;1920—1930 年,农业劳动生产率提高 20%；1922—1927 年，年均经济增长 7%，是历史上和平时期最高的；国民生产总值从 1919 年的 742 亿美元（按 1929 年美元计算）增长到 1929 年的 1 031 亿美元。科技进步带来了新产品，又使老产品价格下降，因而汽车、冰箱等都进入了寻常百姓家。随着生活水平的提高，大众消费文化应运而生，乐观主义充斥社会。

然而，繁荣背后的严重问题也是不争的事实。当时，虽然人们的生活水平普遍提高，但民众收入增长的幅度却远远跟不上工业生产发展的步伐。与高度发展的国民经济相比，民众的购买力严重不足，生产与消费矛盾突出。在农业领域，由于市场萎缩和国外产品竞争，农民收入几乎减半。在工业领域，工人工资的增长远低于生产力的增长，而且由于生产效率的提高，就业人数几乎没有增加。这意味着以工薪支撑的全社会消费支出相对不足，而购买力不足则又使经济繁荣无法得到相应支撑，从而进一步加深了生产与消费的矛盾。

与广大民众收入增长较慢形成鲜明对比的是，企业的利润大幅增长，再加上共和党政府降低企业税负，促使财富急速集中。到 1929 年时，美国国家财富的 3/5 集中在 2% 的人手中。资本的集中又促使大量资金进入投机市场。当时进入股市的不仅有大富翁，由于拜金主义的美德化以及盲目乐观情绪的作用，许多中产商人乃至工薪阶层也大量投资股票，巨额资金流入股市。在所有这些因素的鼓噪之下，股价猛升，股票获利丰厚，股市投机情况日益严重，导致严重失控。

1929 年 10 月 24 日，星期四，美国股市暴跌，一天就蒸发了 30 亿美元，史称"黑色星期四"。当天，摩根公司拿出 24 亿美元基金以高于市场的价格购买股票，股市行情有所稳定。但 10 月 29 日，股市再次大挫，一天蒸发了 100 亿美元，相当于美国在第一次世界大战中的总费用。而股票市场的崩溃引起了连锁反应，各种商品大幅跌价，人们的信心严重受挫，信贷收缩，企业裹足，萧条到来。

三

大萧条对美国的影响无疑是至深至巨的。正如美国历史学家小阿瑟·M. 施莱辛格所言："美国经济和人民遭受的普遍经济灾难是空前的。在整个美国历史中，曾有过恐慌、衰退和通货膨胀，但大萧条对人民生活从而最终对美国制度性质的影响，是不可比拟的。"

就民生而言，萧条带来的是收入减少、生活水平下降以及失业。

危机开始的头一年，时任总统的胡佛要求企业维持原工资，工人工资相对稳定。1930 年下半年后，生产减速，工人被迫减少工时，工资也相应减少，年平均工资减少接近 20%。有经济学家推算，1927 年一个四口之家的最低生活费用为 3 000 美元，而实际上 1932 年全国家庭平均收入只有 1 348 美元。因此，当时的美国工人家庭缺衣少食，生活水平严重下降。相应地，出生率也显著下降，而且出生的孩子普遍健康状况较差，被称为"萧条的一代"。

农民的情况更为悲惨。本来，在 20 世纪 20 年代的经济繁荣中，由于第一次世界大战后农产品价格下跌，农民就未曾像工人那样分享过繁荣的滋味，经济危机更使他们雪上加霜。他们辛苦劳作生产出来的东西，不得不以低于成本的价格贱卖，要么干脆让它们烂在地里。西部牧场主的牲畜卖不掉又养不起，只好宰杀后抛入山谷。此外，由于农民抵押借贷的利息并未减少，部分必需品的价格又不像农产品价格下跌那么严重，导致农民的购买力大为下降。因无力偿还债务，1929—1933年，有100多万户农民因被取消抵押品赎回权而失去了他们的财产。

中产阶级也被危机所裹挟，不无艰辛。怀揣大学文凭的人开电梯，大学教授开出租，专业技术人员领救济，并不算是新鲜事。在加利福尼亚水库工地上从事体力劳动的人中，不少人原来是农场主、牧师、工程师甚至中学校长、银行行长。正如《纽约时报》所说："夜里敲门乞讨的，可能几个月前或一年前在银行签发过你的贷款，或者在你读的报纸上写过社论，或者是某家大地产公司的副经理。"不少文化名人亦难逃厄运。比如，《愤怒的葡萄》的作者约翰·斯坦贝克用猪油和食盐当肥皂洗衣服，连寄稿件的邮费也难以凑足，没钱看医生则只好听任牙齿坏掉。

最可怕的是失业。1929—1933年，全美平均每周都有10万人失业，总人数达1 300万。找不到工作的人们只好四处流浪。据历史学家推测，当时的流浪大军多达150万～200万人。他们中有原本一无所有的佃农，也不乏农场主、医生、律师、教师，有单身汉也有夫妇，有婴儿也有孕妇……流浪者没有明确的目的地，而所到之处又因本身救济负担已经很重而不愿接纳他们，给他们一夜之栖、一餐之助之后便不客气地撵走，流浪者甚至要面对警察的棍棒或牢狱之灾。流浪者住在城郊用包装箱、废木板搭成的窝棚里，人称"胡佛村"；或者在公园里的长凳上过夜，裹着旧报纸拼成的"胡佛毯"。

大萧条最严重的影响是美国民众信念的崩溃和心灵的创伤。与之相应的不满和抗争相当严峻。由于胡佛未能采取适当的措施解决问题，民众的反弹十分强烈。反对削减工资的工人举行罢工，失业的工人举行"饥饿进军"，城镇的违法活动不时有之，社会秩序十分混乱。农民则走得更远，他们设路障不准把农产品运进城市，采取行动夺回自己被取消赎回权的土地，甚至不惜施暴、杀人。

冲击也指向了美利坚的制度根基。最为激进的一部分知识分子认为经济危机是资本主义背叛历史的结果，主张进行社会革命，学习苏联，实行共产主义。但主流的观点是在资本主义框架下进行变革，即走一条既非自由放任、又非共产主义的中间道路。很快，知识分子、政治家、相当比例的普通民众乃至企业家达成了共识：在资本主义民主自由的前提下，舍弃自由放任的经济政策，实行一定程度上的国家干预社会经济生活的变革。

显然，时代呼唤变革，人民呼唤变革。就是在这一片变革之声中，1932 年的大选拉开了序幕。此时，谋求连任的胡佛抱着旧政策不放，他的竞选纲领仍然坚持自由放任的政策，主张联邦不对市场进行干预，基本上靠地方政府解决危机。而罗斯福则早在民主党大会上接受提名的演讲中就起誓"我决心为美国人民实行新政"。就此来看，两位候选人的胜负似乎已不言而喻。

四

1933 年 3 月 4 日，罗斯福宣誓就任总统，拉开了"新政"的大幕。实际上，罗斯福的变革精神和"新政"理念在他就任总统之前就有所体现。

罗斯福在担任纽约州州长的时候就奏响了变革的序曲，一定程度上可以说纽约州正是其未来"新政"的试验场。比如，在公共能源和自然资源保护两个方面，他采取了重大举措：降低公用能源价格，力主政府管理和参与能源开发，并对私有公用企业①进行有效控制；由州政府购买抛荒的土地用于植树造林，并进行将城乡接合起来的尝试。面对经济危机，他大胆采取措施救助穷人。他任命了"稳定就业委员会"，成立了"州临时救济署"。这些均较全美其他州先着一鞭，体现了罗斯福的变革精神。而在奥尔巴尼（纽约州首府）时，由哥伦比亚大学教授组成的智囊团就已经让他对经济政策问题有了清晰的认识：经济集中的趋势无法逆转，从而将自由市场转变为"被大公司经营者控制"的市场。这种由私人控制的经济生活是不可靠的，正是这种私人控制造成了大萧条。20 世纪 20 年代经济繁荣发展的收益变成了企业主的利润、存款和资本，而这种收益本该通过向工人支付较高工资和对农产品支付更高价格来增强购买力。解决问题的唯一途径，就是由政府进行有组织的规划。这些认识，成了后来罗斯福"新政"的思想基础。

"新政"的具体内容部分地在罗斯福竞选时浮出水面。在接受提名的演说中，他倡导实施森林重建计划；在俄勒冈州的波特兰市，他提出政府要对电力供应等公共事业进行调控；在匹兹堡的演讲中，他认为在民众饥饿和急需帮助时应该增加拨款；在多个场合，他勾画了

---

① 私有企业随着发展而积累的巨额财富名义上归自己所有，实际上已为社会所用，这就是私有公用制。所以，私有公用制不是一种制度，而是一种社会机制，这种机制促使人们拼命创造和积累财富，却又很少消费这些财富，这些财富最终成为永远为社会所用的财富。

政府与企业合作的新秩序。此外，如财政赤字、联邦工程、提高富人税负等政策也已成竹在胸，只是出于竞选策略的原因未加渲染而已。

罗斯福"新政"往往被史学家分成两个阶段，分别冠以"第一次"和"第二次"之名。"第一次新政"的主要立法在1933年3月9日—6月16日期间完成，历时99天，习惯上称为"百日新政"。这一阶段的"新政"侧重于解决当务之急，即遏制经济衰退，挽救业已崩溃的金融系统和濒临崩溃的农业系统，复兴工业，消除失业和饥饿。其中主要的立法有解决银行危机及金融问题的《紧急银行法》《格拉斯-斯蒂高尔银行法》《证券法》以及《证券交易法》等，重建工农业平衡的《农业调整法》，政府与企业合作渡难关的《全国工业复兴法》，帮助"经济金字塔底层被遗忘的人"的《联邦紧急救济法》《紧急救济拨款法》。此外，新政还涉及相关的机构（如民间资源保护队、公共工程局等）和工程（如安居工程、田纳西河流域工程等）。

"第二次新政"时间在1935—1939年。这一阶段的"新政"注重具有长远影响的立法。比如，1935年的《银行法》改变了联邦储备体系的组织和权力结构，使控制权从以华尔街为代表的地区储备银行回到了华盛顿的联邦储备体系理事会，从而确立了与经济现代化相适应的现代银行体系；《社会保障法》规定向雇主强制性征收联邦失业保险税，联邦向各州拨款帮助各州照顾弱势群体，从而建立了较完备的福利制度；《财产税法》规定提高财产税，并将个人收入超额累进所得税和公司纯收入累进所得税提高，建立了较为公正的税收制度；《瓦格纳法》明确支持劳工的集体谈判权，并规定了维护这种权益的各种措施，同时规定超党派的劳工关系委员会为处理劳资关系的最高机构，从而开创了一种新型的劳工、企业、政府间的关系。

罗斯福"新政"的历史功绩是毋庸赘言的，它绝不仅仅是把美国带出了大萧条，更在于把美国带入了现代化，可以说，一个现代美国正是由此崛起的。

五

罗斯福从奥尔巴尼的州长官邸来到华盛顿的白宫之后，面临着遏制危机和推行"新政"的双重使命，而这都要尽可能多地获得大众的理解和支持。显然，罗斯福是这方面的斫轮老手，他有效地驾驭了各种沟通传播工具，为自己的使命凝聚了广泛的同盟者和支持力量。在其执政的12年里，罗斯福共举行过998次记者招待会，平均每周达两次之多。而他利用"新媒体"——广播——所进行的"炉边谈话"，更成了迄今为人所津津乐道的领袖人物凝聚民心的典范。

从某种角度来说，"炉边谈话"可以说是应时之举。罗斯福履任伊始所要面对的首先是银行危机，而解决这一危机的根本途径就是稳定人心，遏制乃至消除挤兑风潮。借助法律手段，罗斯福让已经关闭的银行继续休假并一度延长休假，强制性地"中止"了挤兑。但显然，这是权宜之计，根本的出路在于民众自愿放弃挤兑，甚至是增加储蓄。上任四天后的3月8日，罗斯福举行了有120名记者参加的第一次记者招待会，在轻松的气氛中就银行业的问题回答了记者的提问。此举有助于政府与民众的沟通，但毕竟要假手记者和报纸，受众未必广泛，传播有欠及时，甚至可能不那么全面、准确，效果令人惴惴。

3月13—15日，经核准的联储成员银行和非成员银行就要相继复业了，民众是否还会像过去那样排队挤兑银行存款呢？显然，这是一个未知数。但此时政府也并非全然无可作为，在稳定民心、提振信心方面就大有可为。于是，在银行复业的前夜——3月12日晚，罗斯福在白宫楼下的外宾接待室接受了美国广播公司、哥伦比亚广播公司和共同广播公司的采访。罗斯福坐在壁炉旁边，面前放着扩音器，场面有些像家常谈话。就在讲话之前，讲稿却不见了，但罗斯福泰然自若，拿起一份给记者准备的油印稿，熄灭了烟头，转向了扩音器，开门见山地说："我想花几分钟时间同合众国人民谈谈银行的情况——"接着，罗斯福以诚恳的态度、亲切的声调、质朴的语句，向美国民众就银行业的运作进行了浅显易懂的解释，劝说民众支持银行业发挥作用，并向公众保证，"把钱放在经过整顿、重新开业的银行里，要比放在褥子下面更安全"。全国6 000万民众收听了这次谈话，包括罗斯福纪念公园那位平民雕像的原型。

长期以来，人们以为"炉边谈话"之名出自时任哥伦比亚广播公司高级新闻记者的罗伯特·特劳特，据说他认为罗斯福广播讲话的声音犹如起居室里壁炉中熊熊燃烧的炉火噼啪有声、铿锵有力。但吉姆·考克斯认为，"炉边谈话"之名出于时任CBS下属的WJSV电台经理哈里·C.布彻。当时布彻注意到外宾接待室里有一处壁炉，便提议给总统的广播讲话冠以"炉边"，即命名为"炉边谈话"，理由是：当国民打开收音机，听到自己领袖的声音，仿佛总统亲临己家，与其围炉而坐，亲切交谈。这样，特劳特每次讲开场白的时候，就用"炉边谈话"来介绍总统的广播讲话。

第一次"炉边谈话"获得了巨大成功，复业后的银行依旧长队如龙，但不是提款，而是存款——把前些天取出的钱和另外的积蓄存入银行。这样的收获凸显了这种家常式谈话的价值，罗斯福自然不会放弃再次利用。于是，5月7日，第二次"炉边谈话"同样在周末进行。这一次，罗斯福是为了推行其工业复兴计划而争取企业和劳工的支持，谈话同样获得了成功。此后，"炉边谈话"就成了必然之举，每当美国面临重大问题之时，罗斯福都要用他所钟情的这种方式与美国人民沟通。同样，美国人民也钟情于此，每当他们有所郁结和困惑之时，也都希望听到总统那亲切、诚挚的声音。

"炉边谈话"断断续续持续了11年多，几乎与罗斯福12年的任期相始终。从1933年3月12日第一次谈银行问题，到1944年6月12日谈第五次战争筹款运动，长长短短共30次。就两次危机而言，30次谈话几乎平分秋色：大萧条时期共13次，第二次世界大战时期共17次。从频率来看，显然以"百日新政"和对日宣战期间为最，平均间隔不足两月，此外则间隔时间时短时长。"百日新政"及随后的一段时间，半年多谈了四次，此后频率就降了下来。值得注意的是，在1938年6月24日谈各党派的初选问题后，"炉边谈话"长达14个多月未再进行，直到1939年德国入侵波兰后才在9月3日简短地谈了谈欧洲战争。不过，此后，"炉边谈话"频率增高，几乎每隔半年一次，珍珠港事件后更是在不到半年里进行了三次。无疑。频率与需求有关，也符合策略原则——鲜而不疲。

六

仅仅把"炉边谈话"理解为与人民进行交流沟通的工具是不够

的。"炉边谈话"不仅是与民众沟通的桥梁，也是政治斗争的利器，更是政策导向的指南。

第一次"炉边谈话"时，间不容发，政府与国会之间没机会争吵。当时政府高喊的是："行动！行动！"国会高喊的是："表决！表决！"罗斯福提交国会两院的《紧急银行法》几个小时就表决通过，以至于有些议员在表决前根本未曾仔细读过法案。但这样的一致并不常见，政府与国会、院外集团乃至最高法院的分歧与角力时而有之。这时，"炉边谈话"一方面是沟通民众、劝导对手的工具，另一方面也成了对付那些坚持己见、冥顽不化的反对者的利器——争取人民的理解与支持，给对手造成强大的压力，使其放弃己见，服从"新政"。这一点，在罗斯福与最高法院的斗法中表现得最为突出。1937年3月9日那次谈话，主要话题正是对司法机构改组的提议和鼓动。

第二次世界大战在欧洲爆发之初，远隔重洋的美国人觉得事不关己，大可安枕无忧。罗斯福同样态度超然，不愿意卷入战争。然而，保持中立的罗斯福却不认为战争与本国甚至本土无关。因此，他积极推动军事生产，向欧洲反法西斯国家和力量提供武器及其他补给，支持他们在远离美国的地方打赢战争。同时，他还主张积极备战，以防哪一天法西斯的铁蹄踏上本土。在1939年9月3日就欧战发表第一次谈话后，1940年5月26日和12月29日，罗斯福又两次谈论国防和国家安全，高瞻远瞩地把备战观点注入了人们的脑海。而1941年5月27日的谈话（最长的一次"炉边谈话"），则宣布全国进入无限期的紧急状态，把备战落到了政策措施的层面上。无疑，这些"炉边谈话"的观念和政策导向作用十分明显。也正是这样的深谋远虑，使得美国具备了较为厚实的战备基础，在战争降临的时候能够从容应对，并在尽可能短的时间内赢得胜利。

领袖需要有果敢善断的决策能力、迅捷坚韧的行动能力，更需要高瞻远瞩的谋划能力和循循善诱的引导能力。可以肯定的是，罗斯福如果仅有临阵磨枪般的"炉边谈话"，而没有政策导向类的"炉边谈话"，他的形象会失去几分风采，而正是后者才使其领袖形象闪现出熠熠光彩。如果我们不能断定罗斯福早四年、早八年执掌权杖，美国就不会闹出大萧条的话，那么可以肯定的是，罗斯福的前任胡佛以及胡佛的前任柯立芝、哈定如果能够高瞻远瞩、居安思危，而不是沉醉于繁荣而高歌"美国的事业就是企业"或者拘泥于体制而高擎自由放任之旗的话，美国的大萧条确实可以减轻并尽早复苏。

遗憾的是，我们虽然总说历史是一面镜子，却很少切实地拿它来观照、镜鉴，尤其是在繁荣昌盛、高歌猛进的时候。就这样，在大萧条70多年之后，几乎相似的一幕重新上演。同样相似的是，我们像历史上无数次重复的那样，在事后拿起了镜子；同样遗憾的是，尽管照过了镜子，我们依然难免像过去那样继续犯错。

七

几乎每一位罗斯福的传记作家都不舍得丢掉"炉边谈话"这一题材，相反，对此他们几乎可以说是浓墨重彩。因为"炉边谈话"是罗斯福政治生涯中最出色的一个部分，是其思想、理念、能力、魅力最为集中的体现，而且垂范后世，至今为人所津津乐道和孜孜效法。

"炉边谈话"表现了罗斯福驾驭语言的高超能力。作为一种拉家常式的沟通，"炉边谈话"平和、亲切，逻辑中心突出却又似随兴而谈，口气上如家人般倾心相向，用词上尽可能简单、平易，堪称语言艺术应用的典范。

"炉边谈话"平和亲切。谈话选在了日常家庭聚谈最常见的地方——壁炉前，虽然听众看不到画面，但日常生活的积累使他们可以想见总统谈话时的情形。这幅民众脑海中形成的画面，与领导人物高居讲坛宣读高头讲章的情形大为不同，一下子就拉近了双方间的距离。空间距离拉近的同时，同样拉近的是心理距离，这自然使民众感到总统的话语声声可亲、字字入耳，也就欣然接受。在这个氛围中，罗斯福不再是总统，而成为民众的家人或朋友，但又是一位家中的长者或睿智的朋友，民众信赖他，愿意听从他的劝说和指引。因此，在第一次"炉边谈话"的第二天，银行刚刚开门营业，人们就纷纷前去，将家中的现金存入银行，仅在纽约，一天的存款数就超过取款数多达1 000万美元。

"炉边谈话"声情并茂。进行"炉边谈话"时，炉边听"谈"的只有记者和僚属，并没有普通民众。但情景既然设定，罗斯福也就入情入景、声情并茂，仿佛面前是一大群普通民众——产业工人、城市平民、农场主和佃农、企业雇主、中年汉子和年轻姑娘、老人和孩子，乃至孕妇……一位传记作家写道："他有意识地使他的谈话对象——人民——形象化。他忘记了扩音器，好像他的听众也会同他一起点头、微笑或者大笑起来。"曾担任罗斯福政府劳工部部长且与总统过从甚密的珀金斯小姐在她的著作中这样写道："罗斯福说话的时候，时而点头，时而双手做出简单、自然而轻松愉快的姿势。""他面带微笑，容光焕发，好像他真的就坐在前廊，或者就同他们一起坐在起居室里。"

"炉边谈话"深入浅出。"炉边谈话"面对的是广大的普通民众而非专业人士，而主题却是国内外形势以及国家的大政方针，有些问题又有相当的专业性。要把事关国计而且不乏专业性的问题对没有专业背景的普通民众讲清楚，这是一个不小的挑战。罗斯福显然做到了，而且做得非常出色。比如，罗斯福在第一次"炉边谈话"中说的这段话——

> 首先，我要指出一个简单的事实：你们把钱存进银行，银行并不是把它锁在保险库里了事，而是用来通过各种不同的信贷方式进行投资，比如买公债、做抵押款。换句话说，银行让你们的钱发挥作用，好使整个机构运转起来。你们存入银行的钱只有很小一部分是以货币形式保存的，其数量在平时完全能够满足普通公民的现金需要。换句话说，国家所有货币的总量仅仅是银行全部存款中很小的一部分。

就是这不足 200 字的一段话，便把银行业的运作机制解释得清清楚楚。因此有人说，罗斯福短短的一两百字就是一堂出色的金融课。

谈话并不是可以不讲技巧，相反，它对技巧的要求似乎更高。罗斯福的"炉边谈话"就体现了极高的语言技巧——仍以第一次谈话为例：用亲切的称谓（"我的朋友""我们"等）把听众拉到炉边来；用各种技巧做好起承转合、调动听众兴趣（"你们会问""请让我讲清楚"等）；用各种手段使自己讲清楚、听众听明白（"换句话说"等）。

这样的技巧以及大量修辞手法的运用，在"炉边谈话"中随处可见。

细细品读罗斯福的"炉边谈话"，我们必然会惊服于其炉火纯青的语言技巧，也会不时击节叹赏或会心微笑。

八

罗斯福"炉边谈话"的语言技巧值得细致体味、悉心效仿，而他的热情、乐观、随和、亲民等领袖魅力更应该细细体味、倾心效法——不是要成为另一个罗斯福，而是要把人民装在心坎里，把各种社会力量凝聚到抗御、扭转危机乃至引领经济、社会良好发展的神圣使命上来。

历史学家给我们留下了许多关于罗斯福领袖魅力的真实写照。

"你要我做什么事我都会做。你就是我们的领袖。"艾奥瓦州的一位众议员写信给罗斯福说。

"和总统在一起待一个小时以后，叫我把钉子当饭吃我都吃得下去！"一位平日颇为冷静的机关负责人对他的朋友惊叹地说道。

"我同富兰克林·罗斯福很接近，就像他的跟班一样。他在我心目中至今仍是英雄。"罗斯福政府的一位要员临终前说。

"总统是个好伙伴——他非常聪明、机智，进能攻，退能守。他有广泛的兴趣，而且非常富有人情味。"罗斯福政府另一位性格执拗粗暴的成员哈罗德·伊克斯说。

罗斯福的领袖魅力源自何处？

领袖魅力源自罗斯福的乐观、自信。对此，我们无须赘述，只举一例佐证：1933年年初就任总统后不久，罗斯福去拜访92岁高龄的最高法院退休法官奥利弗·文戴尔·霍姆斯。霍姆斯的法官职位是罗斯福的"特德叔叔"（西奥多·罗斯福）任命的，他对富兰克林·罗斯福的印象一直是：是个好人，但有点文弱。然而，此次罗斯福拜访离开后，这位伟大的法学家在书房里陷入了沉思。在座的朋友不解其意，老人望了望罗斯福刚刚走出去的那扇门，脱口说道："智力二流，但性格却是一流！"

领袖魅力源自罗斯福的坦诚、谦逊。"炉边谈话"正是罗斯福坦诚对待人民的一种方式——他把国情、政策以及自己的想法和打算向民众和盘托出，就如同对待自己的家人或挚友。他从不掩饰自己的观点，同样也毫不矫饰自己的谦逊。在第三次"炉边谈话"时，他说："我不否认我们在做法上可能犯下错误。我并不指望打出去的球每次都能命中。"他引用西奥多·罗斯福的话说，如果正确率能达到75％，他就会十分高兴。

领袖魅力源自罗斯福的操守与胸襟。罗斯福胸襟广阔，极具包容心。他的政府官员有着各种各样的背景，他的座上客有着各色人等。他很少有党派门户之见，也十分鄙视路线说教。在联合各种社会力量共度危机方面，罗斯福显示出了极为卓越的协调能力，各种力量都被他凝聚到了身边，形成了空前绝后的"罗斯福大联合"。传记作家中不乏称罗斯福为"代理人"或"经纪人"的，尤其是在其执政的早期。这样的冠称，生动揭示了罗斯福的施政理念和协调艺术。罗斯福认为，危机关头，总统的角色就是要在许多分歧因素中找出对整个国家最有利的一致目标，并通过各种手段把各种力量调集在同一目标上来。不过，对于原则性目标，罗斯福操守坚定，从不松懈，从不妥协。对此，大洋彼岸那个似乎对谁都不喜欢的人——阿道夫·希特勒，也在 1933 年说："我同情罗斯福总统，因为他越过国会、越过院外集团、越过顽固的官僚主义者，径直走向自己的目标。"

领袖魅力更源自罗斯福的亲民，特别是对弱势群体——"经济金字塔底层被遗忘的人"——的关注。还在竞选时，罗斯福就于 1932 年 10 月 19 日在匹兹堡说："假如我们的公民中有人陷入饥饿或极度贫困，因而有必要增加拨款，那么即使会导致预算失衡，我也将毫不迟疑地把全部实情告诉美国人民，并请求他们允许我得到那笔增拨款项。"1933 年 3 月 21 日，罗斯福致国会咨文提议成立联邦救济机构。5 月 12 日法案通过，联邦紧急救济署成立。罗斯福任命出身贫寒、长期从事福利工作的哈里·霍普金斯任该署署长。霍普金斯立下誓言"要做到谁也不挨饿"，当一位助手呈交一份"总有一天会成功"的救济计划时，他说："民众不是'总有一天'才吃饭，他们天天都得吃！"罗斯福对霍普金斯的任命体现了他的识人之明，也体现了他自己的情感理念。

罗斯福十分注重收集民情，这靠他的智囊，靠他的妻子，更靠他自己。第一夫人埃莉诺是罗斯福了解民情的一个有效渠道。他教妻子如何体察民情："要观察人们的脸色，要看一下晾衣绳上挂着的衣服……注意他们的汽车。"夫人一回到家，他就仔细地问长问短——民众吃什么，住得怎样，房子如何，有些什么教育设施。罗斯福自己后来也经常出去巡视。有一次在巡视西部后，他对某个委员会的人们谈及 1932 年和 1934 年人们脸上神情的变化时说："你站在车后看人群，就能看出差别来。他们是有希望的人民，他们的勇气都写在脸上，他们非常愉快。他们知道面临极大困难，但他们正在弄清情况……"由此可见，他对民情是多么体察入微，对民众是多么充满感情。

与此相对，对那些罔顾民生、只图自身利益的人，罗斯福却毫不留情地给予驳斥。1934 年 8 月，一个叫美国自由联盟的组织成立，其著名成员有工业家、汽车制造商、石油资本家等，也有一些知名民主党人，宗旨是"教育人们认识尊重人权和财产的必要性"。对此，罗斯福不无讥讽地说："这个联盟抬出了两条戒律——'保护财产的必要性和保护利润的必要性'；他们相信两件事——'热爱上帝，然后忘记邻居'。"接着，他严正指出："这里说的两种事都没有提到社会应当关心那些愿意工作而又无事可做的人。让民众免于挨饿，有房子住，生活过得不错，子女享受教育，这些是政府关心的事情。除此之外，保护个人的生命和自由不受社会上那些企图以牺牲他人利益而获取荣华富贵的人们之害，这也是政府义不容辞的责任。"这些话可谓立场鲜明，掷地作金石声！

罗斯福受到的美国民众的拥戴是空前的。传记作家这样写道："芝加哥的一名焊工，亚特兰大的一位家庭主妇，西部小城的一个加油站老板，都会热情地写信给总统，向他倾诉自己的希望、忧虑和困难。"就是那些身为领导者的人，也愿意请罗斯福给予指点，"商人、雇主、银行家、农场主、劳工领袖、报纸编辑，他们离开白宫时没有一个不是深受感动，轻松愉快"。一位罗斯福政府的要员曾看到，民众蜂拥着围住罗斯福的汽车，对他唱歌，与他同声欢笑，并说自己"从未见过像他这样受人爱戴的人"。原因何在？一位美国农场联合会的负责人在写给罗斯福的信中道出了个中秘密："你捍卫人民的权利！"

埃莉诺·罗斯福

目录

附：其他重要演讲

1. 谈银行危机（1933 年 3 月 12 日）

在罗斯福就任总统之前，大萧条已经持续了相当长一段时间，罗斯福应对萧条的"新政"也已酝酿成熟。但进入 1933 年以来，银行危机来势凶猛，因此，罗斯福履职之初即着手处理银行危机。在 3 月 13 日银行恢复营业的前夜，罗斯福进行了广播讲话，向国民解释了有关银行的运作以及大众、企业和银行的关系，劝导大家让自己的钱在银行里发挥作用，并保证这比放在褥子下面更安全。全美有 6 000 万人收听了这次讲话，由此化解了人们长期郁结心中的疑虑与不满。第二天，部分银行恢复营业，许多人在银行前排起长龙，把不久前同样排着长龙兑换出的货币或黄金存入银行。几天里，银行回收了 3 亿美元的黄金和黄金兑换券。一周后，占总数 3/4 的银行恢复营业，交易所重新响起了锣声。

朋友们：

我要花几分钟时间和合众国的人们谈谈银行业。只有很少一部分人了解银行的运转机制，而绝大多数人则仅仅把银行视为存款和取款的地方。我要告诉大家过去这些天我们都做了什么、为什么要做这些事情以及我们的下一步计划是什么。我承认，国会山和华盛顿发出的许多公告、立法、财政部法规等，大部分内容都是用银行业和法律术语表述的，为了普通民众的利益应当加以解释。我对此要特别表示感谢，因为每个人都坚定而心平气和地接受了银行休假造成的不便和困难。我知道，当大家理解了我们在华盛顿所做的一切后，我将会得到大家的全力合作，如同你们在过去的这周里给予我们的同情和帮助一样。

首先，我要指出一个简单的事实，你们把钱存进银行，银行并不是把它锁在保险库里了事，而是用来通过各种不同的信贷方式进行投资，比如买公债、做抵押款。换句话说，银行让你们的钱发挥作用，好使整个机构运转起来。你们存入银行的钱只有很小一部分是以货币形式保存的，其数量在平时完全能够满足普通民众的现金需要。换句话说，国家所有货币的总量仅仅是银行全部存款中很小的一部分。

那么，从2月末到3月初的这些日子里发生了什么事情[1]呢？由于公众的信心下降，很多人冲进银行，将银行的存款兑换成现金或黄金。[2]取款的人非常之多，以至于最可靠的银行也不能获得足够的现金以满足需要。当然，其中的原因是，面对这样的局面，银行不可能以远低于真实价值的恐慌价格贱卖自己的优良资产，换成现金来应付需求。

到3月3日下午时，也就是一周前的星期五下午，美国几乎所有银行都关门歇业了。[3]差不多所有州的州长都发布了暂时全部或部分关闭这些银行的公告。

正是那时候，我发布了公告，规定全国的银行休假。[4]这也是联邦政府为重建我们的金融与经济大厦所采取的第一步。

第二步是国会迅速而充满爱国心地通过立法[5]，确认了我的公告，并扩大了我的权力，以便联邦政府根据时间需要延长假期和逐渐恢复银行营业。该项法律还授权制定一项复原我们的银行业务的计划。我要对全国各地的民众说的是，国会，包括共和党人和民主党人，通过此次行动表明：他们热衷公共事业，认识到我国正处于非常时刻，必须快速采取行动。这在我国的历史上是罕见的。

第三步是通过了一系列法规，准许各家银行继续履行其职能，负责分发食品和生活必需品，并支付工资。

这次银行休假尽管在许多方面造成诸多不便，但是给我们提供了供应足够多的现金以应对这种形势的机会。各家银行上周一关门放假时，几乎都是一贫如洗。哪家银行都没做好立即营业的准备。新法律允许12家联邦储备银行[6]以优质资产为基础发行更多的货币。这样，恢复营业的银行就能够满足所有合理要求。货币印刷局正在全国各地大量发行新货币。这是健康的货币，因为它有真实而优质的资产做后盾。

大家会问的一个问题是：为什么所有银行没有同时恢复营业呢？答案很简单。你们的联邦政府不想让过去几年的历史重演。我们不想要，也不会看到另外一次银行倒闭大潮了。

因此，明天，也就是从星期一开始，12个联邦储备银行所在城市的各家银行将恢复营业。这些银行在财政部首轮审查中表明状态良好。紧接着，在星期二，已经表明可靠的银行将在拥有经过验证的票据交易所的各城市恢复其全部功能。这意味着合众国的约250个城市位列其中。

星期三及随后几天，全国较小的地方的银行将会重新开始营业，当然，具体时间依联邦政府完成其调查的能力而定。银行重新开业的时间有必要延长一个时期，以便准许这些银行申请必需的贷款，获得满足其要求的货币，并使联邦政府能够进行常规审查。

大家要清楚，如果你们的银行在第一天没有恢复营业，那么，大家绝对不能认为这家银行将不会恢复营业了。在后续时间内任何一天恢复营业的银行，其地位与明天恢复营业的银行完全一样。

我知道，许多人担心的是各州银行，而不是联邦储备体系成员银行的状况。这些银行能够并将获得成员银行复兴金融公司[7]的帮助。这些银行的运作方式同国家银行一样，只是它们从州的权力部门获得它们重新营业的许可证。财政部长已要求这些权力部门批准其优秀银行按照同国家银行一样的时间表恢复营业。我相信，州银行营业管理处在制定有关银行恢复营业的政策时将和联邦政府一样谨慎小心，并将遵循同样的基本政策。

这些银行重新开始营业时，一小部分还没有从恐惧中恢复过来的人有可能再次开始撤资。我希望大家清楚地知道，各银行将满足所有需要。我相信，过去那一周发生的囤积现金的行为已经变得非常不合时宜了。不需要预言大师来告诉大家，当人们发现可以得到他们的钱时——任何时间，只要目的合法都可得到——恐惧的阴影将很快踪迹全无。人们又将乐呵呵地将他们的钱存放在得到妥善保管并能够随时方便使用的地方。我可以向大家保证，把钱放在经过整顿、重新营业的银行里，要比放在褥子下面更安全。

当然，我们这个伟大的国家计划的成功依赖于公众的合作——依赖其智力支持和使用这个可靠的系统。

大家记住，新法律成功的实质性标志是银行比以前更愿意将其资产兑换成现金。政府已经制定了更宽松的规定，允许银行将优质资产放在各联邦储备银行以拆借资金；同时还制定了更宽松的规定来以这些优质资产的有价证券为基础发行更多货币。这种货币不是法定货币，只有有价证券充足时方可发行此种货币，而每家健康的银行都拥有大量此种有价证券。

在结束谈话前还要说明一点。当然会有些银行因没有进行改组不能重新营业。新法律准许联邦政府帮助其进行迅速有效的改组工作，甚至准许向其提前注入至少一部分新的必要资金。

通过对联邦政府正在做的事情进行基本回顾，我希望大家看到，在此过程中没有联合性的或激进主义的事情发生。

我们的银行业形势很糟糕。我们有些银行在管理储户的存款时表现得不称职或者不诚实。它们把这些委托其保管的钱用于投机活动和轻率的贷款。当然，绝大多数银行并不是这么干的，但是确实有不少银行在从事此类活动，其数目之多，足以令人们震惊得一时产生不安全感，并形成一种思维定式，认为天下乌鸦一般黑。联邦政府的工作是纠正此类误解，并且尽快完成它。这项工作正在完成之中。

我没有向大家承诺，所有银行都会重新开业，或者每个人都不会遭受损失，损失可能是不可避免的。如果我们继续采取观望态度的话，损失有可能更多、更大。我甚至答应大家至少对一些压力非常大的银行实施救助。我们不仅仅要让可靠的银行重新营业，而且还将通过重组创办一些可靠的银行。

全国各地发给我的满怀信心的信件令我振奋不已。我对大家给予我的衷心支持表示最诚挚的谢意！感谢大家服从命令听从指挥，尽管你们似乎对我们的整个程序还不是很清楚。

毕竟，在我们对金融体系进行重新调整的过程中有一个因素比货币和黄金还重要，那就是人们的信心。信心和勇气是成功地完成我们的计划的必备条件。你们大家一定要有信念；大家一定不要被各种流言蜚语和胡乱猜测吓破了胆。让我们大家团结起来消除恐惧！我们已经建立了恢复我们的金融系统的机制；支持这种机制，并让它运转起来，就是大家的责任了。

这是我们大家共同的问题。我们大家不能认输！

注释：

［1］实际上银行业危机在 1932 年晚期已经开始，内华达州和艾奥瓦州最先发生恐慌，银行无法应付席卷而来的挤兑风潮，被迫宣布停业。

［2］由于担心纸币贬值，人们纷纷将纸币兑换成黄金，或囤积于国内，或转输于国外，致使国家黄金储备大幅减少。

［3］继内华达、艾奥瓦州之后，1933 年 2 月 14 日，密歇根州州长宣布全州 550 家银行"放假"八天，此后各州跟进，到 3 月 3 日纽约州和伊利诺伊州——包括全国金融心脏纽约和芝加哥——的所有银行全部停止付款。

［4］1933 年 3 月 5 日，罗斯福援引 1917 年 10 月 6 日授权总统控制银行和通货的《与敌通商法》宣布，3 月 6—9 日全国银行一律休假四天，禁止银

行支付黄金和从事外汇交易。

[5] 这里的新法律指本次"炉边谈话"的主题之一《紧急银行法》。1933 年 3 月 4 日晚，罗斯福命令财政部长威廉·伍丁在五天内制定出该法案；3 月 5 日要求国会在 3 月 9 日召开特别会议讨论通过。当天，众议院议长宣读了一分钟前还在用铅笔修改的法案草稿，然后仅经过 38 分钟辩论该法案就获一致欢呼通过。参议院经过一番辩论，于当晚 7：30 以绝对多数通过法案。一小时后法案到达白宫，罗斯福立即签署。

该法案共五部分：

第一部分，正式确认总统的银行休假命令；修改了 1917 年《与敌通商法》，授权总统在紧急状态下可以限制或禁止一切银行机构的存款支付；除非得到总统批准和财政部长认可，联储体系成员银行不得从事一切银行业务；禁止黄金囤积和黄金输出。

第二部分，对依据现行法律本该破产或接受破产管理的数千家国民银行（即经联邦注册的私人商业银行）进行整顿和重组。

第三部分，规定联邦注册银行与信托公司可向公众和复兴金融公司发行优先股。

第四部分，为解决银行货币短缺问题，规定联邦储备银行向某些地区的银行紧急发行联储纸币，各银行必须以相当面值的国债券作为担保。此外，还采取对合格的商业票据和银行承兑票据进行贴现的办法向各银行供给联储纸币。

第五部分，规定拨款 200 万美元作为实施该法的经费。

[6] 指联邦储备体系分布在全美各地的 12 家政策性银行，其职权包括控制货币供应及监管成员银行。这 12 家银行总部分别设在波士顿、纽约、费城、克里夫兰、圣路易斯、旧金山、里士满、亚特兰大、芝加哥、明尼阿

波利斯、堪萨斯、达拉斯。

[7] 复兴金融公司是为应对经济危机而成立的政府金融服务机构。胡佛于1932年成立该公司，向大银行、大企业、大农场提供贷款，并允许其向各州发放贷款。1933年3月，罗斯福颁布"新政"，其中一条重要举措便是由复兴金融公司发放30亿美元贷款，以提高银行信用。

扫码收听录音

1933 年罗斯福总统通过无线电发表第一次"炉边谈话"

2. 简述"新政"规划（1933 年 5 月 7 日）

在履职八周后，罗斯福再次对全国公众发表广播讲话。此时，他已经认可了这种与民众沟通方式的作用。该方式已经被命名为"炉边谈话"。此次谈话简述"新政"的有关计划——正在做的事情和准备做的事情，主要是国内事务，但也谈到了国际事务。篇中谈到了以总统为首的政府与国会的关系，肯定了国会的合作，同时否认政府有任何的违反宪政原则。更为突出的是，罗斯福赞扬了经受危机洗礼的人民的顽强精神，并表示因民众的支持而深受鼓舞。

在我就任总统一周后的那个周日晚上，我通过这个电波和大家谈到了这场银行危机以及我们为应对这场危机正在采取的措施。我想，通过这样的方式，我已经向全国民众阐明了本来有可能被误解的各种事实，并大致上找到了一种方法来理解哪些措施更加有利于恢复信心。

八周后的这个夜晚，我再次在此向各位汇报我们的工作情况：用同样的精神和方式与大家谈谈我们正在做的事情和准备做的事情。

两个月前，我们正面临严重的问题。我们的国家离崩溃近在咫尺，因为商业和贸易活动已然下降到了危险的低水平；基本日用品的价格低得已经危及银行、保险公司和其他国家机构的资产价值。这些机构由于自身的迫切需要，正在取消抵押贷款，收回贷款，拒绝放贷。这样一来，数百万民众的财产实际上正遭受破坏，因为他们曾经以这些财产的美元价值做抵押借款，但目前美元的价值与1933年3月的水平相比已经发生了重大的变化。任何复杂的经济万灵药或富有想象力的计划对于这场危机中的情形都无济于事。我们所面对的是一场真实存在的危机，而不是一种理论上的危机。

现在只有两种选择，其中一种是任由丧失抵押品回收权的情形继续下去、紧缩信贷、钱继续消失，从而迫使银行、铁路和保险公司进行清算和破产，并对所有商业和资产的资本按较低的水平进行重新调整。这样的选择意味着一种被称为"通货紧缩"的情形延续下去，其最终结果将会是，由于失业加剧、工资水平进一步降低，所有的财产所有者以及所有靠工资为生的人将面临前所未有的困难。

我们很容易地看到，这种情形的结果将不仅仅体现在经济层面，其社会后果必将是无法估量的。甚至我在就职前就认为，这样的情形是美国人民所无法承受的。这样的情形不仅意味着更多的家庭、农场、银行存款和工资将遭受损失，而且我们的精神价值也将遭受损失，这种损失包括我们对现在和将来失去了安全感，而这种安全感恰恰是维系个人和家庭的和谐与幸福所必需的。一旦你破坏了这些东西，你就会发现将来树立任何形式的信心都变得非常艰难。显然，简单地依靠国家政府来恢复信心，简单地靠借给那些摇摇欲坠的机构更多的钱，并不能遏制目前的下滑趋势。对我来说，尽可能迅速地实施一项应急计划对于我们的国家安全来讲似乎不但是合乎情理的，而且也是势在必行的。国会，包括两大政党的成员，完全理解这种形势，并给了我慷慨的和明智的支持。国会的议员们意识到，平时所使用的方法不得不由非常时期所采取的措施来取代，这些措施顺应了当前严峻而迫切的需要。事实上，国会并没有投降，它仍然掌握着宪法所赋予的权力。任何人都没有丝毫的想法想要改变这些权力的平衡局面。国会的职能是决定必须做什么，并选择合适的机构来实现其意愿。它一直严格地坚持着这一政策。唯一发生的事情是国会授权总统作为执行国会意愿的代理人。这不但合乎宪法，而且与美国过去的传统相一致。

已获通过或正在执行中的立法可以恰当地理解为该项有充分依据的计划的组成部分。

第一，我们将为100万失业人口中的25万人，特别是那些少有所依的年轻人创造就业机会，派他们投身到林业和防洪工作当中去。这个任务很重大，因为这意味着我们要为相当于常规军队人数两倍的人员提供衣食起居。在组建民间资源保护队[1]的过程中我们采取了一举两得的策略：既显著增加了国家资源的价值，又可缓解目前人们的贫困状况。这些人将本着完全自愿的原则投入工作，不涉及军事训练。我们既要保护自然资源，又要保护我们的人力资源。这项工作的重大价值之一是它很便于实行，几乎不需要设计新的机构。

第二，我已请求国会务必通过一项议案来使位于马瑟尔肖斯[2]的巨额国家财产在数年闲置后运营起来，与此相应的将是一项改善田纳西河流域广大地区状况的宏大计划。[3]该计划将使成千上万人生活得更加安康幸福，并将惠及整个国家。

第三，国会将通过法律来极大地缓解我国农民和房屋所有者在分期付款方面所承受的压力，减轻我国数百万人所承受的沉重债务负担。

我们的下一步直接救助计划[4]将是：同意拨款5亿美元帮助各州、县和市政府切实履行其职责，照顾好那些需要直接和紧急救助的人们。

国会也通过了法律[5]，授权在那些希望销售啤酒的州进行啤酒销售。这已然大大地增加了再就业人数，并增加了急需的税收。

我们正计划要求国会通过法律允许联邦政府实施公共工程，并借此来直接或间接刺激众多经过深思熟虑的项目的就业规模。

国会还通过了深度涉及我们的经济问题的立法。《农业调整法》[6]将寻求使用一种或数种方法来增加农民售卖主要农产品的收入，同时防止在此期间发生灾难性的生产过剩。这种情况在过去经常导致农产品价格严重低于合理收入水平。这项措施给紧急事件的处理提供了广泛的权力，其使用的程度完全取决于将来的情形。

同样，我们将采取经过慎重考虑的、保守性的措施，以使我国的产业工人获得更加公平的工资收入，防止恶性竞争和超长的劳动时间，同时鼓励所有企业防止生产过剩。

我们有关铁路的法案[7]也是出于同样的目的，它鼓励铁路系统本身制定明确的规划，在联邦政府的帮助下减少重复建设和浪费。这将使铁路系统进入破产管理程序，自负盈亏。

我坚信，美国人民理解并认同新一届政府在农业、工业和交通方面所实施的政策的各种目标。我们不知不觉地发现，我们生产了太多的农产品，以至于我们自己都消费不了；我们有了太多的产品盈余，要不是以过低的价格出售，其他人根本没有钱来购买我们的产品。我们还发现，我们的工厂能够生产出超出我们消费能力的产品，同时我们却面临着出口需求下降的尴尬局面。我们有大量的商品和农作物产品运输设备，却没有那么多商品和农作物产品需要运输。所有这一切问题在很大程度上缘于完全缺乏规划，并完全没有理解到世界大战结束后就一直显现的危险信号。我们国家的人民受到错误的鼓励，他们相信能够无限地增加农场和工厂的产出，而某些"魔术大师"也能够找到方法来消费掉这部分增加的产出，并使生产者获得不错的收益。

今天，我们有理由相信，事情比两个月前略好一些了。工业企业已经运转起来，铁路也在运载更多的货物，农产品价格更高了。但是，我还不准备做出过分乐观的保证。我们不能大肆宣扬自己已经重归繁荣。任何时候我对我们的人民都会实事求是。我不想令我们国家的人民在新的投机浪潮中断送掉我们已经取得的进步。我不想让人民由于盲目乐观而去相信，我们能够像过去一样增加农作物和工业品的产量，认为在某个好心的国度能找到愿出高价来购买我们的产品的买家。那种逻辑或许能够给我们带来即时的虚假的繁荣，但这是一种将会把我们带到深渊的繁荣。

将我们已经采取的措施称为政府对农业、工业和交通运输业的控制是完全错误的。这更像是联邦政府同农业、工业和交通运输业的合作。这并非是利益上的合作，因为这些合作仍将惠及我们的国民；而是在规划方面的合作，共同致力于这些计划的落实。

让我们用一个例子来详细说明这个问题。以棉制品业为例，事实可能是，90％的棉制品生产商会同意取消最低工资，停止延长工时，停止雇用童工，同意防止生产过剩。但是，如果另外那10％的棉制品生产商支付最低工资，延长劳动时间，在工厂中雇用童工，并生产出我们无法承受的多余产品，那么此项协议的好处安在？这10％的棉制品生产商会生产出廉价的产品，并足以迫使那90％的棉制品生产商去应对这种不公平的环境。这就是联邦政府所要介入的地方。在通过测算，并为工业企业制定了规划后，联邦政府应当拥有并终将获得这样的权力，在绝大多数工业企业的协助下依据联邦政府的授权来实施这项协议。所谓的反托拉斯法的目的就是要防止垄断的产生，防止那些垄断企业获得超额利润。反托拉斯法的这一目标必须继续下去，这类法律从来不鼓励此类不正当竞争的发生。这类竞争导致了延长工时、低工资和生产过剩现象的出现。

同样的原则也适用于农产品生产企业和交通运输业以及所有其他有组织的私有企业所在的各个领域。

我们正朝着明确的目标前进。这个目标是，防止那种几乎破坏了现代文明的事情再次发生，真正实现我们的目标尚需时日。我们的政策完全服务于150年前我们的美利坚政府制定宪法时设立的目标。

我知道，我们国家的人民将会理解这些，也将理解我们实施此项政策的决心。我并不否认，在我们实施这种措施的时候可能会犯程序性错误。我并不奢望每次都会成功。我所追求的是：为我本人和我的团队获取最高的成功率。西奥多·罗斯福[8]曾经对我说过，"如果能够达到 75％ 的正确，那我将尽我最大的努力去争取。"

最近，我们已经就联邦政府的金融状况、通货膨胀和金价标准等问题谈了很多。[9]让我来把事实阐述得更加简明，把我们的政策谈得更加透彻些吧。首先，政府信誉和政府纸币实质上是一码事。面对政府公债，人们只相信一项承诺。而对于我们持有的政府纸币来说，除了履行承诺外，我们还要保有黄金和一定量的白银。在这种关联方面，我们需要记住这样事实：过去，联邦政府已经同意用黄金赎回其近 300 亿美元的债务和纸币，同时美国的私营公司也同意用黄金赎回另外 600 亿～700 亿美元的有价证券和抵押贷款。联邦政府和私有公司在做出这样的协议时非常清楚地知道，在美国持有的所有黄金总和也不过 30 亿～40 亿美元，而全世界的黄金总量也只有约 110 亿美元。

一旦这些债券持有者开始要求兑换黄金，那么数天内，先来的人将得到黄金，他们的总人数将只占所有有价证券和通货持有者总数的 1/25。25 人中的另外 24 人由于碰巧没能占得先机，将被礼貌地告知，没有多余的黄金了。我们已经决定用同样的方式，本着正义的原则，从联邦政府宪法权力的立场出发去对待所有这 25 人。我们会一视同仁，以此来维护大众的利益不受侵害。

然而，黄金，在一定程度上还有白银，都是纸币的发行基础。这也就是我决定现在不允许美国持有的任何黄金外流的原因。[10]

三周前出现的一系列情况很可能意味着：（1）外国将耗尽美国的黄金；（2）作为上述情况的结果，美国资本将以黄金的形式流出美国。告诉各位下面的事实并非要夸大其可能性：此类状况将很可能耗光我们的大部分黄金储备，并进一步削弱我们联邦政府和私营企业的信誉，直至造成恐慌，使美国的产业车轮彻底停止运转。

美国联邦政府的目标很明确，就是要提高日用品的价格，直到那些曾经借款的人们基本上能够以当初他们所借出的同样价值的美元来偿还这笔钱。我们并不希望看到，这些人所获得的美元那么便宜，以至于他们能够用比当初他们借得的少得多的钱来偿还欠款。换句话说，我们希望纠正一个错误，而不是要在相反的方向创造另一个错误。这就是将权力给予联邦政府，使其在必要时扩大信用以纠正现存错误的原因。联邦政府将在必要时为达到目标而行使这些权力。

与我们首要考虑的国内形势密切相关的当然是世界局势。我要向大家强调的是，国内形势与世界其他国家的形势不可避免且深深地联系在一起。也就是说，虽然我们能够尽最大可能实现美国的重新繁荣，但如果离开了全世界的重新繁荣，美国的繁荣也是不能长久的。

在我们曾经和正在举行的同外国领导人的各种会议上，我们都在追求实现四个主要目标：（1）进行普遍裁军，并借此消除对侵略和武装对抗的恐惧，同时裁减军费，以帮助平衡联邦政府预算和减税。（2）消除贸易壁垒以重启国家间农产品和工业品的流动。（3）建立稳定的货币，以便推进贸易发展。（4）同所有国家重新建立友好关系，并对彼此树立更大的信心。

过去三周以来，我们的外国访问者对这些目标做出了积极回应。所有国家在此次大萧条中都经受了同样的遭遇。他们都达成了这样的共识：所有国家的共同行动将有助于每个国家。正是本着这种精神，我们的访问者会见了我们，并讨论了我们共同关心的问题。即将召开的国际会议[11]一定会成功。世界的未来需要它。我们每个人都保证尽我们所能来实现这一目标。

对你们，我的美国同胞们来说，我们所有人，国会的所有议员，联邦政府的所有工作人员，都抱有一颗深深的感恩之心。经过大危机的洗礼，你们变得有耐心了。你们赋予我们广泛的权力；你们赞同我们的涉及范围广泛的计划，令我们深受鼓舞。我们将尽最大努力，动用一切可用资源，决不辜负各位的信任。我们有理由相信，我们已经开了个明智的好头。在当前相互信任和相互鼓励的氛围的推动下，我们将勇往直前。

注释：

[1] 民间资源保护队，也译作民间自然资源保护队。鉴于美国平原地区土地过度放牧、过度开垦和山区森林过度砍伐，以及大量青年失业流浪的情况，罗斯福于1933年3月2日致国会的咨文中提出组织平民垦植队的计划。3月31日国会通过《民间资源保护队重造森林救济法》，罗斯福签署后民间资源保护队建立。该队成就卓著，既保护了自然资源，也为250万青年创造了临时就业机会，并且培养了一支训练有素的劳动者队伍。

[2] 马瑟尔肖斯为亚拉巴马州地名，田纳西河流经此地形成绵延40公里、高约40米的水流落差，水利资源丰富。第一次世界大战时，伍德罗·威尔逊总统曾选定在此建立生产炸药和肥料的硝酸盐基地，并拟建水坝和水力发电厂，但因各州利益争执而一直停顿。

[3] 田纳西河流域覆盖美国南部七个州，原本森林茂密、土地肥沃，后由于大肆砍伐导致森林消失、水土流失，该地区陷入贫困，居民收入不及全国平均水平的一半。1933年4月10日，罗斯福向国会提出《田纳西河流域

管理局法案》，并于 5 月 18 日签署。该法案旨在治理洪水、重造森林和保持水土，使该地区成为生产化肥或提供电力的基地，同时试图建立一个既有政府权威又具私人企业灵活性和创造力的公司，从而综合开发这一流域的资源，提高该地区人民的生活水平。罗斯福的计划，实际上将该地区当成了一个实行上述目标的巨大实验区。

[4] 这个救助计划就是后来通过的《联邦紧急救济法》，它规定建立联邦紧急救济署，该署管理 5 亿美元资金，作为对各州的救济拨款。

[5] 这里的法律指《啤酒法案》。此前美国的禁酒法案禁止酒类产品制售。为增加税收，罗斯福政府提出修改原法案，使啤酒和低度酒生产和销售合法化。1933 年 3 月 16 日，国会通过了《啤酒法案》，罗斯福随即签署。

[6]《农业调整法》，也译作《农场救济法》。第一次世界大战后，美国农业陷入了增产和降价的恶性循环。大萧条时期，农产品价格更是大幅下跌。鉴于此种严峻的农业形势，1933 年 3 月 8 日，罗斯福指示农业部部长亨利·华莱士等起草一项农业法案。该法案起草后，经参议院长达数日的激烈争论，最终形成了《农业调整法》，由罗斯福于 1933 年 5 月 12 日签署。此法包括三个部分：第一部分规定小麦、棉花等为必须限制其产量的"基本商品"；第二部分主要解决农业贷款问题；第三部分即《托马斯修正案》。

[7] 这里的铁路法案指 1933 年 5 月 4 日罗斯福签署的《紧急铁路法》。该法案授权一位运输协调人促进或强制运输人的行动，以避免机构重叠，从而防止浪费。

[8] 美国第 26 任总统西奥多·罗斯福是富兰克林·罗斯福的堂兄，他对罗斯福影响甚大。

[9] 当时美国的相关问题是物价大跌、黄金挤兑及外流。罗斯福倾向于提高金价，刺激通货膨胀、美元贬值，放弃金本位制。1933 年 4 月 19 日，

罗斯福在记者招待会上宣布政府将放弃金本位制，让美元贬值以刺激国内价格上涨。6月5日，国会决议限定过去和未来的一切公司契约均禁止用黄金支付，至此美国最终放弃了金本位制。

［10］在挤兑风潮中，不少美国人把兑换出来的黄金输往国外，致使美国黄金储备岌岌可危。罗斯福在1933年4月5日发布行政命令，禁止储藏黄金，持有者必须把金币、金条或黄金兑换券上交联储银行。4月20日，财政部宣布不再颁发黄金出口许可证，并进一步控制国际兑换中的黄金支付。

［11］这里的国际会议指1934年6月12日在伦敦召开的经济会议。因罗斯福政府为实现国内货币贬值、通货膨胀的目标而放弃外部平衡，拒绝在稳定货币方面进行合作，因而此次会议不欢而散。

3. 谈复兴计划的目标与基础（1933 年 7 月 24 日）

复兴计划是罗斯福"新政"的主体内容，为此政府制定了《全国工业复兴法》。这篇谈话中，罗斯福指出了复兴计划的目标：国民都有工作可做，都能得到公平的工资和收益。要实现这些目标，势必要解决萧条期间恶性竞争、极度贫困和劳资关系紧张的问题。而要解决这些问题，则首先必须取得企业、劳工的理解和支持。这也正是复兴计划的基础，即人民之间的谅解和支持、共同的盟约。最后，罗斯福表示对公众目标和基础力量充满信心。

五个星期前举行的具有历史意义的国会特别会议[1]休会后，我有意拖延了向大家汇报的时间。这有两个原因。

其一是我想我们所有人都需要一个进行冷静思考的机会，对开启新政车轮 100 天来所发生的诸多事件在头脑中进行反思和消化。

其二是我需要几周时间来组建新的管理机构，并认真审查我们精心规划的首批成果。

我想，如果我将用于国家复兴规划的基本原则说出来，你们一定会感兴趣的。我确信，这将使各位更加清楚地认识到，3月4日以来通过的所有议案和法律[2]不是众多松散方案的集合，而是一个联系密切的逻辑整体的有机组成部分。

早在就任美国总统以前我就确信，个人的、地方的甚至是各自为战的联邦政府的努力都已失败，此类努力的必要性终将失败。因此，联邦政府的全面领导无论在理论上还是在实践上都成为必然。但是，这种领导发端于保持和强化美利坚合众国政府的信用，因为没有这种信用，任何领导都是不可能实现的。多年来，联邦政府一直靠赤字运行。眼下的紧迫任务是使我们的日常开支保持在我们的财政收入范围内。此事我们正在做。

对一个政府来说，一方面要削减日常开支，另一方面还要借钱并花费数十亿美元来应对紧急情况，这看起来似乎有些矛盾。但实际上并不矛盾，因为大部分紧急救济款都以健康贷款的形式支出了，这笔钱数年后将被偿还给财政部。为了筹集其余的紧急救济资金，我们已经利用税收来支付债务产生的利息。

因此，你将发现，我们致力于保持良好的信用记录。在混乱时期，我们已经打下了坚实的基础。联邦政府的信用基础的确已经建立起来，不仅广泛，而且真实。

接下来的这部分问题是关于个体公民自身信用的。你们和我对银行危机及其对我国民众存款所构成的重大威胁都有些了解了。3月6日，所有的国家银行都关闭了。一个月之后，存款人在国家银行中90％的存款又可以使用了。今天，国家银行中只有大约5％的存款依然被冻结。就各州银行的情况来说，虽然从比例的角度看不是很理想，但冻结存款的总额正呈现出稳步减少的趋势，这个结果比我们三个月前想象的要好得多。

个人信用问题由于另外一件事情而变得更加艰难。这里的美元与招致普通债务出现的美元是不一样的。因此，许多人实际上正在失去对于农场和住房的所有权。你们都知道我们为了纠正这类不公平现象所采取的金融措施。除了《住房贷款法》[3]外，《农场贷款法》和《破产法》都已获通过。

减少人们的债务和利息负担，恢复人们的购买力，确实非常迫切。另外，在我们帮助人们保有其信用的同时，绝对有必要为那些在那一刻身陷困境的成千上万的人们做些事情，来满足他们的生存需要。州级和市级的援助正被扩展到极限。我们拨款5亿美元来填补二者的不足。而且，如各位所了解到的，我们已使30万名年轻人投身于既实际又有意义的林业、防治水灾和水土流失等工作中去。他们所赚取的工资的一大部分将供养其家庭成员，近100万人。

依照同样的分类方法，我们用于庞大的公共工程的资金总额将达到30亿美元。这些钱将被用于修筑铁路、建造轮船、防治水灾、内河航运以及数千个自筹资金的州级和市级的改进计划。在分配和管理这些项目时有两点必须澄清。一是我们正竭尽所能去选择能够创造就业机会、见效快和实用的项目，避免议员为当地选民争取地方性建设经费情况的发生；二是我们希望，至少有一半的钱将会从项目中回归到联邦政府。这些项目一段时期后将能够自行解决资金问题。

到现在为止，我已经主要讲了基石的问题，谈到了联邦政府通过防止贫困和由各级政府部门提供尽可能多的帮助，以便重建信用，并引领人民朝相反的方向前进。现在，我来说说能让我们保持长久繁荣的关键因素。我曾经说过，在一个一半蒸蒸日上，而另一半衰败不堪的国家，不会有长久的繁荣。如果我们的所有国民都有工作可做，都能得到公平的工资和收益，那么他们就能购买其邻居的产品，情况就是好的。但如果你夺走了其中一半人的工资和收益，那么情况就只有一半是好的，即便那幸运的一半人非常幸福也于事无补。最好的结果是使每个人都过上幸福的生活。

多年来，较低的农产品价格和对失业的日益麻痹大意一直是实现正常繁荣的两大障碍。这些因素使我国的购买力缩减了一半。我承诺采取行动。国会承担了自己的责任，通过了与农业和工业复兴相关的法案。今天，我们正将这些法案付诸实施。如果大家理解了这些法案的基本目标，它们的实施将会见到成效。

首先来谈一谈《农业调整法》。制定该法案的依据是，我国人口将近一半的购买力依赖于足够高的农产品价格。我们生产的某些农产品数量已经超过了我们的消费能力，国际市场疲软使得外销也很困难。解决此问题的办法是不再生产那么多东西。没有我们的帮助，农民无法共同减产。《农业调整法》给他们提供了一种方法来使产量达到合理的水平，并使其农产品保持合理的价格。我已经明确指出，这只是一种试验性的方法。但是，既然我们已经走出了这一步，我们就有理由相信这种方法必将产生良好的效果。

显而易见，我国有数千万人依靠农业和农产品销售为生，如果我们能够极大地提高这些人的购买力，那必将大大提高工业产品的消费能力。

那就是我的最后一招——将工业品价格调整到合理的水平。

去年秋天，我在多个场合明确指出，通过工业界的民主自律，我们有可能做到普遍增加工资，缩短工时，直到使工业企业付给其工人足够多的工资以让工人们购买和使用他们生产的产品。只有允许和鼓励工业企业采取合作的态度，我们才能够做到这些。因为很明显，如果没有联合一致的行动，每个竞争行业中总有些自私的人会付给工人极少的工资，并坚持让其工人进行过长时间的劳动。该行业的另外一些企业要么跟进，要么关门停业。过去四年来，我们已经看到，此类行为的后果将我们的经济进一步推向了深渊。

有一种方法显然可以解决这个难题。如果每个竞争集团的所有雇主都同意付给其工人相同的工资，一份合情合理的工资；同意采取同样的劳动时间，一种合情合理的劳动时间，那么较高的工资和较短的工时就不会伤害任何雇主。而且，同失业和低工资相比，这对雇主更为有利，因为这可以让更多的人购买其产品。这就是《全国工业复兴法》[4]的核心理念。

根据所有人协调行动这个简单的原则，我们正在开展全国范围的反失业斗争。如果我们的同胞理解了这个原则，我们就能够取得成功——无论是在大企业还是小店铺，无论在大城市还是小城镇。这个原则非常简单，也不是什么新玩意。它可以追溯到社会和国家的基本原则本身，即万众一心，众志成城。

举例说吧。在《棉纺织品条令》和其他已经签署的条令中禁止使用童工。自从我到华盛顿就任总统以来，这是我参与的最让我个人感到高兴的事情。童工一直是纺织业挥之不去的梦魇。我很自然地想到了这一行业，而也正是此行业在《全国工业复兴法》签署后就与我们展开了极好的合作。但没有哪个雇主能够独自采取禁止童工的行动。如果哪个雇主或哪个州想试一试的话，其运作成本将直线攀升，使他们不可能同没有采取此措施的雇主或州进行竞争。《全国工业复兴法》刚一通过，这个多年来根本无法通过法律或舆论手段解决的怪物一瞬间就被解决了。正如一位英国编辑所说的那样，我们在一天内通过一项法令做到的事情比英国人在85年间靠习惯法做到的事情还要多。我的朋友们，我用这作为例证并非是要吹嘘我们已经完成了多少事情，而是要向各位表明我们在今年夏天和秋天还有哪些更艰巨的工作要做。

今年的情况比去年要好些。我坚信所有勇敢和乐观的人都能够挺过这个冬天。我们不能再让美国面临无助的艰难局面了。是采取积极行动的时候了。《全国工业复兴法》给了我们战胜失业的武器，就像我们用以消除童工时一样。

简单地说，该法案说的是：

> 如果所有雇主一致缩短工时，增加工资，我们就能够让人们重新回到工作岗位上去。任何雇主都不会遭受损失，因为所有人的竞争成本的相对水平将同比提高。但是如果哪个集团掉了队，这个重大的机遇将同我们擦肩而过，而我们也将陷入另一个困难时期。一定不能让此类事情发生。

我们已经向所有雇主散发了一份协议[5]，这是经过数周协商的成果。该协议核查了几乎所有大企业提交的自愿性条令。这份规范性协议得到了我任命的就此协议提出建议的三大委员会[6]的一致认可。这些委员会由劳工、工业和社会服务界主要领导人的代表组成。此协议获得了每个州和工业界各个阶层众多人士的认可。这是一项经过深思熟虑的、合乎情理和目标明确的计划，它将使通过条令在各个产业部门建立的最重要的广泛原则得以立即贯彻落实。自然地，使得这些条令完善起来并获得通过，将涉及大量的组织工作，举行大量的听证会，并将耗费数月时间，但我们等着所有这些条令一一获得通过。我正在分发给每个雇主的这份规范性协议将使这项工作现在就运转起来，而非等到六个月后再说。

当然，一定有人——虽然是少数人——会为了寻求个人私利去阻碍这项协议的通过。法律方面的惩罚将会很严厉，但我现在希望你们从舆论和道德的角度对这些人进行抵制。这是这个伟大的夏季我们用以抗争失业的唯一武器。我们会将这一武器的作用发挥到极致，以抵御落后者的干扰，并使这项计划取得成功。

战争中，执行夜间攻击任务的战士要在其肩头佩戴明亮的徽章，以避免战友间的误伤。根据这样的原则，那些在此计划中进行合作的人们互相间也需要彼此辨识。因此我们颁发了徽章。[7]它的设计很简单，上面刻有一句话，"人尽其责"。我要求所有那些和我站在一起的人将这枚徽章放到显眼的地方。这对达成我们的目标是必要的。

所有大型的和基本的产业部门都已经自愿地提交了所提出的条令，在这些条令中，他们接受了促致大规模再就业的原则。令人振奋的示范效应很重要，但是小企业主在这个过程中的作用最为关键，因为他们的贡献将使数量是他们自身 10 倍的人获得工作。这些小企业主确实是我国的中坚力量。我们的计划成功与否，很大程度上取决于他们的配合。

电报和信件正雪片般向白宫飞来。雇主们将他们的名字放到这个光荣榜上，他们中有大型企业和公司的老板、合伙人和个体经营者。我要求即使是在我们所发出的协议中所设定的日期前，还无法照此办理的企业主们——不论是大企业主还是小企业主——也以个人名义打电报或写信到白宫，表明其参与该计划的意愿。我的目标是，每个城镇的邮局将所有那些同我站在一起的人们的光荣榜展示出来。

我要借此机会对此刻正在旧金山参加会议的24位州长说，这次会议一开始所通过的决议是对这项伟大运动的最有力支持。各州长迅速且完全地同意我们的计划，并保证在其所在各州支持此计划。

我想诚挚地为那些因失业或对失业的恐惧而使其生活变得暗淡的男人们和妇女们加油鼓劲。已获批准或即将通过的法令和协议将表明，这项计划确实会增加工资，也确实会给更多的人带来就业机会。你们可以将每个同意该计划的雇主看作正在做着他们分内事情的人，他们将对每一个为谋生计而工作的人做出贡献。像我本人一样，你们也会清楚地看到，那些逃避责任的雇主或许能够以比其竞争对手低廉的价格抛售其制造的产品，但他们据此获得的积蓄是以牺牲我们国家的福祉为代价的。

我们在从事这项伟大的工作时不应该有异议和争论。没有时间来吹毛求疵或者对这份协议所设立的标准提出疑义。我们应该耐心些，多一份理解，多一份合作。依据这项法令，我国的工人有不可被剥夺的权利，任何人都不允许削减他们的权利。但是，工人也不可通过暴力手段获取这些权利。整个国家将团结起来为你们获取这些权利而奋斗。适用于雇主的原则也适用于工人。我要求工人们以同样的精神进行合作。

当被称为"老核桃木"的安德鲁·杰克逊[8]逝世时，有人曾问："他会去往天堂吗？"有人答道："如果他想要去的话，会的。"如果有人问我，美国人民能否自己渡过这场危机，我的回答是，"如果他们想要的话，他们会的。"该计划的实质是，人们普遍同意限制每人每周的劳动时间，付给工人高于最低工资标准的工资。我不能保证这项全国范围的计划肯定会取得成功，但我国的人民却能够保证其成功。我对"包治百病"没有信心，但我相信我们能够极大地影响经济力量。我对那些职业经济学家们所持的观点不敢苟同。这些人坚称事情必须按自己的运行规律运转，人为操纵并不能解决经济问题。原因之一是，我碰巧了解到职业经济学家们很久以来总是每隔5～10年就会改变其对经济规律的定义。但我的确相信，并一直对公众目标的力量和美国人民万众一心的力量充满信心。

这就是我们向大家解释复兴计划赖以制定的简单原则和坚实基础的原因所在。这就是我们要求全国的雇主以爱国主义和人道主义的名义同我们签订这份公共契约的原因所在。这就是我要求工人们以理解和援助的精神同我们一道前行的原因所在。

注释：

[1] 指1933年6月16日举行的国会特别会议，此次会议通过了《全国工业复兴法》。

［2］至此次谈话时，罗斯福政府已经先后推出《紧急银行法》《证券法》《农业调整法》《联邦紧急救济法》《全国工业复兴法》《田纳西河流域管理局法》等。

［3］罗斯福"新政"时期，对住房政策进行了一系列重大调整。其中于1933年6月13日签署《住房贷款法》，授权建立住房贷款公司，规定以房产作为抵押进行借款的房主无力还款时可以其抵押品转借政府担保的国债，从而使许多人保住了住房。

［4］该法案是旨在复兴工业的法案。1933年6月16日国会通过，当日罗斯福签署。该法案包括三个部分：第一，规定成立国家复兴局；第二，规定设立公共工程局，拨款33亿美元用于建设公路、堤坝、联邦建筑、海军基地及其他工程；第三，规定适当提高劳工地位，改善劳工待遇。

［5］这里的协定指由国家复兴局局长休·约翰逊建议制定的"总统再就业协定"，通过邮局分发到全国各地。协定要求雇主保证不雇用16岁以下的童工；工厂工人每周工作35小时；其他工人工作40小时；每周最低工资12美元，等等。

［6］三大委员会在国家复兴局的认可和监督下制定适合于本行业的规范。

［7］指"蓝鹰"徽章，是国家复兴局给符合"总统再就业协定"规范的企业发放的荣誉性标志，它以印第安神鸟蓝鹰为图案，上书"人尽其责"的字样，悬挂在企业营业地点或印在产品上。当时这个徽章风行一时，雇主以此为荣，故有200多万雇主在协定上签字。

［8］美国第七任总统安德鲁·杰克逊性格坚毅，故有"老核桃木"之称。他临终时说："我亲爱的孩子们，不要哭泣，要做好人，我希望并盼望在天堂和你们大家——白人和黑人——见面。"

4. 论通货形势（1933 年 10 月 22 日）

在实行"新政"的半年里，罗斯福基本扭转了萧条局面。《纽约时报》声称"罗斯福已经挽救了一场史无前例的大危局"，"从来没有哪个总统能在如此短的时间里让人感到满怀希望"。在第四次"炉边谈话"中，罗斯福回顾了三个月以来"稳健而扎实的工作"，并高度概括了"第一次新政"所致力于实现的目标。罗斯福依然"感谢大家的耐心和信任"，也澄清了别人对自己看法的误解，然后做出保证："奇迹是不存在的；我将竭尽全力。"

朋友们，今天距离我上次和大家讨论我国的问题已经有三个月了，在此期间发生了很多事情。我很高兴地告诉大家，这些事情中的绝大部分都有助于改善每位公民的福祉。

因为，你们的联邦政府所采取的每项措施都考虑到了你们每个人的利益，也就是老话说的"最大多数人的最大利益"。我们作为理性的人民，不能期盼每个人、每个岗位、每家企业以及工业或者农业都可获得源源不断的好处。同样，任何理性的人都不会在这么短的时间内盼望获得那么多好处，因为在此期间，新的机构不仅要投入运行，而且首先要将它们建立起来。这样，美国 48 个州的每一个地方才能够平等地共享国家进步带来的益处。

但是，我们国家从东海岸到西海岸的每一寸国土，全国 1.3 亿同胞中的每个人，都向那些乐于看到进步的每个人展现着令你们和我为之骄傲的事实与行动。

今年年初，我们国家的实际失业人口数量要多于世界上的其他国家。据客观估计，去年 3 月时的失业人口数量达 1 200 万或 1 300 万人。当然，这其中有几百万人可以被划入正常失业的范畴。这些人中的一部分在觉得高兴时才偶尔去工作，而有些人则根本不愿去工作。因此，美国人中有约 1 000 万人迫切地且更多的时候是如饥似渴地在找工作却没能得到工作机会，这样的说法是公正的。我确信，在短短几个月内，这些人当中至少有 400 万人已经找到了工作。或者换句话说，那些找工作的人中有 40% 的人已经找到了。

朋友们，这并非意味着我对此感到满意，或者你们感到满意了，我们的工作可以结束了。我们还有很长的路要走。我们才刚刚出发而已。

我们的复兴大厦一旦建成，将不再有货币投机者或乞丐，它将致力于维护美国最大多数人的社会正义与福利，人民将可以安居乐业。那么我们该如何建设这座大厦呢？我们正在一块石头一块石头地搭建着基柱，这些基柱将为我们的大厦奠定基础。基柱的数量众多，但有时候，尽管某根基柱的铺设会影响到紧邻着的房梁的架设，但整体工作必须毫不间断地进行下去。

我们都知道，救济失业者是建设我们的大厦的首要工作。也正因为如此，我才要首先谈到，几乎遍及全国每个角落的民间资源保护队营地在整个冬季已经或正在向30万个年轻人提供就业岗位。

你们也知道，我们为配合各州和地方政府在工作和家庭救济方面的工作所耗费的资金比以往任何时候都要多，其数量在今年冬季不会减少。其原因很简单：尽管有几百万人回到了工作岗位，但还没有获得工作的那些人比去年的这个时候更加迫切地需要我们的救济。

接着我们来谈谈救济金问题。我们现在正将它发放给那些面临失去农场或家园的人们。我们需要在全国的3 100个县建立新的机构以恢复它们的农场信用和住房信用。我们过去的每一天都在帮助数千个家庭保住住房和农场。我已经公开要求延长农场、各类动产和住房的抵押回收期限，直到美国的每位抵押人都获得了充分利用联邦信用的机会。我还进一步提出，如果美国的任何一个家庭将要丧失住房或各类动产，该家庭应该马上致电位于华盛顿的农业信贷局[1]或房主贷款公司[2]请求帮助。就你们许多人所知，各大联邦信用机构已经提出了这样的要求。

另外两大机构也很活跃。复兴金融公司继续向工业和金融机构拆借大额资金，其基本目的是使工业、商业和金融业重新获得信用。

三个月内，公共工程计划已经进展到这样的地步：在用于公共工程的总额达33亿美元的拨款中，已有18亿美元被分配给各类联邦项目，地域遍布美国的每个角落，这方面的工作正在向前推进。另外还有3亿美元分配给了各州、城镇和私营公司实施的公共工程项目，如那些进行中的贫民窟清理项目。公共工程资金在等待各州和地方政府提供合适的项目。所有这些资金都准备用在州和地方的项目上。华盛顿手里握着这笔钱，等着将其拨给合适的项目使用。

另一大活跃的机构是农业调整局。[3] 南方的棉花种植园主、西部的小麦农场主和东南部的烟草种植园主们与联邦政府进行了非同寻常的合作，这令我感到吃惊。我相信，中西部的生猪农场主也会紧随其后。我们谋求解决的问题是在这 20 年间逐步积累下来的。但是过去六个月，我们取得了比任何国家同期都要大的进步。确实，7 月时，农产品价格比现在还高，这部分是由那些分不清小麦与黑麦区别的人、从来没见过棉花生长的人、不知道猪是吃玉米长大的人所进行的纯粹投机活动所致。这些人对农民和他们所面临的问题没有实际的兴趣。

尽管投机存在，但是，有个事实是，1933 年美国农民从其产品中获得的收入比 1932 年增加了 33％。就是说，他们在 1933 年的收入是 400 美元，而在 1932 年仅为 300 美元。记住，这只是全国的平均水平。我得到的报告指出，有些地方农民的收入并不比去年好多少。主要农产品，特别是养牛户和乳品加工业也是如此。我们正尽快跟进这些问题。

我毫不迟疑地用我能够想到的最简单明了的话和大家说，虽然许多农产品的价格已经回升了，虽然许多农户的生活比去年富裕了，但我对农产品价格增长的数目和幅度都不能感到满意。继续增加农产品的价格，并将其范围扩展到那些还没有获得实惠的农产品生产者中去，是我们确定不移的政策。如果我们不能用这种方式做到这点，我们就会用另外的方式去做。我们最终将会做到。

对于农业和工业，《农业调整法》和《全国工业复兴法》相互协调，其目标是使工业和商业工人找到工作，并通过增加工资的方式提高其购买力。

童工也被禁止使用。血汗工厂也已经被取缔。在某些工厂劳作一周仅得到 60 美分、在某些矿山工作一周得到 80 美分的情况都已成为历史。促进工业增长的措施奏效与否取决于总的再就业人员数量，相关情况我已经和大家谈过了。实际上，再就业人数在不断增加而不是止步不前。《全国工业复兴法》的关键在于合作。这种合作是通过企业自愿签署规范性协议和已然包括全国所有大型企业的具体协议来实现的。

在绝大多数地方的绝大多数情况下，人们都全力支持全国复兴法的实施。我们知道总会有挖墙脚的人。我们已经发现了一些为牟取一己私利而心怀叵测的人。他们对该法案横加指责，为该法案的执行设置重重障碍。

90％的抱怨源于误解。譬如，有人说《全国工业复兴法》没能提高小麦、玉米和生猪的价格；《全国工业复兴法》没能向地方公共工程项目发放足够的贷款。然而，无论怎么讲，《全国工业复兴法》同农产品的价格或公共工程都扯不上任何关系。该法的任务只是为产业组织制定经济规划，以消除不公平的经营活动，并创造再就业机会。即使在工商业领域，《全国工业复兴法》也不适用于农村社区人口总量少于 2.5 万人的城镇，除非依据具体情况在这些城镇设有工厂或连锁店。

另外一个事实是，在我谈到的挖墙脚者时，他们中既有大人物，也有小角色，他们都靠钻空子来牟取不正当利益。

我给大家举一个东部某大城市商店的一名销售商的例子。此人想将一件棉衬衣的价格从 0.5 美元提高到 2.5 美元，并对顾客说涨价的原因是棉制品加工税。实际上，每件衬衣中仅含约 1 磅棉花，而其加工税仅有 4.25 美分。

就这方面的情况来说，我认为将信用给予生活在全国各城市和大城镇的 6 000 万～7 000 万人才是公平的，因为他们理解并乐意缴纳这微不足道的加工税，虽然这些人很清楚地知道，由城市居民所缴纳的这部分棉制品和食品加工税将百分之百地用于增加我国农业居民的农业收入。

我要谈的最后一个问题是存放在国家银行的国家资金。这里要了解两个事实。

一是联邦政府准备将 10 亿美元以直接贷款的形式用于自 1933 年 1 月 1 日以来已经被冻结的或非流动性的银行资产，并对这些资产进行宽松的评估。如果人力充足，这笔钱一经从银行取出来，就会掌握在存款人的手里。

二是从 1934 年 1 月 1 日起，政府银行存款基金[4]对总额达到 2 500美元的存款提供担保。我们现在也认识到，在此日期及之前，联邦政府将建立银行资本机构以保证保险公司正常运作时各家银行处于良好状态。

最后，我来重复一下我曾经在众多场合说过的事，就是，自从去年 3 月以来，联邦政府政策明确地要保持日用品的价格水平。这个目标已经在一定程度上得以实现，这使农业和工业企业能够再次给失业人员提供就业机会。人们也有可能以更接近于他们借债时的货币水平偿付公私债务。价格结构已经渐渐维持在一种平衡的状态，这样就可以在更公平的交换基础上用农产品交换工业产品了。防止价格涨幅超过我们达到此目的的必要限度现在依然是我们的目标。我们国家各个阶层的人民的永久福利和安全最终都依赖于这些目标的实现程度。

显然，因为我们国家幅员辽阔，农作物品类繁多，工业部门行当齐全，所以我们无法在短短的几个月里达到目标。我们可能会需要一年、两年甚至三年的时间。

所有人在了解到我们所处的实际环境后都会认为，日用品——特别是农产品——的价格还不够高。

一些人的想法本末倒置。他们首先要求对美元价值进行再评估。而联邦政府的政策首先是要保持价格水平。我不知道，而且其他人也不能说清楚美元的永恒价值会是什么。现在要想估测一个稳定的黄金价格，恐怕必须要视今后黄金市场行情而定。

一旦保持住了价格水平，我们将努力建立和维持一种在一段时期内都不会改变其购买力和偿债能力的美元。去年 7 月，我在给驻伦敦的美国代表团的信中曾谈到这点。现在我再次重申这个观点。

受国内因素和世界其他地区不可控事件的影响，提出并采取进一步措施以便及时控制我国国内美元兑黄金的价格变得日益重要起来。

总体来说，我们的美元受到国际贸易事务、其他国家的国内政策和其他地区政治动荡等因素的重大影响。因此，美利坚合众国必须将美元兑黄金的价格牢牢地控制在自己手里。这对于防止因美元不稳定而致使我们偏离我们的最终目标，即进一步恢复我国的日用品价格是必要的。

我还打算在合众国建立一个联邦政府黄金市场，作为达到此目标的进一步有力措施。因此，根据现行法律的明确授权，我将批准复兴金融公司在同美国财政部和美国总统协商后，必要时以核定价格收购在美国新开采出的黄金，并在我们认为必要时在世界市场上收购或出售黄金。

我采取此项措施的目标是要建立和保持持续的控制能力。这是一项政策，而不是权宜之计。

这项政策并非仅仅为了弥补暂时性的价格下降。我们正朝着建立一种可管理的货币机制的方向努力。

大家会回忆起去年春天有些人做出的可怕预言，这些人不同意我们通过直接手段提高价格的普遍政策。实际上所发生的事情与那些预言形成了鲜明的对比。联邦政府的信用水平提高了，物价有所回升。毫无疑问，我们中间依然存在着邪恶的预言家。但是，联邦政府的信用必将保持住，健全的货币机制将使美国的日用品价格水平继续回升。

今晚，我和大家谈了我们在建设我们的复兴大厦时所做的稳健而扎实的工作。按照我在去年 3 月 4 日前后给你们做出的承诺，我保证两点：奇迹是不存在的；我将竭尽全力。

谢谢各位的耐心与信任！我们的困难不会在瞬间消失，但我们已经启程并朝着正确的方向前进！

注释：

［1］农业信贷局是罗斯福政府依据《农业调整法》成立的政府金融机

构，意在为农村人口保住他们的农场和住房提供政策性信贷支持。

　　[2] 这是罗斯福政府根据《住房贷款法》成立的政府金融机构。该公司由复兴金融公司拨款 2 亿美元，另获授权发行 20 亿美元债券，购买房主持有的拖欠的抵押贷款单，从而使即将失去房产赎回权的房主保住自己的房产。公司还贷给房主现金，供其支付税收和房屋修理费用。

　　[3] 农业调整局是负责实施《农业调整法》而新设的政府机构，隶属于农业部。

　　[4] 政府银行存款基金是依据 1933 年 6 月 16 日罗斯福签署的《格拉斯-斯蒂格尔法案》建立的基金。该基金部分来自联邦政府拨款（1.5 亿美元），其余来自参加保险的银行缴纳的保费。该基金为数额达 2 500 美元的存款予以保险。该基金公司保护了储户的利益，有利于银行体系的稳定。

5. 对第七十三届国会所取得成就的回顾（1934 年 6 月 28 日）

这篇回顾国会所取得成就的谈话，自然聚焦于立法与行政机构关系以及公民权利问题。罗斯福称本届国会是和平时期历届国会最自由的一届，既赞扬了国会，也说明了国会与政府的良好关系。接着，谈话集中于挽救和捍卫国家生活的三大措施——救济、复兴、改革。由此归结于人权，指出三大措施都是为了实现这一理想，并请大家自问《权利法案》中规定的权利是否受到了些微损害。在此基础上，罗斯福又谴责了那些专门利己，唯利是图的人。最后，从白宫引申到政府权力的来源，对映了这次谈话的主题。

几个月前，我和大家讨论了有关政府的问题。1月以来，我们这些承蒙各位信任的人一直致力于实现数月前经过广泛讨论的计划和政策。似乎对我们而言，我们的职责不仅是要使复兴的路线更加清晰，而且还包括要趟出这条路来。

在我们回顾第七十三届国会所取得的成就时会清楚地发现，完成和强化国会 1933 年 3 月所开启的工作已成为本届国会理所当然的任务。这项任务并不轻松，但本届国会是胜任的。人们普遍认为，除了为数不多的几次例外，自华盛顿总统[1]上任以来，本届国会作为合作伙伴是和平时期历届国会中表现得最为自由的一届国会。无论从业已通过的各项立法的深度和广度来说，还是从他们在就这些措施所进行的辩论过程中所展现的智慧和良好愿望来说，本届国会给人的印象都是深刻的。

我仅举几个主要措施来说明：国会通过《公司与城市破产法》及《农业救济法》来重新调整公民的债务负担；通过鼓励贷款给那些有偿付能力却无法从银行机构得到足够资助的企业提供帮助；通过证券交易税来强化金融的完整性；通过互惠贸易协定为增加美国对外贸易额提供理性的方法；强化了我国海上军事力量以保障现行条约的权益；通过《劳工调整法》[2]使企业走向进一步的稳定；通过采取广大农民所要求的各项措施对我们的农业政策进行了补充，并试图转移过低价格造成的生产过剩；为了镇压歹徒的犯罪活动，国会强化了联邦政府的权力；通过我今天签署的这部法案[3]，采取明确的措施来推动全国住房计划的实施，以鼓励私人资本进入美国的住房再建设项目；国会组建了一个永久性的联邦机构来严格规范各类通讯手段，包括电话、电报和无线电通讯，最后，也是我认为最重要的，是本届国会对我们的货币体系进行了改组和简化，使其更加公平和正当，建立了完全能够满足现代经济生活需要的货币制度和政策，并重新定位了作为合众国货币基础的黄金和白银的价格。

为了挽救和捍卫我们国家，我们此前采取了一系列相互一致的措施。在这些措施中，我仍然认为包含三个相互关联的步骤。第一步是救济。这是因为任何信奉倡导仁爱的民主理念的政府的主要关注点都是这样一条简单原则：在一个资源富足的国度不应当有饥饿存在。救济过去是且未来也是我们考虑的首要问题。这项工作需要大规模支出并将在未来很长一段时间内以不同的形式继续下去。我们或许也已认识到了这一事实。在经济形势大好的十年间，人们贪婪地追求不劳而获的财富，而当时，各个阶层的领导人几乎都认为他们自己的计划和投机行为是理所应当的。这期间的麻痹大意导致了现在的局面。我们的联邦紧急救济署[4]遵循两条原则：一是只要可能，我们的直接救济都应以有益的和有偿的工作作为补充；二是如果有些家庭在现存环境下无论如何也找不到实现完全自给自足、幸福和欢乐的途径，那么我们将试着在新的环境中给他们一个新的机会。

第二步是复兴。我可以自信地要求你们当中的每个人将现在的工农业形势同15个月前做个比较。

同时，我们也认识到改革和重建的必要性。改革是因为我们当前和过去数年间所面临的困难都是由于商业和金融领袖们缺乏对公平和正义的基本原则的理解所致；重建是因为我们经济生活中出现了新形势，而那些根深蒂固却被忽略的因素也必须加以纠正。

那些你们大家耳熟能详的实际成果的取得表明我们是对的。我可以向大家提供统计数据来证明我们国家所取得的无可辩驳的成就。这些统计数据表明，在绝大多数企业上班的个人的平均周工资增加了。这些统计数据表明，成千上万人在私营企业重新找到了工作，还有成千上万人在联邦政府形式多样的直接和间接的帮助下获得了新的工作。当然，在职业追求方面也存在例外的情况。有些人改善日常生活条件的愿望被推迟了。我还可以用统计数据表明农产品的价值有了很大提高，消费者对食品、服装和汽车的需求增加了，后期对耐用品的需求也提高了。统计数据还表明，银行存款有了大幅增加，数以千计的家庭和农场重获抵押品回收权。

当然，你们大家评判复兴成果的最简捷的方法是看看自身情况的变化。你们今年比去年更有钱了吗？你们的债务负担是不是轻了？你们的银行账户是不是更安全了？你们的工作环境是不是更好了？你们对自己的未来是不是更加充满希望了？

你们也可以思考下另一个简单的问题：作为个人，你们为这些成就的取得是不是付出了更高的代价？花言巧语的利己主义者和理论的顽固派会说，你们大家失去了个人自由。这个问题的答案同样来自各位自己生活中的事实。你们是不是丧失了你们的权利或自由或宪法所赋予的行动和选择的自由？回过头来看看宪法中的《权利法案》[5]吧。我曾经庄严宣誓要维护该法案所规定的各项权利，而《权利法案》也使大家的自由获得安全保障。读一读《权利法案》中规定的各项条款，然后扪心自问，自己的这些权力是否曾受到任何微小的损害。我对你们的答案心里很有数。你们大家各自的生活实践就是明证。

换句话说，绝大多数农民、制造商或工人并不否认过去一年我们所取得的实际成就。那些最不安分的人大致由两部分人组成：一部分是那些希望拥有政治特权的人，另一部分则是希望拥有金融特权的人。大约一年前，我举了这样一个例子。美国90%的棉制品生产商想要顺应其雇员和公众的要求做正确的事情，但却为另外10%的生产商所阻止，这帮人靠着不公平的手段和非美国的标准扼杀了他们。我们都很清楚地知道，人性的完美需要一个长时间的过程；各个阶层中那些自私自利的少数人，像农业、商业、金融业甚至政府服务部门本身都是首先想到自己，然后才想到同伴们的利益。

我们在制定重大的全国性计划，该计划要照顾到最大多数人的基本利益。确实，有些人的私利受到侵害并将继续受到侵害。但这些私利会损害他人。这些人谋求通过某些捷径获取或保有地位或财富或者二者兼得。但这种捷径却侵害了多数人的利益。

合众国政府在执行美国国会所授予的各项权力时，需要并将不懈地谋求国家能够负担得起的最佳途径。相比历史上的其他时期，现在的公共服务领域提供了更多的机遇。它所提供的不是高工资，而是足够维持生活的工资。来自全国各地有才干的男男女女们怀揣着勇气找到我们，要求从事服务工作。依靠滥用公共权力来谋取一党之利的时代结束了。联邦政府的每位成员，不论其职位高低，都热切地投身于公共服务的活动中去了。

去年的计划的确在运作当中。经过月复一月的努力，这项计划日益适应了新旧环境。国家复兴局在组织机构和方法上的不断变化清楚地表明了这一演化过程。过去的每个月，我们都在大踏步地调整、理顺的劳资关系。当然，全国各地的情况几乎各不相同，而每个产业部门的情形也不尽一样。更加恒久的机制——我很高兴地指出——还有雇主和雇员各自对渴望保持全方位的公平关系的日益认同取代了临时性的调整措施。

还有，虽然几乎所有人都认识到了因禁止雇用童工、实行最低工资标准和缩短工时等措施带来的巨大进步，但我们依然感到，在解决产业自治，尤其是有关在产业自治试图消除公平竞争方面，我们的路还很长。

在同一演进过程中，我们的目标一方面是使工业部门免受内部挖墙脚者的破坏，另一方面是，通过维持合理的竞争来防止零售品价格过快上扬，保护消费者的利益。

但是，除了我们这项紧迫的任务外，我们还必须看到更远大的未来。我已经向国会指出，我们正努力重新找到那条通往早已为我们大家所熟知但某种程度上却被我们所遗忘的理想和价值之路。我们追求的是全体国民的安全。

这种安全首先要求采取额外的方法给全国人民提供更好的住所。这是我们未来计划的首要原则。

其次是要有计划地使用我国的土地和水资源，目标是更好地满足我国公民日常生活的需要。

最后，也就是第三条原则，是联邦政府各部门要相互协调，以期找到切实的方法来抵御现代生活的各种变迁，即社会保障问题。

今年晚些时候我希望和大家更详细地谈谈这些计划。

我信奉实用的理论和政策。我相信，美国人民长期以来一直在为实现其古老而经过考验的理想奋斗着，而我们今天所做到一切是实现这一目标所必须要做的事。

我给大家举个简单的例子。

今年夏天我离开华盛顿时，白宫办公大楼开始进行早就十分迫切的翻新并加建新建筑的工作。建筑师们曾经计划在本就很狭窄的一层式布局内添加几个房间。我们希望在这次翻新和整修时加装先进的电线、管道系统和设施，以保证白宫办公室在华盛顿炎热的夏天有个凉爽的环境，但要将白宫行政办公大楼的建筑轮廓保持下来。白宫建筑群优雅的布局是建筑大师们的杰作，当时我们的共和国还很年轻。这种建筑布局的简捷而硬朗的风格至今仍经受得起每个现代人的检验。但是在保持这宏伟华丽布局的同时，也要进行不断的重新组织和再建设，以满足现代政府办公的需要。

有些能够预测不幸事件的预言家们这些天正在讨论此事。如果我听信了他们的观点，可能在决策时会犹豫起来。我会担心，在我离开华盛顿几个星期后，建筑师们会在白宫建造出一座怪模怪样的崭新的哥特式塔楼，或是一座工厂大楼，还可能复制出一座克里姆林宫或波茨坦宫。但事实上我没有那样的担心，因为这些建筑师和设计师们都有着相同的美利坚艺术品位。

他们懂得和谐一致和必要性原则，这些原则要求新建筑的风格必须与老建筑相互融合。恰恰是新旧风格的完美结合，才成就了有序与和谐的进步。这不仅体现在建造大楼上，也体现在构建政府本身上。

我们的新建筑是老建筑的一部分，并服从于老建筑的风格特色。

我们所做的一切都是要去实现美国人民的历史传统。其他国家或许受到古老且臭名昭著的独裁体制的暂时蛊惑，牺牲了民主制。我们正在人们自治的原则指引下恢复人们的信心和福祉。正如约翰·马歇尔[6]一个世纪前所说的那样，我们依然是"坚强有力的真正的民有政府"。我们的联邦政府"在形式和实质上……皆源于此。其权力为人民所授予，且将在他们的直接监督下，为了维护他们的利益来行使这些权力"。

在结束今天的谈话前，我要告诉大家，我希望几天后开始一次旅行。我期待着这次旅行将带给我的乐趣与愉悦。对每个人来说，每年至少可能有一次机会出去走走，看看风景，那会是件妙不可言的事情。我可不想去那种因树木太密而看不到森林的地方。

我希望到波多黎各[7]、维京群岛[8]、运河区[9]和夏威夷去看看我们的美国同胞，顺便还将和我们的姊妹共和国，如海地、哥伦比亚和巴拿马等共和国的总统们友好地打个招呼。

在船上待上四个星期后，我计划在太平洋西北部的一个港口登陆，在那里迎来我整个旅行最美妙的时刻。因为我想对位于哥伦比亚州、密苏里州和密西西比河上的众多新的大型国家项目进行检查，参观一些国家公园，并在横跨美洲大陆返回华盛顿的旅行期间顺便了解更多的实际情况。

第一次世界大战期间，当我还在法国时，我的朋友们就常常把美利坚合众国叫作"上帝的国度"。就让我们建设这个国度，并保持其"上帝的国度"之美名吧！

注释：

[1] 即美国第一任总统乔治·华盛顿。

[2]《劳工调整法》主要指解决失业、支持就业的诸种法案。如"总统再就业协定"对企业雇主的约束；以工代赈、"生产者适用"的各项救济、自助工程。

［3］这里的法案指罗斯福 1934 年 6 月 28 日签署的《国家住房法》。政府根据此法成立联邦住房管理局，为发放修房和建筑新房贷款的银行、抵押贷款公司、建筑与贷款协会提供联邦保险。

［4］联邦紧急救济署是依据《联邦紧急救济法》成立的联邦机构，由哈里·霍普金斯任署长。该署拥有 5 亿美元资金，作为对各州的救济拨款（而不是贷款），其中一半直接给予贫困州，另一半拨给其他各州，但有附加条件——每 1 美元联邦拨款，各州、市要配套相应的资金。除直接救济外，该署还安排了许多以工代赈工程。

［5］《权利法案》特指 1791 年生效的《美利坚合众国宪法》第 1～10 条修正案，规定公民享有许多权利和自由。在美国的政治术语中，《权利法案》泛指宪法有关保障公民权利不受政府非法侵犯的规定。

［6］约翰·马歇尔，美国政治家，曾参与独立战争，并曾任众院议员和国务卿等职。1801—1835 年任联邦最高法院第四任首席大法官期间，曾做出著名的马伯里诉麦迪逊案的判决，奠定了"司法审查"制度的理论原则和实践基础。

［7］波多黎各当时是美国的殖民地，1950 年成立共和国，1952 年美国给予其"自由邦"的地位。

［8］这里指美属维京群岛，为美国的"未合并领土"。1917 年美国从丹麦买下该群岛，1927 年该岛居民成为美国公民，但不参加总统选举。

［9］运河区是巴拿马运河两岸 16.09 公里地带，面积 1 432 平方公里。1903 年美巴签署《巴美条约》，美国获得开凿运河及"永久使用、占领和控制"运河与运河区的权利。20 世纪末，美国归还运河及其所有权利给巴拿马。

6. 谈推进更多的自由与安全（1934 年 9 月 30 日）

　　这篇谈话就现实的企业、劳工以及其他社会状况谈到推进自由与安全的问题。"新政"的某些举措似乎限制了某些人的自由，这一直是其受诟病最多的方面。罗斯福在多篇谈话中谈到了这一问题，本篇则集中从自由与安全关系方面剖析了这一问题，为政府干预措施进行了袒护。最后，罗斯福指出："我相信亚伯拉罕·林肯的话：'联邦政府的合理宗旨是为全体公民做任何他们需要做但做不到或依靠一己之力无法做好的事情。'""据此，我们正朝着使每个人都享有美国有史以来更多自由、更多安全的方向迈进。"

　　国会休会后，我曾和大家谈过一次，至今已经过去三个月了。今晚，我来和大家接着谈。不过由于时间关系，我必须把许多题目放到后面的谈话中加以讨论。最近，我们大家关心的一个最突出的公众问题是劳资关系问题，以及我们在这方面所取得的重要进展。我高兴地告诉各位，数年的飘忽不定状况在 1933 年春天的大崩溃中终于达到顶点后，我们正在尽最大可能致力于督促厂商以合理的工资雇用工人，使更多的企业能够在获得较公平利润的情况下开业，从而使多年的混乱局面归于有序。这些政府的和企业的进步是美国取得新成就的基础。

人们对于涉及工商业的独特的政府活动形式的观点可能千差万别，但几乎所有人都认为，有时候对这些私营企业不能够疏于帮助和保护，否则，它们不仅会毁掉自己，而且还会毁掉我们的文明进程。当年伊莱休·鲁特[1]曾说出下面这段非常重要的话，眼下我们采取此类措施的紧迫性和几年前没有差别：

> 取代了自由个体契约的平等交换的是组织的庞大权力，以及与之相伴的在大型产业结构中积聚的大量资本。这些组织通过大型商业机构进行运作，并在生产、交通和贸易活动中雇用大量的工人，其人数是如此众多，以至于任何个体在其中都会感到相当无助。雇主同个人的关系，巨额资本的所有者同劳工组织的关系，小生产者、小商小贩、消费者和大型运输、生产、配送机构之间的关系，所有这一切都给事情的解决提出了新的难题，因为从前依赖于个人意志自由地采取行动，可现在这样的方法已无济于事了。而且从许多方面看，我们称之为政府行为的有组织的控制与干预似乎同样能产生正当的结果和恰当的行为。在这些新的条件产生前，我们是靠牺牲个人的权益获得上述效果的。

正是在鲁特国务卿所描述的精神的感召下，我们才在1933年3月开始了我们的工作，让私营企业重现活力。当然，我们的第一个问题是银行业形势。因为就大家所知，银行业已经垮掉了。有些银行没法救了，但是绝大多数银行通过动用自身的资源或在联邦政府的帮助下已经得以维持并恢复了公众的信心。这使银行的数百万储户有了安全感。与这项伟大的建设性举措紧密相随的是，我们通过各种联邦机构拯救了许多其他商业领域的债务人和债权人，如农产抵押贷款和住房抵押贷款人，还有贷款给铁路和保险公司的债权人。最后，我们向住房所有者和企业本身提供援助。

在实施这些措施时，联邦政府还对商业企业提供了援助，并期望这些企业最终偿还它们所使用的这些钱。我相信它们一定能做到。

为了维持普通商业企业，我们采取的第二项措施是彻底清理投资领域的不健康环境。在这方面，我们得到了许多银行业和商业人士的帮助。他们中的许多人都承认过去在银行体系中存在着邪恶的东西。接受有价证券、故意怂恿股票投机行为、接受不良抵押以及许多其他方面的做法使公众损失了数十亿美元。他们认为，如果不改革投资政策和方法，公众对于储蓄安全的信心就没法恢复。依据新的银行法[2]，如根据《证券法》[3]对新的有价证券进行仔细核查，通过《证券交易法》[4]来缩减股票投机的规模，这些都使人们感受到了银行存款的安全性。我真心希望人们因此不再靠投机有价证券等不正当手段快速致富。我国只有一小部分人信奉投机致富。他们不相信本杰明·富兰克林的哲学[5]，即勤劳致富。

国家复兴局[6]是美国政府应对复兴工业问题的主要部门。在它的指导下，占全国工业雇员总数 90％的贸易和工业部门接受了《公平竞争法》。该法令已获总统批准。根据这些法令的规定，在所有相关工业部门中都禁止雇用童工。工作日和工作周的时间缩短了。最低工资标准得以建立。其他工资数额也朝着提高生活水平的方向进行了调整。《全国工业复兴法》的紧迫目标是让人们去工作。自该机构成立以来，已有400多万人重新就业。这在很大程度上是美国企业根据这些法律规定与政府进行合作的结果。

工业复兴计划的益处不仅体现为工人找到了新的工作，从过度劳作和超低工资状态中解脱出来，而且还惠及工业的所有者和经理人员们，因为随着工资的大幅度整体性提高，总的工业利润实际上也增加了——1933年第一季度还是亏损，而在国家复兴局成立的一年内则达到了实际盈利的水平。

现在我们还不应期盼哪怕是那些业已工作的工人和资本家会完全满意于当前的形势。已受雇工人的工资无论怎么说也还没有达到繁荣时期的收入水平，虽然说到目前为止数百万低收入工人获得的工资好于此前任何时期。还有，今天数十亿美元投资资金的安全性更强，其盈利能力也好于以往。这是制定了公平的竞争标准的结果，是摆脱了依靠削减工资进行不正当竞争的结果。工资的削减既使市场疲软，又损害了消费者的购买力。一个不争的事实是，使另外数十亿健康投资在一年内保有合理的盈利能力是不可能做到的。没有我们可资利用的魔法和经济万能灵药来使深陷泥潭的工业和贸易一夜之间得以复苏。

但是总体来说，贸易和工业也已取得了实际的收益。这些收益和政府所采取的各项政策给我们提供了担保，这鼓舞了所有满怀希望的男人和女人，使他们有了信心：毫无疑问，我们正在沿着新政所规划的路线重建我们的政治经济体制。我已经多次对此做过阐述，它们同建立有序的受欢迎的政府这一基本原则完全一致。美国人民自从来到这块大陆以来，一直在追求着这样的原则。像过去一样，我们也依赖个人的主动性、公平的私人利益动机，这些原则因认可了对公众利益负有义务的原则而得以强化。我们有权希望大家本着爱国主义的原则全身心地投入到复兴我们的国家的运动中来。

我们在国家复兴局已经走过了制定法令的程序化阶段，并对该局进行了重组以适应下一阶段的需要。这反过来又是一个将决定其永久形态的立法准备期。

在最近的机构重组中，我们认定了该局三项不同的职能：一是立法或政策制定功能；二是法令制定与修改的行政职能；三是司法功能，包括法律实施、处理消费者投诉、解决雇主与工人间以及工人与工人之间的争端。

我们现在准备在能力出众、精力充沛的约翰逊[7]将军的领导下，以我们在第一阶段的实践为基础，向第二阶段推进。

我们将密切关注在《全国工业复兴法》实施的第二阶段设立的新机构的运作情况，需要修正时加以修正，并最终向国会提出建议，以便使全国复兴局那些已被证明有价值的职能变成政府永久职能的组成部分。

我想请大家注意下面的事实：《全国工业复兴法》通过所谓的"工业自治"手段给予商业人士多年来梦寐以求的机会去改善商业环境。如果这些书面法律过于复杂，如果它们超越了稳定物价和限制生产的范畴，那么大家记住，只要有可能，只要与过去一年的紧迫的公众利益相一致，只要为改善劳动环境所必需，贸易和工业的代表就会获准将他们的想法写进法律。现在到了综合审查这些措施，以判断这些在危急关头使用的方法和政策是否起到了最大限度地推动工业复兴、永久地改善商业和劳动环境的作用的时候了。我们要根据实践，从工业自身的利益和公众的普遍利益出发采取专门的方式来做这项工作。这里或许有一个严肃问题，即有关控制生产或防止破坏性降价的诸多手段是否明智，许多商业组织坚持认为这些手段是必要的。另一个严肃的问题是，这些手段的作用是否是为了防止产量过快增长，而这一情况有可能降低价格，增加就业。再一个问题是关于是否以小时工资或周工资作为基础来核定最低工资数，这将使收入最低的工人获得满足其最低生活需要的年收入。至此我们进入了核心问题。将适用于大型工业和大企业主的法律规定推广到大量小企业主是否明智，也是我们要探讨的问题。

过去一年间，罢工和其他一些重大事件在一定程度上使我们的工业复兴步伐放缓了。我并不是要淡化这类冲突给雇主、工人和普通民众带来的不可避免的损失。我要指出的是，在此期间劳资纠纷的激烈程度比起以前任何时期都要小得多。

当我国的商界人士要求享有尽可能地组织起来以推进其合法利益的权利，而农民也要求在法律上给他们为了共同的进步组织起来的机会与权利时，工人依据《全国工业复兴法》第七款 A 项的规定[8]，寻求组织起来进行集体谈判的宪法权利得到公开的法律保障就是很自然的事情了。

联邦政府组建的机构为此提供了一些调整的方法，一些雇主和工人都没有能充分利用它们。他们都应当因此受到谴责。有些雇主讨厌中立的调停机构，有些否认工人有组织起来的自由，而有些雇主则没有竭尽全力和平地解决其纠纷，这些人都没能全力支持联邦政府的复兴措施。同样，那些讨厌这些中立的调停机构，拒绝在办公室达到其目标的工人也没有与联邦政府进行通力合作。

是采取鲜明措施以使劳资双方达成联合行动的时候了。这是《全国工业复兴法》的最高目标之一。我们已经进行了一年多的教育工作。我们已经逐步建立起了各种联邦政府部门，以便在必要时确保工业领域总体上平稳的局面。当人们的自愿谈判行动没能达成必要的协议时，都可以公正地寻求这些机构的帮助。

至少应该对这些结束了工业冲突的措施进行完全公平的检验。通过这种办法，应能确保雇主、工人和消费者的利益，即所有的行动都是为了我国企业的持久和平与安宁。

为此，我在下个月将与能真正代表大企业主和大型有组织劳工团体的各个团体进行磋商，以期他们在我所描绘的工业平稳的具体检验期内进行合作。

我希望在建设这一期望中的平稳期时得到愿意参加此活动的人士的合作，希望他们做出保证，遵守协议。这有赖于多方的共同努力。根据这些协议，我们可以就工资水平、工时数以及工作环境等问题做出决策。今后的调整工作将依据协议进行。如果未达成协议，将由州或联邦机构进行调停或仲裁。我并非要求雇主或工人永远放弃过去解决工业冲突所常使用的武器，但我想让劳资双方都对调整其观点和利益冲突的和平方法进行公平的检验，并在一定的时间内采取适当措施使我们的工业文明发扬光大。

与《全国工业复兴法》紧密相关的是同样在该法中规定的公共工

程计划。[9]该计划的目标是让更多的人既可在公共工程中直接得到工作机会又可在为公共工程提供原料的工业部门中间接得到工作机会。有些人认为文明在公共工程和其他复兴项目上的开支是种浪费，我们难以负担。我对此的答复是，不论多么富有的国家都承受不起其人力资源的浪费。由大规模失业引发的士气消沉是文明的最严重的浪费行为。从精神层面讲，这是文明的社会秩序的最大威胁。有些人试图告诉我说，我们必须接受这样的事实：正像其他国家十多年来的情形一样，将来我国将长期拥有数百万失业者。那些国家有怎样的情形，这不是我们的政府要负责决定的事情。但对我们国家来说，我无论如何也不会接受把将来我们要长期维持一个失业大军的存在作为国家盛衰的必要条件。相反，我们不仅不能容忍失业大军的存在，而且将尽我们所能迅速地动员全国经济部门的力量来结束目前的失业状况，并采取明智的措施防止其反弹。我们必须使这些成为国家原则。我并不认为，长期靠救济过活是任何美国人的宿命。

有些人——幸亏只是少数几个人——被人们的勇敢精神和做决策的责任吓得要命。他们抱怨说，我们做的一切都是徒劳的，注定要冒巨大的风险。这帮人才从防风地窖中爬出来，他们就不记得曾经有暴风雨存在了。他们转向了英国。他们会跟大家说，英国靠着无为而治的政策从大萧条中解脱出来。英国和我们国家各有自己的特殊性，但我并不认为有哪位明智的观察家会在当前的紧急形势下对英国采取的非常措施提出谴责。

英国真的听天由命了吗？没有。当英国黄金储备受到威胁时，它维持住了金价标准吗？没有。英国回归到现在的金价标准了吗？没有。英国在按5％的利率动用其100亿美元的战争债券，以便能以仅3.5％的利率发行新的战争债券，从而每年少支付1.5亿美元的利息时犹豫不决了吗？没有。更不用说英国银行家提供的援助了。1909年以来，英国在社会保障的许多方面不是比美国走得更远了吗？在以集体谈判为基础的劳资关系方面，英国不是已经比美国取得了更长足的进步了吗？英国媒体不无讽刺地告诉我们，我们的新政计划在许多方面只不过是要去赶上英国10年前或者更早以前所进行的改革步伐。

几乎所有的美国人都有自己的判断力，都很冷静。有关我们的某些复兴、救济和改革的措施被可怕地宣布为违宪的消息既没有使我们变得多么兴奋，也没有打破我们心灵的平静，不论我们是商人、工人或者农民。我们没有被反动的律师或政治编辑所吓倒。所有这些喊叫我们以前都曾听到过。21年前，当西奥多·罗斯福和伍德罗·威尔逊[10]想要纠正我们国家生活中的权力滥用问题时，伟大的首席大法官怀特[11]说道：

> 似乎对我来说，每当与平常的行为习惯发生抵触的事情出现时，就有人莫名其妙地将宪法作为一种防御手段。这样就造成了一种普遍印象，认为宪法只是进步的障碍，而不是取得真正进步的阳光大道。此刻，巨大的危险也就来临了。

在采取措施实现复兴时，一方面，我们避开了这样的论调，即认为应该而且必须将商业纳入包罗万象的联邦政府政策中去；另一方面，我们也避开了一种同样站不住脚的论调，即当私营企业需要帮助时，我们所提供的帮助是对自由的干涉。我们所进行的事业符合美国的政府实践：逐步采取行动，立法措施仅是为了满足实际需要，并鼓励人们接受变革。我相信亚伯拉罕·林肯[12]的话，"联邦政府的合理宗旨是为全体公民做任何他们需要做但做不到或依靠其一己之力无法做好的事情。"

我并不想重复自由的定义。许多年来，一个自由的民族正在被以自由的名义逐渐地纳入少数特权人物的统治之下。我乐意，我相信你们也更乐意接受一个更广义的关于自由的定义。据此，我们正朝着使每个人都享有美国有史以来更多自由、更多安全的方向迈进。

注释：

[1] 伊莱休·鲁特，美国政治家，曾任国务卿等职，1912 年获诺贝尔和平奖。

[2] 指《格拉斯-斯蒂格尔法案》，罗斯福于 1934 年 6 月 6 日签署。该法旨在防止银行利用存款或联储系统的资金进行投机，规定商业银行必须与其下属的证券机构脱钩，且不得经营投资银行业务。

[3]《证券法》是罗斯福于 1933 年 5 月 27 日签署的规范证券市场的法律。此法规定公司发行新证券必须在联邦委员会登记，并提交发誓保证其真实性的有关新证券的详细报告，故此法亦有"证券真实法案"之称。

[4]《证券交易法》是罗斯福于 1934 年 6 月 6 日签署的法律。该法旨在规范证券交易活动、防止营私舞弊等。但该法并未规定具体交易规则，而是规定建立一个超党派的独立的证券交易委员会（成员由总统任命），授权这一委员会对交易活动进行具体规范。

[5] 富兰克林是美国开国三杰之一，也是发明家。他所著《穷人理查年鉴》充满哲理格言，勤劳是其推崇的理念之一。

[6] 国家复兴局是依据《全国工业复兴法》成立的政府机构，1933 年 6

月 20 日成立，休·约翰逊任局长。1934 年 9 月 27 日成立包括资方、劳方和公众代表组成的全国工业复兴委员会，代替约翰逊领导的国家复兴局。1935 年 5 月 27 日，由于最高法院判定《全国工业复兴法》违宪，该局撤销。

［7］指担任国家复兴局局长的休·约翰逊，他曾当过骑兵。

［8］此款即著名的"劳工条款"，规定劳工有组织工会和通过自己选出的代表进行集体谈判的权利；雇主及其代理人不得对劳工代表的产生进行干预、限制和施加压力；雇主不得以是否参加公司工会作为雇用劳工的条件，也不得拒绝雇用参加、组织或帮助过自己选择的劳动组织的工人。

［9］《全国工业复兴法》第二部规定，设立公共工程局，拨款 33 亿美元建设公路、堤坝、联邦建筑、海军基地及其他工程。此举对刺激经济恢复起到一定的作用，对美国基本建设事业的长远贡献尤其突出。

［10］伍德罗·威尔逊，美国第 28 任总统。他与西奥多·罗斯福在 1912 年的大选中都提出了相应的限制利益集团权力滥用的主张。就任总统后，他签署了《反托拉斯法》。

［11］爱德华·怀特，曾任美国首席大法官。1910 年，被塔夫脱打破常规任命为首席大法官。

［12］亚伯拉罕·林肯，美国第 16 任总统，在任期间维护了国家统一，废除了奴隶制度。

扫码收听录音

大萧条时期工作中的女工（美国国会图书馆）

7. 谈工程救济计划（1935 年 4 月 28 日）

　　这篇有关救济工作的谈话实际上有两个部分。前半段主要谈救济，即工程救济计划以及《社会保障法》。罗斯福的"以工代赈"救济计划成就显著，影响深远。后半段谈保持商业发展的措施，谈到了三部法案。这些法案或多或少都在国会遇到了一些麻烦，罗斯福希望通过谈话获得民众的支持，因此他说，"这些措施就是我根据自己的宪法职责向国会建议的计划"，而"在全面的国家复兴计划中，这些因素必不可少"。

　　自从 1 月 4 日向国会提交了我的年度咨文后，我就一直没有通过电波和公众交谈过。自那之后的多个星期以来，国会全身心地投入到制定为我们国家的福祉而考虑所必需的各种法律的辛勤工作中。这项工作已经并正在取得明显进展。

　　但是，在我谈及任何具体的措施前，我希望各位心里明确一件事情。我们的政府和国会在这项政府任务中并不是各自为战的。我们所采取的每个步骤都同其他步骤有着明确的关系。从某种意义上讲，为国家事务制定计划的工作好比建造一条船。我经常参观的港口建造着适于远航的大型船只，当这些船只正值建造过程中，钢结构被置于船的龙骨中时，那些对船舶一无所知的人很难想象，这些船在深海航行时会有怎样一番风采。

有些人或许会感到困惑不解，但正是这些组成这条船的一个个具体的构件才最终为人类造就了这一有用的设备。国家政策的制定与此同理。三年间我国的目标已经发生了重大的变化。在此之前，个人的自我利益和集团的自私自利在公众思维中占有重要地位。公众利益受到漠视。

历时三年的艰苦思索已经改变了这种状况。由于越来越多的人思维更加清晰、对此的理解更加深刻，他们现在更愿意从全局而不是从与一个地区、一种农作物、一种产业或是一份工作相关的单个方面来考虑问题。这是民主原则的巨大进步。全国绝大多数人都能从他们所听到的、所看到的事情中明辨是非。他们懂得美国的重建不可能一蹴而就，但是即便有少数人想浑水摸鱼，重建工作也在进行当中。总体上说，美国人的感觉正一天天好起来——他们比许多许多年前更能感到幸福与欢乐。

华盛顿是世界上最难以获得关于美国整体性的明确而公开的看法的地方。我的脑海中时常浮现出威尔逊总统的话，"许多来到华盛顿的人并不了解事情的真实情形，而了解美国人民所思所想的人也寥寥无几。"这就是我为什么有时候要将行动计划放几天，而跑去钓鱼[1]或者回到海德公园的家看看。因为这样我就能有机会平心静气地考虑一下美国的总体情形。像他们所说的，"远离了一棵棵树木方可看到整个森林"。从长远角度对美国进行思考的责任有着特殊的意义，这是各位选我做总统时就赋予的职责。大家是否曾经静心地想到，在美国毕竟只有两个职位是由全体选民投票选举产生的——总统和副总统。这使得副总统和我本人从整个美国的角度来思考我们所承担的责任变得特别必要。因此，我今晚就向全体美国人民说说我对全体美国人的看法。

首先，我来谈谈实现国会刚刚通过的大型工程计划的目标问题。该计划的第一个目标是将现在还靠救济过活的男人和女人送上工作岗位，顺便在物质上给我们已经确定无误的向复兴进军的运动提供支援。我不会使我的讨论被一大堆数字弄得混淆不清。人们引用了很多数字来证明很多事情，有时候依据读到的报纸和收听到的广播来这么做。因此，我们在讨论失业问题时心里应明确两三个简单却必须知道的事实。当商业和工业情况好转时，还有大量人口需要救济。这是事实。但是，五年来等待救济的人数在今年冬天这几个月不升反降也是头一回。这个数字仍在下降。一个简单的事实是，与两年前或一年前的今天相比，又有好几百万人获得了自己的工作；过去的每一天都给那些想要工作的人带来了更多的工作机会。虽然像所有其他国家一样，美国的失业问题依然很严重，但是我们已经意识到我们有可能也有必要采取一些有益的补救措施。这些措施分为两类。一方面是采取预防措施来缓解、最大限度地减少并防止将来出现失业情况；另一方面是在当前的紧急形势下采取切实可行的方法帮助那些失业的人们。我们的《社会保障法》[2]就是要试图解决第一类问题，而我们的工程救济计划[3]针对的则是第二类问题。

目前正在国会表决的社会保障计划[4]是联邦政府未来失业政策的不可或缺的组成部分。我们当前和拟议中的用于工程救济的开支完全在我国信用资源的合理限度之内。显然我们不能年复一年地继续为达此目的扩大联邦政府的支出，我们现在必须未雨绸缪了。这也就是社会保障计划成为我们整个计划的重要部分的原因，该计划希望通过养老金来帮助那些已经到了退休年龄而放弃其工作的人。这样一来，当这些人步入老年时，他们就给了年轻一代更多的就业机会，并给所有人一种安全感。

立法中关于失业保险的规定不仅有助于保证每个人将来一旦失业，不必依赖救济过活，而且有助于通过保持人们的购买力来缓解经济困境带来的冲击。失业保险的另一个有助益的特征是，他将鼓励雇主进行周密的安排，以便通过稳定就业形势本身来防止失业。

但是，社会保障方面的规定是为将来提供保障的，解决失业问题是我们当前最紧迫的职责。国会通过美国历史上最系统的工作计划满足了我们的职责需要。我们的问题是让350万现在仍然靠救济生活但有工作能力的人去工作，私营企业和联邦政府对此都担负着同样的责任。

为了使联邦政府庞大的工程救济计划付诸实施，我们必须分秒必争。我们完全有理由相信，该计划到今年秋天将初具雏形。为了指导该计划的落实，我提出六项基本原则：

1. 计划应当有用。

2. 计划的实质应当是，花费的大部分资金将用来支付工人的工资。

3. 承诺最终把绝大部分资金返还给财政部的计划将优先予以考虑。

4. 拨付给每一个项目的经费必须尽快地在当年花掉，不得留到下一年。

5. 给靠救济生活的人们提供工作机会是这些计划的一致特点。

6. 这些项目将按照各地方或救济地区需接受救济的工人数量予以分配。

下面我将明确说明我们将如何指导这项工作。

1. 我已经成立了应用与信息处。该处将对所有的开支计划进行初步研究和考察。

2. 这些项目经应用与信息处详细审核后，将送交分配处。该处由专门负责开展工程救济项目的更重要的政府部门的代表们组成。该处还应包括各市、劳工、农业、银行业和工业的代表。这个处将对提交上来的所有动议进行审查，那些获其批准的项目将被提交给总统。总统有权依据该法进行最终的分配决策。

3. 下一步将是找到适合负责该计划的联邦政府部门。同时还将通报我正在创建的另一个处——执行处。该处将负责协调原材料和供应品的购买，并将那些已经获得工作的人从救济名单中删除。它还负责决定不同地方的工作报酬，负责充分利用现存的就业服务机构，以及帮助参与救济工作的人们一旦有机会，就尽可能快速地回到各自的工作岗位上去。还有，该处还负有保证这些项目按时间表推进的职责。

4. 我感到必须明智而谨慎地尽可能避免设立新的机构来监督这

项工作。联邦政府目前至少有 60 个不同的部门负责开展 250～300 种即将进行的工作，这些部门的人员构成、阅历和能力都符合我们的要求。因此，这些部门的人员将在更大的范围内从事他们一直在做的同类工作。这将确保尽最大可能将拨付资金用于创造新的工作，而不是用于在我们的华盛顿组建臃肿的、高高在上的政府部门。

数月以来，准备工作一直在进行之中。对可行项目的资金拨付工作已经开始了，负责这项伟大任务的关键人物也已经选拔出来。我清醒地意识到，我国在今年年底前有望看到像他们所说的实施这项工程的"大兴土木"场面。我向我的同胞们保证，我们将不遗余力地将这项资金有效地用于抗击失业问题之上。

我们要对全国人民负责。这是一次伟大的国家远征，它旨在摧毁强迫性赋闲现象，这种现象是由大危机引起的人类精神的敌人。我们对于这些敌人的进攻必须不惜代价，不允许任何地方性、政治性的差别存在。

但是，我们必须看到，当具有这一特征的企业遍布全国 3 000 多个县时，效率低下、管理不善和滥用资金的情形可能时有发生。当然，当这类事情发生时，总会有人试图和你们说，个别失败是整体成功的特征。我们应该记住，每一项重大任务都有瑕疵。每个阶层都有挖墙脚的人；每个工业部门都有人因不公平的做法而获罪；每个职业领域都有害群之马。但在联邦政府的长期实践教会我懂得，与几乎所有其他行业相比，联邦政府中存在的个别不道德行为是最少的。防止在工程救济计划中出现此类恶行的最有效的方法是美国人民自己的内部监督。我呼吁各地的美国同胞们与我进行合作，使工程救济计划成为世界上有史以来最高效、最纯洁的公共事业的典范。

是给那些愤世嫉俗的人一个响亮的回答的时候了。这些人认为，民主制不可能是诚实高效的。但是，如果你们肯帮忙就能做到。因此，我希望大家在全国每个角落对这项工程进行监督，自由地进行批评，告诉我们哪些工作可以做得更好，或者告诉我哪些工作还存在不足之处。你我都不想听到吹毛求疵、心怀叵测的批评；但是我羡慕你们每位公民，因为你们有权关注联邦政府的行为，看看它是如何为了美国人民的利益去更加有效地使用这笔公共资金的。

朋友们，我下面来谈谈国会正在考虑的关于保持商业发展的那部分措施。国会正在考虑制定许多实施经济与社会重建计划的措施，两年来我们一直在关注这些措施。今晚我仅举这些措施中的几个为例，但是大家可不要把这理解为我对其他许多重要的拟议中的提议缺乏兴趣或不予同意。

《全国工业复兴法》将于 6 月 16 日到期。[5] 经过认真考虑，我已经要求国会延长国家复兴局这一有成效的联邦政府机构的寿命。当我们继续让依据《全国工业复兴法》设立的国家复兴局履行其职责时，我们一次次地找到了更多推进其目标实现的好方法。任何有良知的人都不想放弃我们目前所取得的成就。我们必须继续保护儿童，实施最低工资制度，防止超长劳动时间，维护、界定并落实集体谈判制度，并在保持公平竞争的条件下尽我们所能抵制各种不公平的经营活动。遗憾的是，这些自私自利的少数人所从事的这些活动是造成当前经济形势崩溃的最主要因素。

同样，国会也在就取消公共事业领域不必要的控股公司的立法[6]

进行表决。

我认为该法是一项积极的复兴措施。我国的电力生产已经达到1929年时曾达到的最高水平，煤气和电业领域的合作公司总体上状态良好。但是在控股公司的控制下，公共事业内部长期以来一直进行着令人绝望的窝里斗，并同公众的意见发生冲突。在我就职前，公共事业安全性整体上就已呈现下降趋势。任由可有可无的控股公司为所欲为，这种行为已经失去民心。它们已经和它们所服务的社区失去了联系。更加重要的是，过分集中的经济权力使全美国都感到不安。

消费者没有信心，公众不满意，这样的企业对投资者来说随着时间的推移必定存在风险。这项法律将从投资者的利益出发，结束引起人们缺乏信心和不满意的局面。它将把公共事业领域企业的未来，无论是公共关系还是内部关系，都置于可靠的基础之上。

这项法律不但要在将来向消费者提供更便宜的电和煤气，而且要保护目前为数千投资者所拥有的资产的实际价值与盈利能力。这些投资者在旧法律下面对"金融狂热"时几乎得不到任何保障，新的立法不会损害资产价值。

旨在改善我国交通运输部门地位的法律的实施不但会推动商业的复兴，而且对整个美国经济的复兴都将起到巨大的推动作用。我们要制定法律规范州际公共汽车、卡车和水路运输，加强商船、空运业的管理，加强州际商务委员会的职能，使之能够制定出一套完整的美国交通运输体系的理论框架，据此既要保证私营企业的利益，又要将这些重要服务业的公共安全置于联邦政府的保护之下。

最后一点，作为一个国家，我们采取各种措施以重新建立公众对于银行的信心，其最有助益的结果之一是重建了公众对于国家银行的信心。我们都知道，私营银行业实际是依靠全国人民的代言人——联邦政府——的许可而存在的，并受到联邦政府的管理。可是，明智的公共政策要求银行不仅是安全可靠的，而且其资源能最大限度地用于国家的经济生活。为达此目的，我们20多年前就断定，联邦政府要承担起提供某种途径的责任。据此，国家的信用不能受控于少数几个私营银行机构，而应掌握在具有公共信誉与权力的机构手中。满足此要求的就是联邦储备制度。这项制度20年的运行实践表明当初重建这一制度是英明的，但这20年的实践也表明的确有对其加以改善的必要。希望国会迅速通过意在修正《联邦储备法》的那些提案。[7]这些修正案将依据过去的实践和当前的需要对我们的联邦储备体系进行最小幅度的、明智的再调整。

在很大程度上，我所提到的这些措施就是我根据自己的宪法职责向国会建议的计划。在全面的国家复兴计划中，这些因素必不可少。这些措施通过对国家生活中的各种因素进行充分而理性的调整，并明智地规定要保护弱势群体免受强势群体的侵害，从而改善我国国民的生活。

1933年3月就职至今，我清楚地感觉到了复兴的氛围。但这不仅仅是我们个人生活的物质基础的复兴问题，而且让我们对民主进程与制度的信心得以恢复。我们已经克服了所有的艰难险阻和重大国家经济问题的威胁。在我们国家最黑暗的那些月份里，我们经受住了考验，并对掌控我们自己命运的能力充满信心。在各个方面，恐惧正在消失，信心正在逐步恢复。人类极有可能靠政府的民主形式改善其物质与精神状况，这种信念获得了新生。这种信念正获得应有的回报。为此，我们要感谢上帝对美国的佑护。

注释：

[1] 罗斯福爱好广泛，打猎、滑冰、集邮、钓鱼均为其所酷爱。由于身体的原因，他任总统期间主要集中于后两者，忙里偷闲，不仅发展了爱好，对工作也大有助益。第二次世界大战期间，在为战争绞尽脑汁却一筹莫展时，他就去白宫他自己那间很小的集邮室，从那里出来不久，头脑便豁然开朗。

[2] 1935 年 1 月 17 日，罗斯福在致国会的咨文中，提出关于社会保障立法的建议。1935 年 8 月，国会通过《社会保障法》。该法规定实行联邦—州联合失业保障体系，向雇主强制性征收联邦失业保险税。

[3] 工程救济计划是罗斯福政府为救济失业者而推行的计划，即雇用联邦救济名册上的人参与政府主导的救济工程，领取低于工资标准的工资。这是一种典型的"以工代赈"计划。

[4] 为使失业者和老年人的生活得到保障，罗斯福于 1934 年成立经济保障委员会，草拟社会保障计划。该计划最终形成了一支由各州直接征收失业保险基金，并由各州自行管理的联邦—州联合失业保障体系。

[5]《全国工业复兴法》的时效为两年，1933 年 6 月 16 日签署生效，故于 1935 年 6 月 16 日到期。

[6] 此处的"立法"指《公共事业控股公司法》。当时美国公共事业由凌驾于经营公司之上的少数控股公司垄断，它们很少对经营公司进行真正的投资，却大大加重了经营公司的成本、降低了效率，而且极尽掠夺、牟利之能事。为此，1934 年夏，罗斯福任命了一个国家动力委员会，调查研究控股

公司。1935年3月，研究报告提交国会，并委派专人起草相关法律。由于草案有强制解散提不出存在理由的控股公司的"死刑条款"，此法案在国会表决时一波三折。罗斯福被迫让步，8月28日签署了删除"死刑条款"的法案。

[7] 美国《联邦储备法》是1913年制定的。由于其中对组织权力结构规定不明确，华盛顿的联邦储备委员会没有实权，各地联邦储备银行则可以对货币供给等施加实质影响。1934年11月，罗斯福任命马里纳尔·伊克尔斯为联储委员会主任，起草新的银行法案。1935年中，众参两院先后通过该法案。8月24日，罗斯福签署。这部新的银行法使联邦储备体系理事会掌握了货币政策的三大工具，即公开市场操作、存款准备金政策、再贴现政策，成为美国现代银行体系最终确立的重要标志。

1935 年 8 月 14 日，罗斯福总统签署《社会保障法》

8. 谈干旱形势（1936 年 9 月 6 日）

　　这篇谈话从干旱形势切入，重点谈的是农业。罗斯福一直十分关注农产品价格，他希望农业限产增收，使农民有较高的工业产品购买力，促进工农业的和谐发展。为此，他主张政府拿出资金来赈济旱灾，同时重点扶持来年生产、加强水土保持和农田水利等基础建设。之后，谈话转入了就业问题，因为城市居民因就业而获得的工资是支撑美国前进的两条腿之一（另一条是农民的购买力）。在向民众祝贺第二天的劳动节时，罗斯福又简略地阐明了一些重要问题："劳资关系应当是一种自由人之间的平等关系"，"劳动与财产享有同等的尊严"。

　　我最近进行了一次考察旅行。我首先直接考察了各干旱州的形势，去看看联邦和地方各级机关是如何高效地应对迫切的救济问题的。我也想了解一下他们的下一步工作的打算，看看他们想怎样保护我国人民将来免受干旱的影响。

　　我在九个州看到了干旱造成的破坏。

许多家庭的麦苗枯死了、玉米苗不长了、家畜倒下了、水井中打不到水了、花园里不见了鲜花，直到整个夏天结束都没有一美元的现金入账，冬天将没有吃的。他们面对的是一个没有种子可以播撒到田地里的耕种季节。我同这些家庭进行了交谈。

这是极端的例子，但是在西部的农场却有成千上万个家庭面临着同样的困难。

我看到养牛人由于没有草和冬季饲料已经被迫将所有牛都卖掉，只留下了种牛。他们在即将到来的这个冬天甚至还要靠援助才能养活这些种牛。我看到牲畜们能活下来仅仅是因为人们长途跋涉用罐车将牲畜喝的水运过来。我还看到其他的农户，他们没有受到很大损失，但是这些农户如果还想要在第二年春天继续从事农业生产的话就必须得到某种形式的援助，因为他们只收获了部分庄稼。

我绝不会忘记因过分干热而无法进行收获的枯萎的麦田。我绝不会忘记那一块接一块的玉米地，那里的玉米秧长得又矮又小，既不见玉米穗，也不见叶子，因为都被蝗虫吃掉了。我看到了一块块褐色的牧场，在那里五十英亩的草场甚至都养不活一头牛。

但是，我绝对不想让你们认为，在这些干旱地区只有永久的灾难，或者认为我所看到的情景会使这些地区的人口减少。地球终不会崩溃，太阳也不会让人酷热难耐，风更不会燃烧起来，那些蝗虫也不能同不屈不挠的美国农场主、牧场主以及他们的妻儿们相抗衡。他们已经熬过了令人绝望的日子，并用他们的自立、坚忍不拔和勇气鼓舞着我们大家。创造家园是他们的父辈们的任务，保持这些家园则是他们的任务。我们的任务是帮助他们战胜灾难。

首先，我花几分钟时间讲讲这个夏天和即将来临的冬天。对那些需要实实在在地活下去的家庭来说，我们有两个选择：给他们发放救济金，或为他们提供工作。他们不想靠救济金过活，这非常正确。因此，我们认为我们必须为他们提供工作以挣一份体面的工资。我们做出此决策做到了一箭双雕，因为这些家庭通过工作可以赚得足够的钱，不仅能使自己活下来，还能给他们的家畜买饲料和用于明年春天进行耕作的种子。当然政府贷款机构将参与到这项计划中来，它们明年将像过去一样用生产贷款提供帮助。

　　我与之交谈过的每一位州长都完全赞同这项给这些农业家庭提供工作的计划，正如他们都同意各州将照顾好那些找不到工作的人一样。但他们同时认为，联邦政府必须承担雇用那些完全有能力并愿意工作的人们的费用。

　　如果那时，就像今天一样，我们知道从现在直到整个冬天都需要某种形式的工作救济的农业家庭的大致数量，那么我们所面对的问题是，他们应该做哪种工作。我要明确指出的是，这不是什么新鲜的问题，因为在每个干旱的地区，这个问题都在很大或较小的程度上得以解决。从1934年开始，每当我们遇到重大旱情时，州和联邦政府都会合作制定出众多计划，其中许多计划针对的目标都是缓解未来的旱情。按照这个计划，数千个池塘或小水库得以建成，目的都是为牲畜供水，提高地下水位以防止水井干涸。数千眼水井被打了出来，或者被加深；建造了很多人工湖泊，农田水利规划也在推进当中。

　　由于这次新旱情的出现，我们正将通过这类方法进行水资源保持工作推广到整个大平原地区、西部的玉米带和位于美国更南部的各州。在中西部，水资源保持工作不那么迫切。在这里，工程计划更多地考虑控制土壤侵蚀，并建设从农场通往市场的道路。

这种开销不是浪费。如果我们现在不肯在这类事情上投资，那就预示着将来的浪费。这些紧急工程计划提供资金去买用来过冬的食品和衣物；它们使农场的牲畜存活下来；它们为农民带来了种子；更重要的是，这些计划将来会使那些经常受到干旱袭击的地区的水土得以保持。

比如，如果某些地区的地下水位继续下降，而表层土继续流失，土地的价值将随着水土的流失而消失。生活在农场的人将流入附近的城市；城市中将不再有农业贸易活动，城市工厂和商店里的工人将丢掉工作。城市里的资产价值将下降。与此相反，如果位于那个地区之内的各个农场依然是水土保持较好的农场，农业人口就会留在这片土地上发展繁荣，而附近的城市也会繁荣昌盛。资产价值将会提高而不是消失。这就是作为一个国家，这些计划值得我们去为了省钱而去花钱的原因。

我仅将自己的论点用于一个小地方。但这个观点对于整个美国也同样适用。位于干旱地区的各州正在同位于干旱地区之外的各州做生意，而且将来也会一直做下去。在纽约州制衣厂工作的男男女女们——生产着农民和他们的家人穿的衣服，匹兹堡钢铁厂、底特律的汽车厂以及伊利诺伊州收割机厂的工人们的生存恰恰依赖于农民购买他们生产的产品的能力。同样，正是在这些位于城市的工厂工作的工人们的购买力，保证了他们和他们的妻子儿女们能够吃到更多的牛排、猪肉、小麦、玉米、水果和乳制品，买更多的棉、毛和皮制的衣服。从物质的、财产的和精神的意义上讲，我们是你中有我，我中有你。

我想明确指出，在整个干旱地区，解决干旱问题没有什么灵丹妙药可用。计划必须依赖当地的条件来制定，因为这些条件随着年降雨量、土壤特征、海拔高度和地形的不同而不同。在一个县采用的水土保持方法或许在与之接壤的另一个县就会不同。在牛羊养殖地区进行的工作在种类上就与在小麦产区或玉米产区所进行的工作不同。

大平原干旱地区委员会[1]已经将该地区长期规划的初步设想报告交给了我。以那个报告为基础，我们正成功地进行着合作，并得到了各位州长和州规划委员会的鼎力支持。随着我们将这项计划付诸实施，人们将越来越能够确保自己安全地生活在这片土地上。这意味着联邦政府和各州政府在旱灾发生时不得不承担的救济负担会稳步减轻；更重要的是，这还意味着这些受干旱袭击的地区会对整个国家的繁荣做出更大的贡献。这将使财产价值和人类价值都得到保持与提高。干旱地区的人们并不想依赖联邦政府、州政府或其他任何形式的慈善团体，他们想要给他们自己及家人争取一个靠自己的努力平等地分享美国的进步的机会。

在农产品价格和工业品价格之间保持公平的平衡是一直摆在我们面前的目标，就好像哪怕是在糟糕的年头我们也总要考虑我国的食物供给是否充足一样。我们的现代文明能够也应该想出一个更行之有效的方法，来将丰年节余的粮食保存下来，留待荒年使用。

在我旅行期间，那些联邦、州和地方政府部门的总体效率给我留下了非常深刻的印象。这些政府部门为应对旱情造成的紧迫任务而进驻这些地区。1934 年时，我们谁都没有做好准备；我们盲目工作，因缺乏经验而犯错误。事后的情况向我们展示了这一切。但随着时间的流逝，我们犯的错误越来越少。记住：联邦和各州政府只进行宏观的规划，具体项目的实际工作还要靠当地的社区去做。地方信息列举了各种地方的需求，地方的项目只有获得了当地社区那些人的建议和帮助后才能确定下来，这些人最有资格提供建议和帮助了。还有件值得一提的事是，在我的整个旅行过程中，虽然数十次提出这个问题，但没有听到针对任何一项工程救济计划的怨言。

各州的当选领导、他们的州政府官员以及来自农学院和州规划委员会的专家们配合并赞同这项由联邦政府牵头的工作。我也要谢谢这些州的男人们和女人们。他们在当地政府的工作中服从领导。

在干旱地区，人们勇于用新方法应对自然界的变化，并纠正过去的错误。如果过度放牧已破坏了山地，他们就乐呵呵地减少放牧。如果哪块麦田不得不退耕为草场，他们就高兴地予以合作。如果应当植树以防风固沙，他们就与我们一道工作。如果需要修建梯田、实行夏季休耕或进行轮作，他们就去执行。他们心甘情愿地去适应自然界的运行规律，而不是去抗拒这种规律。

我们正在并将继续帮助农民在地方土地保持委员会和其他合作性的地方、州和联邦政府部门的协助下做到这些事情。

今晚我没有时间去谈论其他更具体的农业政策了。

由于有了这些出色的援助，我们正在克服当前的紧急问题。我们要保持土壤、保持水源、保持生命的存活。我们要长期抵御低价和干旱。我们要制定一项惠及整个美国的农业政策。那是我们未来的希望。

在结束谈话前，我要谈谈再就业问题。这有两个原因。明天就是劳动节了，数百万劳动人民战胜困难勇往直前面对萧条的勇敢精神值得尊敬和钦佩，就像干旱地区农民们战胜困难的勇气值得我们尊敬和钦佩一样。

这是我的第一个理由。第二个理由是，作为国家繁荣昌盛的支柱，健全的就业环境同健康的农业环境同等重要。基于公平工资的可靠的就业形势对于城镇居民的重要性，等同于农业收入对于农业发展的重要性。

我们的同胞必须得有购买工人生产的产品和农民出产的农产品的能力。这样说来，城市居民的工资与农民的购买力就是支撑美国前进的两条腿。

工业部门的再就业工作正在迅速推进。政府开支的主要职责是保持工业的运转，并使之能够让再就业成为可能。政府订单就是重工业的后盾；政府工资就是要成就消费者的购买力，并使社区中的每一个商人能够撑下来。商人连同他们的生意，不论其大小，都要得到拯救。这里的情形无疑同遭遇旱灾的农民的情形一样，政府开支节省了下来。

由于联邦政府明智地花钱对私营企业进行救助，这些企业开始将工人从政府救济计划的名单中删除。直到本届政府就职前，我们仅在少数州和城市有自由就业服务。由于没有一致的就业服务，被迫随着工业部门的迁移而迁移的工人们经常为了能找到工作而穿梭于美国各地，可是他们好像觉得工作机会的移动速度总比他们的速度快了一点点。他们经常会沦为职业介绍所欺诈行为的受害者。事实上，他们自己和雇主都对就业机会的分配无能为力。

1933年联邦就业服务署成立。[2]这是一个促进州与联邦合作的机构，通过这个机构，联邦政府与各州政府同比投入资金，用于登记工人的工作岗位、技术类别，并帮助这些已经登记的工人在私营企业中找到工作。联邦—州之间的合作是天衣无缝的，各州政府已经在32个州展开了就业服务工作，其他地区则由联邦政府负责。

我们已经开展了全国性的服务工作，设有700个地区办公室、1 000个分支办公室，为工人获取就业信息、老板找到工人提供了渠道。

去年春天，我表达了这些愿望：雇主们要认识到自己肩负的重大责任，把人们从救济名单中拿掉，并在私营企业中给他们工作机会。后来，许多雇主告诉我，他们获得的有关救济名单的工人的技术和经验方面的信息不能令他们满意。8月25日，我拨付了数目相对较小的一笔经费，用于获取现在正积极在工程振兴局[3]工作的那些人的更详尽准确的信息（包括他们的技术水平和以前从事的工作），并保证及时进行更新，最大限度地使各工业部门掌握这些信息。今晚，我宣布追加250万美元拨款，以使合众国的就业部门能够比现在更加广泛地为已经登记的工人在私营企业中搜集就业机会。

今晚，我要求工人们进行合作，并充分利用就业信息。这并非意味着我们的工程振兴局、公共工程管理局和其他工程救济计划会松懈下来。他们会继续努力，直到所有工人都有了自己的体面工作和体面工资。我们要对失业者负起我们的责任。我们已获得充足的证据表明，那些在联邦政府、州政府、地方政府代表他们的人应该充分履行这一责任，这是美国人民的意愿。但是，这的确意味着，联邦政府要利用其资源为那些目前还受雇于政府工程的人们找到自己的工作，并将联邦政府用于直接就业的开支数目缩减到最低。

今晚，我要求全国的雇主们，不论是大老板还是小老板，每当生意好转，要雇用更多的工人时，都来利用州和联邦就业局提供的帮助。

明天是劳动节。在美国，劳动节从来都不是哪个阶级的节日，它一直是全国性节日。作为全国性节日，劳动节今天具有的意义比以往任何时候都要重大。在其他国家，劳资关系或多或少地成为一种阶级关系，无法跨越。在我们国家，我坚持认为，作为美国生活方式的必要组成部分，劳资关系应当是一种自由人之间的平等关系。我们不认为体力或脑力劳动者与那些靠财产生活的人有何不同或低人一等。我们坚持认为劳动与财产享有同等的尊严。但是，我们的体力和脑力劳动者因为其劳动值得受到更多的敬重。他们劳动的机会要切实加以保护。他们劳动是为了过上体面的、生活水平不断提高的美满生活，并积攒些钱来应对生活中难以料想的变化。

如果我们想要避免阶级意识社会在我国发展起来，那么每个人都必须把握住这个双重的机会。

有些人没有读懂时代的信号和美国的历史。他们试着拒绝工人的任何集体谈判、过上体面的生活和谋求安全的有效权利。恰恰是这些鼠目寸光的人，而不是工人们的阶级斗争观念，威胁着美国的安全。

在其他国家，阶级斗争已经导致独裁统治的建立。恐惧和怨恨成为人类生活的主旋律。

所有的美国工人们，不论是脑力劳动者还是体力劳动者，还有我们这些剩下的人——我们的福祉是依赖工人而存在的——都知道，我们需要建立一个有序的经济民主制度。人人都可从中获益，人人都可免受那种错误的经济导向的伤害。七年前，这种错误的经济导向把我们带到了完全崩溃的边缘。

白领与体力劳动者之间、艺术家与工匠之间、音乐家与技师之间、律师与会计师之间、建筑师和矿工之间，没有不可逾越的鸿沟。

明天，劳动节是我们所有人的节日。明天，劳动节代表着所有美国人的希望。任何将劳动节称为阶级节日的人都是在挑战美国民主制度的整个观念。

7月4日是对我们的政治自由的纪念，离开了经济自由，这种政治自由实际上就毫无意义了。劳动节象征着我们决心要为每一个人争取经济自由，进而帮助他们获得政治自由。

注释：

[1] 美国大平原地处内陆，位于落基山脉和密西西比河之间，干旱少雨。20世纪30年代，该地区出现了严重的荒漠化，带来了惨重的经济损失。1936年，罗斯福授意成立大平原干旱地区委员会，亲自任命八名成员。该委员会制定了长期发展规划《大平原的未来》，并推进了各项工作。

[2] 联邦就业服务署，根据《联邦紧急救济法》等相关法律成立的联邦机构，在各州县设有相应的办公室，旨在进行岗位和就业登记等事务，为雇

主和求职者搭建起信息平台。

　　[3] 为摆脱长期救济消磨人的意志的弊端，根据 1935 年 4 月 8 日国会通过的《紧急救济拨款法案》，5 月 6 日罗斯福发布行政命令，成立工程振兴局，兴办大量工程项目，给联邦救济名册上的失业者安排了工作。

扫码收听录音

1936 年 9 月 6 日，罗斯福总统炉边谈话

9. 论司法机构的重组（1937 年 3 月 9 日）

"新政"从一开始就遇到反对意见，其中最大的阻力来自联邦最高法院，它数度裁定"新政"法案违宪，严重阻碍了"新政"的推行。于是，罗斯福倡导改组最高法院，此篇谈话的中心话题即在于此。罗斯福在谈话中批评了那些阻碍"新政"实施的保守派法官，同时提出了改组司法机构的具体建议。后来，罗斯福的提案虽然受阻，但从就任总统到他去世前，仍旧以先后任命八位大法官而促进了司法机构的改革。

上星期四[1]，我详细描述了我国目前面临的某些经济问题。对此，所有人都表示认同。那次谈话后，我接到了很多信件，却不可能一一回复，只能在此说声"谢谢各位"了。

今晚，我坐在白宫的办公桌前，开始我第二个任期的首次广播报告。我想到了四年前的 3 月那个夜晚，当时我头一次通过电波向大家做汇报。那时我们正处于银行业大危机之中。之后不久，按照国会的授权，我要求全国人民将私人持有的黄金全部上交美国政府。

今天的复兴证明那时的政策是何等明智！

但是，在差不多两年后，美国最高法院仅以五票对四票的表决结果维持了该政策的宪法地位。[2]一票之差就可能将我们这个伟大的国家的各项事业重新推入绝望的深渊。实际上，四位大法官裁决道，按照私人契约原则，要求做合法但极不合理的事情的权利比建立一个持久的国家这一宪法主要目标更加神圣而富有尊严。

1933 年时，大家和我都知道，我们再也不能让救济体制出现完全脱节的现象了。也就是说，我们再也承受不起冒另一次风险的代价了。

我们也确信，避免那种暗无天日的日子重演的唯一途径是建立一个有权威的政府，让它去防止并治理权力滥用和不平等现象。这些现象是导致救济制度出现脱节的罪魁祸首。

然后，我开始了一项治理权力滥用与不平等现象的计划，使我们的经济体制保持平衡与稳定，以使之能抵御造成 1929 年大危机的各种因素的冲击。

今天，我们只是部分地通过了该计划。复兴进程正快速发展到重现 1929 年危局的关节点上，虽然或许不是这周或这个月，但也就是一两年之内的事。

我们需要制定国家法律来完成此计划。个人的、地方的或者各州的单独行动在 1937 年已经不能像 10 年前那样很好地保护我们了。

即使立法通过后，我们也需要时间，而且是大量的时间，来制定补救措施。因此，为了及时完成我们的保护计划，我们必须毫不迟疑地授予我们的联邦政府执行此计划的权力。

四年前，我们花了 11 个小时才采取行动[3]，差一点为时过晚。

如果说我们从大危机中汲取了某些教训的话，那就是我们不能允许自己再因为无谓的讨论和争斗推迟做出决定的时间。

美国人民已经从大危机中汲取了教训。因为在过去的三次全国选举中，绝大多数人投票同意国会和总统启动这项提供保护措施的计划——是现在，而不是等到几年漫长的争论之后！

但是，法院却对我们的民选国会直面我们当前的社会经济形势、保护我们免受重大灾难伤害的能力提出了疑问。

我们在继续贯彻那些保护计划时遇到了危机。这是悄然无声的危机。在大门紧闭的银行外不会有取款人的长队。但从长远看，这有可能对美国造成深远的损害。

我想和大家非常简略地谈谈我们在当前采取行动的必要性。我们需要迎接的是一场无声的挑战：整个国家有 1/3 的人营养不良，衣衫褴褛，无家可归！

上星期四，我将美国的政府形式描述为美国人民依据宪法驾驭的三匹马，它们各行其道。当然，这三匹马就是政府的三个部门——国会、行政部门和法院。今天，其中的两匹马相处和谐，而第三匹马就不同了。那些宣称美利坚合众国总统正试图驾驭这个团队的人们忽略了这样一个简单的事实：总统作为最高行政长官，本身就是三匹马中的一匹。

恰恰是美国人民自己，才是掌鞭之人。恰恰是美国人民自己，要让这三驾马车跑动起来。

恰恰是美国人民自己，期望那第三匹马能够同另外两匹马和谐共处。

我希望大家在过去的几周里已经重新温习了美利坚合众国宪法。像读《圣经》一样,我们也应该不时地读一读宪法。

如果大家记得,宪法产生的原因是,美国独立战争结束后最初的13 个州试图依据《邦联条例》进行运作,但事实表明,需要一个拥有足够权力的全国政府来处理全国性问题,那么,理解宪法就容易了。宪法的导言宣称,它的目的是为了建立更完善的联邦,并促进公共福利。我们可以如此理解:赋予这些权力是为了应对每一个全国性问题,而这些问题单靠地方政府的力量无法解决。

但是,宪法的创立者们立意更为深远。记住,接下来的几代人中,许多做梦也想不到的众多其他问题将成为全国性问题。宪法条文赋予国会强大而广泛的权力,"征税权……为合众国提供共同防务和公共福利"。

朋友们,我们诚挚地认为,这就是那些爱国人士明确的和优先的目标。他们起草了一部联邦宪法,以创立一个拥有国家权力的全国性政府,目的就像他们所表达的那样,"为我们自己和我们的后代建立一个更完善的联盟"。

在将近 20 年的时间里,美国国会和最高法院之间一直和睦相处。然后,国会通过了一项法令。1803 年,最高法院裁定该法令违宪。最高法院宣称它有权宣布该法令违宪,而且确实是这样公布的。但之后不久,最高法院自己又承认,它行使的是特别权力,并通过大法官华盛顿先生对此加以这样的限制:"假如对其合法性予以支持,直到完全证明其违宪,这只是出于对立法机构的智慧、正直和爱国主义精神的巨大的崇敬所致。"

但是，自从依法进行的现代社会经济进步运动兴起以来，最高法院就越来越频繁、越来越大胆地对国会和各州议会通过的各项法律行使其否决权，而完全无视这条最初的限制性条款。

过去四年间，法律享有的受到合理质疑的所有权益统统被束之高阁。最高法院不是作为一个立法机构而是作为一个决策机构在行动着。

当国会采取措施稳定全国的农业、改善劳工环境、保护商业免受不公平竞争之苦、保护我们的国家资源，并以许多其他方式明显地在为国家的需要殚精竭虑时，最高法院的大部分大法官一直行使着审查国会所制定的这些明智法案的权力，并对写进法律的公共政策进行批准和否决。

这并非我的一面之词，最高法院多数杰出的大法官也持有相同意见。这些大法官对许多案件持有异议，现在我没有时间将他们的原话全部转述给你们。但可以略举数例，比如在判定《铁路员工退休法》违宪[4]的案例中，首席大法官休斯[5]在一份报告中写道，该法案是"对合理原则的一种背离"，并对"商业条款施加了毫无根据的限制"。而另外三位大法官对此意见表示赞同。

在判定《农业调整法》违宪的案例中[6]，斯通大法官[7]谈到多数派的意见时指出，这是对"宪法的曲解"，另有两位大法官对他的意见表示同意。

在判定《妇女与儿童最低工资法》的案例[8]中，斯通大法官说道，多数派实际上用他们自己的"个人经济偏好"曲解了宪法。他同时认为，如果立法机关无权自由地选择解决国家中众多公民的贫困、生计和健康问题的方法的话，那"政府也就形同虚设了"。他的意见也得到了另外两位大法官的支持。

面对这些不同意见，最高法院某些大法官的主张就站不住脚了。这些人宣称，宪法中的某些因素迫使他们满怀歉意地对人民的意愿加以干涉。

面对这些不同意见，事情已经再清楚不过了。正如首席大法官休斯所说，"我们生活在同一部宪法下，但宪法的内容却由大法官们说了算。"

最高法院除了恰当行使其司法职能外，还不恰当地将自己变成国会的第三院——一个超级立法机构，就像其中一位大法官所说的——无中生有地解读宪法的词句，并无端地推定宪法的含义。

因此，作为一个国家，我们已经走到了必须采取行动，以把宪法从最高法院手中挽救出来，并让最高法院进行自我解救的关键时刻。我们一定要找到一个将最高法院起诉到宪法本身的方法。我们需要的最高法院是一个依据宪法伸张正义的机构，它不能凌驾于宪法之上。在我们的各级法院，我们需要的是法治而非人治的机构。

我想要——全体美国人民也想要——一个宪法的制定者们所设想的独立的司法机构。这意味着最高法院执行宪法的条文，而不会武断地行使司法权——最高法院的修正案——来修正宪法。司法机构独立并不意味着可以否认公认事实之存在。

那么如何来继续行使宪法赋予我们的权力呢？去年的民主党纲领中这样写道，"如果这些问题不能在宪法的框架下有效地解决，我们就要寻求通过能确保这些法律的权力得以实施的修正案，以便有效地规范商业、保护公共卫生与安全、捍卫经济安全。"也就是说，正如我们说过的，只有其他所有可能的法律途径都宣告失败后，我们才能对宪法进行修正。

当我着手回顾摆在我面前的形势与问题时，经过慎重考虑，我得出了这样的结论：在没有宪法修正案的情况下，明显符合宪法同时又能落实其他必要的改革措施的唯一方法是，给所有的法院注入新鲜血液。我们必须要有既有能力又有资格去履行不偏不倚的正义事业的人士。但同时，我们还要有能够把宪法的时代感带给各级法院的法官。这些法院的法官将维持法院的司法职能，并放弃目前各级法院所承担的立法权力。

联邦的 48 个州中有 45 个州的法院法官任期为限定年数而非终身制。在许多州，法官在 70 岁时就得退休。所有法院的联邦法官们如果愿意在 70 岁时退休，国会将付给他们全额人寿保险以保证他们衣食无忧。就最高法院的法官们来说，保险金额为每年 2 万美元。但所有联邦法官一经任命，如果他们愿意，就可以终身任职，而不论其年龄几何。

我的建议是什么？简单说，是这样的：每当联邦法院的法官或大法官到了 70 岁而没有自觉地领份人寿保险退休回家，在任总统就将根据宪法的要求，在获得合众国众议院的批准后任命一名新法官。

该计划的主要目的有两个。第一，我希望持续不断地为司法系统输入新鲜而年轻的血液来使整个联邦司法机构高效运转起来，并由此节约一部分开支；第二，使年轻人参与社会经济问题的决策。这些人亲身经历着普通人不得不生活其间的当代实际环境。被任命的法官数额将完全取决于超过 70 岁或即将达到 70 岁的现任法官的数量。

比方说，如果最高法院六位现年超过 70 岁的大法官中没有人按照计划的规定退休，那么就不会有多余的职位空出来。其结果是，虽然大法官的数量绝不可能超过 15 个，但可能只有 14 个、13 个或者 12 个名额，甚至有可能只有 9 个名额。

这个想法既不新鲜也不激进。它是要使联邦机构保持旺盛的活力。1869 年美国国会众议院通过了类似的提案以来，许多身居要职的人士都曾经讨论过并同意了该提案。

为什么要把年龄限定在 70 岁呢？因为许多州的法律、公务员的任职规则、陆军和海军的规定、我们许多大学的校规以及几乎所有大型私营企业，都普遍将退休年龄限定在 70 岁或者更早。

该法令将适用于联邦系统内的所有法院。下级联邦法院普遍同意。该计划仅在合众国最高法院遇到了阻力。如果这个计划对下级法院有好处，那当然也会对不会受到起诉的最高法院有好处。

那些反对该计划的人声称，我要将最高法院打包[9]，这将造成一个不良的先例。这些人企图借此引发人们的偏见与恐惧。

他们口中的"将最高法院打包"是什么意思呢？

我来坦率地回答这个问题。这将使对我的目的性的所有正直的误解化为乌有。

如果有人用"将最高法院打包"这样的字眼来指责我，认为我希望使最高法院成为唯命是从的傀儡，该机构将无视法律的存在，按我的意愿决定每个具体事件，那么，我对此的回答是：任何称职的总统都不会任命这样的人在最高法院任职，任何称职的令人肃然起敬的参议员也不会认可此类任命。

有人通过那个字眼指责我说，我将任命参议院也会认可的合适人选，将他们安插进最高法院，而这些人理解当前的形势，他们是作为大法官而不是立法者来履行职责的——如果此类大法官的任命可以被称作"将最高法院打包"的话，那么，我的答复是，我连同和我站在一起的大多数美国人民会支持我这样做，而且马上就这样做！

改变大法官数目的行为对国会来说会成为危险的先例吗？国会一直拥有、将来也会拥有那种权力。大法官的数目以前在约翰·亚当斯[10]、托马斯·杰斐逊[11]、安德鲁·杰克逊、亚伯拉罕·林肯和尤利塞斯·格兰特[12]政府时期曾经被多次变动过，其中约翰·亚当斯和托马斯·杰斐逊还是独立宣言的签字人。

我建议按照与明确限定的年龄相关的明确原则将另外的大法官选进最高法院。大体来说，如果将来美国不再信任它选举出来用以防止滥用我们的宪法条文现象的国会，那么民主制度的失败程度也就远远超出了任何先例对司法体制造成的破坏。

我们认为，为了公众的利益，保持司法体系的活力很重要，因此，我们鼓励年老的法官退休，并付给他们全额人寿保险。那么，我们为何应当靠偶然性来实现此项公共政策，或者使此政策的实施依赖于个别大法官的意愿或偏见呢？

我们这项公共政策的明确目的是不断为司法系统提供新鲜和年轻的血液。通常，每位总统都会任命一大批地区和巡回法院法官，以及少数几个最高法院大法官。实际上，到我的第一个任期届满时，美利坚合众国的每位总统都至少任命了一位最高法院大法官。塔夫脱总统[13]任命了五位大法官和一位首席大法官；威尔逊总统任命了三位大法官；哈定总统[14]任命了四位大法官，包括一位首席大法官；柯立芝总统[15]任命了一位大法官；胡佛总统任命了三位大法官，包括一位首席大法官。

这一系列任命本来应该使最高法院在年龄方面取得良好的平衡。但是，偶然性因素以及个人不愿离开最高法院等原因给我们留下了这样的最高法院：五位大法官明年6月前将年过75岁，还有一位超过了70岁。这样，一项合理的公共政策流产了。

我现在建议，依法建立一项保障措施，防止将来在最高法院出现类似的年龄不平衡现象。我建议从今以后，当一位法官到了70岁，一位新的年轻法官将自动增补进法院。[16]我建议通过这样的方式依法落实一项合理的公共政策，而不是将我们的联邦法院中包括其最高领导者在内的人员构成置于偶然因素或者个人的决策之下。

如果认为我所建议的这项法律开了一个新的先例，难道这不是一条最令人期盼的先例吗？

像所有律师和所有美国人一样，我为这次争论的必要性感到遗憾。但是，合众国的福祉，事实上也是宪法本身的福祉，都是我们首先需要考虑的问题。我们今天在法院遇到的难题不是法院作为一个机构的结果，而是法院之内的人造成的。但是，我们不能将我们的宪法的命运交给少数几个人。这些人对未来充满恐惧，将会否认我们采取这些方法应对当前形势的必要性。

我的这项计划并不是对最高法院的攻击，而是要努力保持法院在我们的宪政体制中应有的地位，并使之担负起将宪法建设成为"活着的法律体系"这一崇高的任务。法院本身是解除其困境的灵丹妙药。

这样，我已经向大家解释了我们要在宪法的范围内保证立法结果的原因。我希望通过宪法修正案的艰难过程能因此变得容易些。让我们来考察一下这个过程。

人们提议的修正案种类繁多。每个修正案与另一个都针锋相对，国会内部或者国会之外没有哪个集团在任何一个修正案上意见一致。

就修正案的种类和文字达成一致要几个月或几年时间，此后还要花几个月或者几年时间在参议院和众议院都取得 2/3 议员对该修正案的支持。

然后，接下来就是取得所有州中 3/4 批准的缓慢过程。任何有权势的经济利益集团或任何有权势的政党领袖有理由反对的任何修正案都不曾获得批准，只拥有 5％ 投票人口的 13 个州就能够阻挠批准进程，即便占投票人口 95％ 的那 35 个州都支持修正案也无济于事。

相当数量的报纸发行商、商会、律师协会、制造商协会都在努力给人们留下他们确实需要一项宪法修正案的印象，但修正案一经提出，他们会第一个跳出来大呼小叫，"哎呀！我是赞同一项宪法修正案的，但你们提出的这个修正案并不是我想要的！因此，我要花时间、精力和金钱去阻止该修正案的通过。不过我非常乐意帮助其他某种修正案获得批准。"

两个集团反对我们的计划，其理由是，他们支持一项宪法修正案。其中一个集团包括那些基本上反对根据当前形势进行的社会经济立法行动，去年秋天试图阻止人民的意愿得以实现的也是这批人。

现在，他们要进行最后一搏，其策略是建议启动费时的修正案议程，以便靠拖延战术来扼杀人们的立法要求。

我对他们说，我认为你们不可能长久地用你们的目的蒙蔽美国人民。

另一个集团真诚地相信修正案议程是最佳途径，他们同意某一个有理由的修正案，并乐意支持它的批准。

我对他们说，我们不能将修正案当成权宜之计，或仅仅是为了解决当前的困难。等到了采取行动的时候，你们会发现许多假装支持你的人会千方百计地阻挠任何具有建设性的修正案。看看你们这些奇怪的临时伙伴吧！在你们为了进步事业而奋斗时，是否还能看到他们仍站在你们中间支持你们？

大家还要记住另外一件事。即使修正案获得通过，并在接下来的几年中得到批准，它的含义也要依赖于最高法院那些大法官们的解释。一项修正案，如同宪法的其他条款一样，大法官说什么，它就是什么，而不是其制定者或者你们大家所希望看到的那样。

我的这项提案对美国人所珍爱的公民或宗教自由不会造成任何伤害。

我作为州长和总统的记录表明，我愿意为实现这些自由奉献一切。了解我的人不必担心，我绝不会容忍政府的任何部门对我们的自由传统的任何部分造成破坏。

现在，有些反对进步事业的人企图利用人们害怕会危及个人自由的心理，这使我想到，这个反对派曾经用同样拙劣和残忍的伎俩，在反对《社会保障法》的工资袋宣传运动中恐吓美国工人。当时，工人们没有被那类宣传所欺骗。现在，美国人民也不会被这种宣传所愚弄。

我之所以支持通过立法采取如下行动，第一，因为我相信该法案能够在本届国会获得通过；第二，因为该法案将建立一个使人重新振作起来的、思想自由的司法系统，以便完成更快捷、更合算的、惠及所有人的正义事业；第三，因为该法案将建立一系列乐于按照宪法的条文来实施宪法的联邦法院，而厌恶通过将他们自己的政治和经济政策写入宪法来显示其立法权的做法。

在过去的半个世纪里，联邦政府三大机构之间的权力平衡已经被法院打破，这与宪法制定者们的最高目标是背道而驰的。我的目的是恢复这种平衡。大家了解我，你们会接受伟大庄严的承诺：在民主制度受到攻击的世界，我要使美国的民主制度获得成功。你们和我都将各尽其责！

注释：

［1］1933—1944 年，总统共 30 次以炉边谈话形式对全国演讲，至于此处所指演讲采取的方式则不得而知。

［2］这里的"政策"指《紧急银行法》的"黄金条款"，即禁止黄金囤积和黄金输出。1935 年 6 月，最高法院以五票对四票裁定此条款合法。

［3］这里指 1935 年 3 月 9 日《紧急银行法》授权总统控制外汇交易和黄金流向，3 月 10 日罗斯福发布行政命令，规定银行从事外汇交易、银行和非银行机构支付黄金都必须得到财政部长颁发的许可证。

［4］1934 年 6 月 27 日，罗斯福政府颁布《铁路员工退休法》，规定了铁路员工的福利保障。1935 年 1 月间，联邦最高法院裁决《铁路员工退休法》违宪，理由是政府不经法律程序剥夺公司财产。

［5］查尔斯·E. 休斯，美国政治家，曾任纽约州州长、国务卿和联邦

大法官。罗斯福新政期间担任联邦首席大法官（1930—1941年），以干练的领导才能和灵活的政治手腕而著称，领导了最高法院与政府的斗争，从而使罗斯福"打输了战役却打赢了战争"。

［6］1936年1月6日，联邦最高法院在美国诉巴特勒案中，判定《农业调整法》违宪。

［7］哈伦·斯通，1925—1941年任联邦大法官，1941—1946年任联邦首席大法官。

［8］1936年6月1日，最高法院判定纽约州的《妇女与儿童最低工资法》无效，理由是它违反宪法第14条修正案保证的订立合同的自由。

［9］这里的"打包"也译作"囊括"。这是前总统胡佛对罗斯福司法改革的形容。

［10］约翰·亚当斯，美国第二任总统。

［11］托马斯·杰斐逊，美国第三任总统。

［12］尤利塞斯·格兰特，美国第十八任总统。

［13］威廉·H. 塔夫脱，美国第二十七任总统。

［14］沃伦·G. 哈定，美国第二十九任总统。

［15］J. 卡尔文·柯立芝，美国第三十任总统。

［16］罗斯福建议的完整意思是：若联邦最高法院大法官服务至少10年，年满70岁且6个月后尚未辞职或退休，总统有权任命一名新法官。

扫码收听录音

10. 给国会特别会议的立法建议（1937 年 10 月 12 日）

在最高法院先后裁定"新政"的相关法案违宪后，政府亟须推出新的法案，继续推动"新政"，应对 1937 年 8 月开始的突然衰退。此次谈话的议题，正是建议国会召开特别会议审议相关法案（主要是《新农业调整法》和《工业工时法》），这些法案一如既往调整的是就业、工资和购买力，它们的前身曾经卓有成效。当然，罗斯福也谈到了世界形势，因为此时东亚和欧洲上空已经笼罩着战争的阴云。

今天下午，我发布了一份公告，要求于 1937 年 11 月 15 日召开国会特别会议。

我这样做是为了给国会一个在明年 1 月召开正常会议前审议重要立法的机会，并使国会能够避免明年漫长的、拖延至夏天的会议。

我知道，许多民主制的敌人会说，召开特别会议——哪怕是在正常会议召开六个星期前——都是有害于国家安全的。他们认为召开国会会议是对美国政治事务的侵犯，是不幸事件。我对此种观点实在难以苟同。那些不喜欢民主制的人要把立法者留在家里。但是，国会是民主政府的必要组成部分，而民主政府绝对不能"被看成是对民主国家事务的侵犯"。

我将要求本次特别会议立即审议某些重要的立法。我最近进行的全国考察让我感到这些立法都是美国人民迫切需要的。这并非表示我今晚没有提到的其他立法对我们的国家福祉不重要，不过其他立法可以在正常会议上从容地进行讨论。

任何人要想对国家政策进行建议或评判，都应该先掌握整个国家的基本状况。

这就是我今年再次到全国各地走一走、看一看的原因。去年春天，我考察了西南部地区。今年夏天，我到东部去了几次。现在，我刚刚从横跨大陆的考察中回来。今年秋天晚些时候，我希望继续我的年度旅行，到东南部走走。

总统尤其要从全国的角度考虑问题。这是他的职责所在。

他必须不仅要考虑今年的事情，还有将来几年的事情，那时当总统的已经是别的什么人了。

他必须思考有关国家普通公民的幸福和福祉的长远利益，因为普通人很容易忽视贫困和不稳定的危险。

他必须使这个国家不被单纯的暂时繁荣所迷惑。这种繁荣靠的是浪费性地开采资源来实现的，而这是不能持久的。

他必须考虑不但让我们今天远离战争，而且要在将来免受战争之苦。

我们所要的这种繁荣是合理的和持久的繁荣，这种繁荣不是建立在暂时牺牲任何地区或集团的利益基础之上。我们所要的这种和平是合理的持久的和平，它建立在全国人民共同追求和平的基础之上。

有一天，有人让我谈谈最近这次考察的主要印象。我说，对我来说此次考察是了解普通公民对我所提出的范围广泛的目标和政策的好机会。

五年的激烈辩论，通过无线电波传达了五年的信息，这已经给整个美国上了一堂商业课。那些对我们的目标进行最激烈的攻击的人所提出的批评意见，恰恰鼓励我们的公民去思考和理解所涉及的问题。

在这个过程中，我们学会了站在整个国家的角度来进行思考。也正是在这个过程中，我们学会了如何从国家的角度感受自身。在美国历史上，以前还从来没有某个地区对另一个地区说，"你们的人也是我们的人。"

对美国的多数人来说，今年是个好年头。人们生活更加富足，事业也更加欣欣向荣。在我到过的每个地方，我发现人们对商业的前景都很乐观，而这正是因为农民获得了近些年来最高的收入水平，来自他们的稳定的购买力将使商业繁荣。

但是，我们还没有尽我们所能来实现持续的繁荣。合众国的人民在防止将来出现过量的农产品剩余，而农产品价格必然随之下跌的情形对我们提出了新的考验。他们要努力确保合理的最低工资、最短工时，并禁止雇用童工。因为受到检验，美国许多地方的许多团体的购买力和生活水平还低于国家总体要求的长期目标。

美国民众认识到了这些事实。这就是为什么他们要求政府不要仅仅因为我们已经恢复繁荣局面且已持续了较长时间就止步不前。

他们没有把政府当成自己事务的干预者。相反，他们认为政府是进行有组织自助的最有效形式。

有时候，我对听某些人不厌其烦地谈论那些政府不应该做的事情感到厌倦。1933年，政府将金融机构和铁路部门拯救过来的那些日子里，这帮人已经从政府得到了他们想要的全部。到全国各地走一走，去品味一下未雨绸缪的大智慧是件很令人神往的事情。

他们要求财务实现预算平衡，甚至也希望人类实现预算平衡。他们想要建立一个政府资助尽可能少的自我平衡的国家经济，因为他们意识到，无休止的资助最终将使政府破产。

他们更关注的是前进方向的正确性，而不是每个细节的绝对正确。他们知道，只要我们沿着正确的道路前进，那么，偶尔碰到些挫折也无伤大体。

我国公民中的绝大多数人靠农业为生。政府要在农作物生产方面怎样帮助他们，他们已经想得非常清楚了。他们要求政府通过两种方式帮助他们：一是控制剩余农产品的数量；二是合理使用土地。

有一天，有位记者告诉我，他怎么也不能理解为什么政府一方面要努力减少农产品的产量，同时还要开垦新的可灌溉土地。

这位记者将两个完全不同的目标混淆了。

农作物过剩控制与全国所有耕地上——不论地块好坏——所种植的主要农作物的总量有关。这种控制是靠农作物种植主的配合，并在政府的帮助下实现的。而土地使用问题则是一项政策，指的是政府把质量最佳、土地类型最优的土地提供给每一个农民，或者让他们能够获得这些田地，以进行自己的那部分农作物生产。那些贫瘠的从经济角度看不适合耕种的土地被废弃，抵消了为种植不同的农作物而增加的那部分新的优质土地。

农产品的总量很大程度上决定了其价格，因此也就决定了农民的生活状况。

如果我们愚蠢到让所有的制鞋厂都每天 24 小时、每周 7 天地运转，我们很快就会生产出超过全国人民需求数量的鞋子，那过剩的这些鞋子要么毁掉，要么派送掉，要么以低于生产成本的价格卖掉。这个简单的供需平衡法则影响着我们的主要农产品的价格。

大家和我都曾经听说，大制造商将农民进行的产量控制说成是无可辩驳的"稀缺经济"。而恰恰是这些制造商们关闭他们自己的巨大的工厂、裁减工人、削减整个社区的购买力，只要他们认为必须使自己的产量与过量的商品供求状况相适应，无论何时，从来都没有犹豫过。如果相同的事情发生在他们自己身上，他们便拒绝称之为"稀缺经济"，而叫作"合理的商业判断"。

当然，认真地讲，大家和我想要的是这样一种政府游戏规则：工人和工农业各部门要创造出没有浪费的平衡性丰裕局面。

今年冬天，我们要找到一种方法来防止棉花、玉米和小麦的价格过低。这样的价格对我们所有人来说都是灾难性的。为此，农民本身要进行合作，以建立一个全新的农业计划。这样，从长远看，价格会更加稳定。他们相信这点可以做到，而政府也可以摆脱赤字的困扰。

当我们发现了那种使农民的农产品价格免受过剩与不足的交互影响的方法时，也就找到了使我们国家的食品供应免受同样的产量波动影响的办法。我们应当在消费公众所能承受的价格范围内保有足够的粮食。对美国的城市消费者来说，我们必须想出办法帮助农民在丰收之年将粮食储备起来，以避免在粮食匮乏的年份陷入困境。

我们的土地使用政策则是另一码事。我刚刚就美国政府的工作进行了考察，美国政府正在遏制土地侵蚀、保护我们的森林、防止水灾、生产用于更广泛目的的电力，并通过对数千英亩土地进行灌溉给农民提供从贫瘠的土地迁往肥沃的良田的机会。这些土地只要有水就能给农民带来过上美好日子的机会。

我看到了光秃秃的、被烧焦的山坡。就在几年前，那里还是郁郁葱葱，绿树成荫。那里正被种上小树。其目的不但是要遏制水土流失，也是为了将来的木材供应着想。

我看到民间资源保护队的小伙子们和工程振兴局的工人们在建造防洪大坝、小型池塘和梯田以提高水位，并使现在身处那些地方的农业和村庄的安全有可能得到保障。我看到了狂躁的密苏里河裹挟着许多州的表层土顺流而下，混浊不堪。我还看到许多驳船满载着来自全国各地的货物穿梭在新开凿的航道上。

我举两个例子来说明，为什么政府从事的这类项目对整个国家来说有着全国性意义。

在爱达荷州博伊西河领域，我看到一个区，该区最近才被灌溉成一大片肥田沃土，这样，一个家庭从该地块得到40英亩土地就可以丰衣足食了。许多现在已经在这个流域过上富足好日子的家庭都是从1 000英里外的地方搬到这里来的。他们来自风沙带，这条风沙带从加拿大边境横跨美国中部直到墨西哥。该风沙带包括10个州的广大地区。博伊西河流域位于爱达荷州西部，成为乐意前往的农民们的第二个选择，因而也就具有了全国性的重要性。而且，我们建议逐年改善更多的流域以接纳其他数千个同样需要在新农场获得新生的家庭。

另一个例子是位于华盛顿州的大峡谷大坝[1]。负责此项目的工程师告诉我，该大坝全部开支的近一半都用来采购密西西比河东部生产的原料，这使得美国东部1/3地区的数千名产业工人获得了工作和工资。

所有这些工作都需要有比今天更加商业化的规划制度和更长远的眼光。

这就是我建议本届国会的最后一次会议建立七个规划区的原因。在这些规划区，当地人要就其特殊地区所承担的这类工作提出建议和意见。当然，国会将在预算范围内选定项目。

为了执行20世纪的每项计划，我们必须建立联邦政府的行政部门用以工作的20世纪的机制。我认识到，民主进程必然比专制进程慢些。但我不认为，民主进程需要缓慢进行才能保证安全。

多年来，我们都知道，联邦政府的行政和管理部门职责紊乱，权力交错重叠、混乱不堪。去年冬天，我建议国会对这个庞大的政府体制进行重组。这与民主进程的原则并不冲突，如同某些人所说的那样，这种重组只能使这一进程的运转更加高效。

在我最近的考察中，许多人和我谈到了数百万男人、女人和儿童依然工资微薄、工时过长的问题。

美国工业已经到国外发掘市场，但是它在家门口就能创造出其有史以来最大、最长久的市场。它需要消除贸易壁垒以改善国外市场，但不应该忽略了消除国内贸易壁垒的可能性，而且要立即行动，不要等什么协议。每周增加几美元工资，每天少工作几个小时，将马上将我们的数百万收入最低的工人们变成数十亿美元的工农业产品的实际买主。销售量的增加应当会大大缓解其他生产性支出，从而大量增加的劳动力支出也可以得到吸收，而不必以高价强加于消费者。

我坚信，所有的劳动者都应得到丰厚的工资。但此刻，我最为关心的是增加收入最低的工人的工资。这些人是我们最庞大的消费群体。但是今天，他们的收入太低，根本无法维持像样的生活水平，或者购买食物、衣服和其他物品。而这是使我们的工厂和农场满负荷运转所必需的。

有远见的商人们已经理解并同意了此项政策。他们也认为，美国的哪个地区都不可能靠保持远低于美国其他地区的工资和工时标准永远地使自身获益，或者惠及美国的其他地区。

大多数商人——不论大小——都懂得，他们的政府既不想把他们赶出商业圈，也不想阻止他们赚取合理的利润。尽管有迹象表明一些商人仍企图重新掌控美国人民的生活，但是多数商人，不论是大厂商还是小厂商，都知道，他们的政府通过给每一个家庭一个真正的在美国拥有财产的机会，以使他们的财产比以前任何时候都更安全。

不论众人的财产和利润可能存在什么样的风险，如果此种风险存在的话，它也不是来自政府对于商业的态度，而是来自私人垄断者和金融寡头目前强加给商业活动的限制。普通商人都知道，高额的生活费用是对商业活动的巨大威胁，而商业的繁荣更依赖于低价政策。此政策可以最大限度地鼓励消费活动。正如美国一位杰出的经济学家最近说的，"商业活动在合众国的持续复兴更多地依赖于商业政策、商业价格政策，而不是华盛顿做了什么，或者不会做什么。"

我们的竞争体制总体来说不是竞争性的。任何购买了大宗制成品的人，不管买主是政府还是个人，都知道这点。我们确实有《反托拉斯法》，但这些法律还不足以对众多垄断组织进行核查。姑且不论他们最初是否足够有力，法院的解释和法律程序的困难与拖延现在确实已经限制了这些法律的有效性。

我们已经在研究如何强化我们的《反托拉斯法》以终结垄断——不是要伤害合法的商业活动，而是要使之获得解放。

我已经简略地谈到了这些重要的课题，这些课题合起来就是我们的未来计划。为了执行该计划，立法就十分必要了。

今天，当我们为将合众国人民的生活水平提高到前所未有的程度而布局谋篇时，我们也知道，我们的计划可能会受到美国之外的世界其他事件的严重影响。

通过确定一系列贸易协定，我们一直致力于重建世界贸易。这对我们的国内情况来说同样扮演着非常重要的角色。但是我们知道，一旦美国之外的世界卷入战争的旋涡，那么，世界贸易将被彻底瓦解。

我们也不能漠视全世界的文明价值遭受破坏。我们不只为我们这代人，更要为我们的孩子那代人追求和平。

我们为他们寻求世界文明的延续，以便他们的美国文明可以继续受到世界其他地方文明的人们所取得的成就的鼓舞。

我想要我们伟大的民主制度非常明智地认识到，对战争的无知并不能使我们超然于战争之外。在一个互相猜疑的世界，我们必须坚定地实现和平，不能仅仅停留在希望上，也不能仅仅停留在等待上。

现在我们知道，我们愿意参加那次达成了 1922 年《九国公约》[2]——也就是《华盛顿条约》——的会议。此次会议的目的是要通过协议找到解决中国当前问题的办法。为了找到这样的办法，我们的目标是同包括中国和日本在内的其他条约签字国进行合作。

在我们寻求实现全世界和平的途径时，这种合作将成为可资遵循的某种可能途径的范例。

文明和人类幸福发展的基础是在相互关系上接受某种基本尊重的原则。世界和平的发展同样也依靠各国在相互关系上接受某种基本尊重的原则。

最后，我希望各国都能接受这个事实：违反这些交往原则是对所有国家的幸福的损害。

同时，也请记住，在1913—1921年，我本人对世界事务相当关注。[3]在那期间，我学会了该做什么，也学会了不该做什么。

美利坚的常识和聪明才智同意我的主张："美利坚讨厌战争。美利坚希望和平。因此，美利坚积极地参与到寻求和平的事业中来了。"

注释：

[1] 大峡谷大坝，美国大型水坝。位于华盛顿州哥伦比亚河上，是美国最大的电力生产设施和最大的混凝土建筑，也是世界上的第五大水坝。

[2]《九国公约》是在第一次世界大战后的华盛顿会议（1921年11月12日—1922年2月6日）上达成的公约，九国为美、英、法、意、日、葡、比、荷、中。此次会议达成了三个公约——《四国公约》《五国公约》《九国公约》，内容主要是调整列强海上霸权，共同掠夺中国。

[3] 1913—1921年，罗斯福主要担任助理海军部长职务，其间曾赴欧洲考察。

11. 论失业人口普查（1937 年 11 月 14 日）

这次谈话的主题十分单纯，但却事关全民。为了尽可能掌握全国失业人口的准确数字，政府拟在当年进行全国人口普查。为配合此次普查，罗斯福做了此次谈话，敦促国人积极配合。由于话题单一，所以谈得十分具体，但作为领袖，罗斯福始终没有忘记小事的升华——"从中我们将再次感受到象征美国人民力量与荣耀的全国大团结！"

今晚，我请美国人民帮忙来完成一项对他们和政府来说都很重要的任务。

为那些并非由于自己的过错赋闲在家的愿意工作的工人找到工作，为那些没有充分就业的人找到更多的工作，调查一下工人和工业部门的需要，看看我们是否能够发现比我们现有的长期再就业计划更好的计划，这些都是这项任务的一部分，而且是必不可少的组成部分。

在一个健全和崇尚自由机会的国度，一方面要求强制休息，另一方面还要吸收大量人员参加工作，这是挑战我们的独创性的一把双刃剑。失业问题是现在折磨着人类的苦不堪言的问题之一。从某种意义上说，它自工业化时代以来一直伴随着我们。商业和工业的复杂化使失业人口增加，而大危机则使此问题变得更加尖锐。必须花费数十亿美元进行救济和创建公共工程；国家预算的平衡被打破，还增加了我国人民的税务负担。除了国家政府面临的问题外，州和地方政府也被迫应对失业导致的日益沉重的负担。

这是所有文明国家的通病，并非我们自己所独有。有些国家靠庞大的军备计划解决了这个问题，但美国不愿步其后尘。

但是，作为一个国家，我们接受这样的政策：不允许任何失业者因缺乏帮助而去乞讨。这依然是我们的政策。但我们面临的形势要求我们找到一个长久策略，而非权宜之计。

当然，失业救济并非长久之策。在工农业部门为那些愿意工作的工人们找到理想的工作才是长久之策。我们需要采取协调行动并进行规划，才能使私营企业中闲置的人力资源得到利用。这种规划需要事实，而我们现在并不掌握这些事实。

这项规划对工人和雇主都适用，因为它要消除我们所说的就业和失业人口出现的波峰和波谷现象。在工业界的帮助下来制定规划，防止出现每年生产出超过我们能够消费掉的商品，而来年又大肆削减产量、解雇成千上万名工人的现象。

找到解决办法是个大难题。未来几年我们得花费很多心思，以找到正确的解决之道。但同时，我们需要更多的事实。

多年来，我们已经对失业程度进行了各种各样的估计。尽管有些估计很有价值，就失业程度给我们提供了基本准确的数据，但是，这些估计带给我们的事实数据还不足以成为一项综合的再就业计划的基础。下周我们就要着手收集这些数据了。我们要进行一次全国范围的失业人口、半失业人口普查。我们要诚挚地用民主的美国方式做这件事。

这是一次完全资源的普查。我们要进行自我检查，并努力收集真实地反映我们当前失业状况的信息，而且还要获取有助于我们进行未来的建设性规划的事实。

人民对自己的个人利益非常关注，并意识到他们负有的公民职责，自愿性计划只有在这样的国家才能获得成功。我相信，伟大的美国人民一定能完成这项任务。我们采取了各种措施来帮助所有美国人理解和认清此项任务的重大意义。我相信，你们一定会全力提供帮助，就像大家在为实现国家进步而付出努力那样。通过此事，你们展现了你们的自治能力。

下周四邮政部将通过其分布广泛且高效的机构向合众国的每个住所发放一份包含 14 个简单问题的情况调查卡。

该调查卡将由邮递员在周四时放到你的家门口。这是一张双面的邮政卡，比普通的卡略大些。这些卡尤其要发送给那些失业或半失业的人，以及能够工作并在找工作的人。这张卡上有我写给大家的一封信，信中保证：如果大家把所有事实都告诉我，这些事实将帮助我们在规划中考虑到那些需要、想要但现在还没有得到工作的人的利益。这封信号召美国的失业者以及其他所有人都来帮忙，使这次人口普查获得完整、诚实和准确的结果。

如果所有失业和半失业的人、能够工作和正在找工作的人，都能凭良心填好这些卡片，原封不动地在 11 月 20 日午夜或之前寄出（贴不贴邮票、装不装信封都可以），那么，我们国家就将拥有据此建立合理的再就业规划的真实信息。

这张调查卡既不是救济申请，也不是工作登记。每个失业者都了解这点很重要。这纯粹只是一次收集信息的人口普查，你们收到该卡片时就会注意到，这14个问题的目的都是要使美国获得关于失业形势的前所未有的、更广泛的基础信息。

如果我们的失业和半失业的人们都全身心地就这14个问题提供信息，那我们不但能了解失业和半失业的程度，还会了解到各州和社区的失业分布情况。这样，我们就能够说出哪个年龄段的人受到的影响最严重。但最重要的是，我们将了解到失业人口的就业资格，我们会了解到这些人适合到哪个行业工作，因此，我们就能够确定将来我们的产业朝哪个方向发展才能最好地吸纳这些失业的工人。

我认为有必要强调指出，只有那些失业或半失业、有能力工作和正在找工作的人应当填写此卡片。其他人则可以选择不填写。

但是，我请求今天就业的所有人都成为你们社区中失业者和在准确迅速地填写这些卡片的过程中可能需要帮助的人们的好邻居。他们可能需要大家的帮助，使他们认识到国家努力帮助他们的重要意义。

我想，邻居们的帮助将对消除所有失业者的恐惧心理大有裨益。他们担心这次人口普查中获得的信息会被用于其他不良目的。我再重复一次对失业者做出的保证：大家在这些调查卡中给我们提供的这些信息无论如何也不会被用来对付大家，而是在我的权力所及的范围内用于为大家谋利益，为国家谋福祉。

我们一旦探知了失业情况的所有事实，就会将这项自愿和互助性的措施延伸为为解决这一迫在眉睫的问题寻找办法的工作。此问题的重要性表明我们有理由采取全国性措施，摒弃偏见和党派差别，并确保商业部门、工人、农业部门和政府能够竭诚合作。

我相信，我们的国家具备重整旗鼓的天才智慧，也拥有使每个人，不论年轻年老，都能享有工作和赚钱机会的物质资源。让我们1/3的人过着不能满足现代生活需要的不体面的日子既不符合逻辑，也不是不可避免的。

我们国家的购买力就像是土地，这是全部繁荣的来源。如果想要消费掉我们的工农业部门生产的产品，那么就必须向我们的数百万工人发放稳定的工资。

我们深谋远虑的产业领导人现在认识到，企业赚到的钱有很大一部分要以工资的形式支付掉，否则这些企业赖以生存的"土地"很快就会变得贫瘠不堪。我们的农民们也认识到，他们的最大顾客是领取工资的工人们，如果没有了广泛的购买力，他们的农业市场就难以维持。

因此，这个失业问题是与每个个人和每个群体的切身利益直接相关的。对这个问题的讨论必须抛开歧视的态度，而采用有逻辑的态度。只有我们具备并掌握了这些事实，接受了我们的责任，才能找到解决之道。

与生俱来的工作权利是每个自由人的基本特权之一。任何想要工作和需要工作的人如果依然不能获取这项权利，就将对我们的文明和安全提出挑战。我们拥有丰富的物质资源，并在使这些资源和机遇为所有人所分享这一崇高目标的鼓舞下，我们已经快要解决这个问题了，有希望找到比我们现在采取的方法更有效的方法。

作为一项具有建设性的重建计划的明智的第一步措施，失业人口普查应当是一次更加成功的全国性协同作战，从中我们将再次感受到象征美国人民力量与荣耀的全国大团结！

12. 论经济形势（1938 年 4 月 14 日）

这次谈经济形势的"炉边谈话"，主题内容复述了罗斯福已经向国会提交的一份"寓意深远的咨文"。谈话首先回顾成绩和存在的问题，然后提出三组措施。三组措施都涉及加大财政投入的问题，所以谈话的后半部分又归结到了政府支出，即以加大财政支出促成就业、工资和购买力的良好状态，从而促使经济出现好转。罗斯福相信这可以促成一个良性循环：随着国民收入的增加，联邦政府的开支就会减少，税收将会增加。罗斯福深知自己的责任所在，因此"绝不能让全体人民的利益仅仅因为此刻或许是个人解脱的最佳时刻而付诸东流"。

我上次和全国人民讨论了我国的形势，至今已经有五个月了。我原本希望能够将这次谈话推迟到下周，因为大家知道，这周是圣周[1]。但是，美国同胞们，我想和大家说的事情非常紧迫，与人类生活和防止人类遭受折磨的关系极其密切，我感到再也不能拖延下去了。通过今晚的谈话，我们的心灵将更加安宁，复活节的快乐在全国各地的火炉旁边将会更加真切。而且当我们有那么多人都在想着和平的王子[2]的时候，鼓励和平并非不合时宜。

五年前，我们面临着严重的经济和社会复兴问题。复兴工作在四年半的时间里迅速推进，只是在过去的七个月中，这项工作遇到了挫折。[3]

也恰恰就是在这过去的两个月内，事情已经变得非常清楚：政府本身必须采取强有力的措施以作出应对。此间我们曾经耐心地等待，看看商业自身的力量是否能够抵御这种挫折。

这次衰退还没有使我们退回到 1933 年开始时的那种灾难和不幸中去。你们在银行的钱是安全的；农民不再那么贫穷，而且拥有了更大的购买力；证券投机的危险已经降到了最低程度；国民收入比 1932 年增加了将近 50%；政府已经建立并承担起了复兴经济的责任。

但是，我知道，你们中有许多人丢掉了工作，或者看到你们的朋友或家庭成员丢了工作。我不认为政府对这些事情应该熟视无睹。我知道，我们当前的困难很大。有些群体和地方受到的影响非常严重，但其他人或地方却几乎没有受到什么影响。但我认为，政府的首要责任是保护所有地区、所有群体中人民的经济利益。我在国会最后一次会议开幕式发言中说过，如果私营企业在今年春天不能提供工作机会，那么政府就将采取有力措施——我不会让人民倒下来。我们都曾吸取了这样的教训：政府无法承受徒劳的等待，直至失去采取行动的力量。

因此，我已经向国会提交了一份寓意深远的咨文。今晚，我想把此咨文中的某些段落读给大家听，并和大家一起进行讨论。

在这份咨文中，我用这些话分析了 1929 年大崩溃的原因，"在人们使用的每件物品和器具上进行过度投机和过度生产……数百万人被送去工作，但他们的双手制造的产品已经超出了他们的购买力……按照无情的供求关系规律，供给大于需求过多，需求行为将被迫终止。结果出现失业和工厂倒闭现象。1929—1933 年的悲剧因此发生了。"

我向国会指出，国民收入——不是政府收入，而是合众国所有个人和家庭，包括每个农民、每个工人、每个银行家、每个专业人员和所有靠投资获得收入的人的收入——的总和在 1929 年达到了 810 亿美元。到 1932 年，这个数字已经减少到 380 亿美元。几个月前已经从低谷非常出色地逐渐增长到了 680 亿美元。

然后我对国会说道：

> 但是，恰恰是耐用品和日用品展现出的复兴活力在 1937 年呈现出某种特别不尽如人意的景象，这是导致始于去年最后几个月的经济下滑的主要因素。生产再次超过了购买能力。
>
> 造成这次生产过剩的原因很多。其中之一是恐惧——对海外战争的恐惧，对通货膨胀的恐惧，对我国大罢工的恐惧。这些恐惧都是空穴来风。
>
> ……许多重要商品生产线的产能都超过了公众的购买力。例如，1936 年冬季到 1937 年春季，数百个棉制品厂都在进行三班制生产，使得工厂中、中间商和零售商手中都囤积了大量的棉制品。再比如，汽车制造商们不仅使成品车数量实现了正常增长，而且促使这种常态增长演变为反常增长，并动用所有手段推动汽车销售。当然，这意味着美国的钢铁厂要 24 小时运转，而疲惫

不堪的公司和棉制品厂也快速跟进，以应对反常的刺激性需求，而国家的购买力则滞后了。

这样，到1937年秋天，消费者已经买不起我国生产的产品了，因为消费者的购买力没有跟上生产能力。

同期，许多关键商品的价格快速攀升……某些日用品的价格已经超过1929年通货膨胀时的高价。许多商品和原料的价格非常之高，以至于买家和建筑商停止购买或建设。

……购买原材料、将这些原材料投入到生产和成品加工中、将成品卖给零售商和消费者，最后用所得收入实现完全的收支平衡。

……去年秋天，大批工人突然被解雇，此种情形在以前所未有的速度持续着。我们所有人，包括政府、银行业、商业和工人们，以及面临此种形势的人们，都认识到必须采取行动了。

这些都是我今天在国会讲的话，今晚，我又把这些话向你们——伟大的同胞们——重复了一遍。

我接着向国会参众两院的议员们指出，政府和商业部门必须倾尽全力增加国民收入，让更多的人拥有自己的工作，让各个阶层的人获得安全保障，并拥有安全感。

我一直挂念着所有的人，不论是失业者还是有工作的人，惦念着他们的衣食住行、教育和健康状况，以及老年人的处境等人类问题。大家和我都同意，安全是我们最大的需要；而工作机会、在我们的商业环境中获得合理利润的机会，只是小事一桩。我们还有件较大的事情——是否有可能将我们的农产品卖掉，赚得足够的钱让我们的家庭过上体面的日子。我知道这些事情决定着所有人的幸福。

因此，我决心尽我所能帮助大家获得这种安全。我知道，如果离开了商业的公平交易，如果不能让所有人都可完全分享繁荣带来的利益，那么这类繁荣绝不能持久，人们自己对此深信不疑。因此，我今天再次向国会重复道，国会和联邦政府都承担不起削弱或者破坏这次过去五年来一直进行的伟大改革行动的后果。在使我们的银行机构和农业恢复元气的过程中，在我们为所有商业活动提供充足而廉价的贷款的过程中，在我们承认国家对失业救济负有责任的过程中，在我们强化州和地方政府的信用的过程中，在我们鼓励住房建设、清除贫民窟和住房私有化的过程中，在我们对证券交易、公共事业控股公司和新发行的有价证券进行监管的过程中，在我们提供社会保障的过程中，美利坚的选民们都不想采取任何退步的措施。

我们已经认识到工人有自由组织和集体谈判的权利；处理劳资关系的机制目前已经建立起来。原则也已经确立了，尽管我们都会接受这样的观点：随着时间的推移，管理与实践活动能够得到改善。劳工领导人和雇主诚挚的理解与协助将会使此类改善以最快速、最平静的方式得以实现。

人类社会生生不息的演进过程无疑会带来新的问题，需要新的调整措施。我们当前的目标是巩固并保持已经取得的成果。

在这种形势下，所有美国人在任何场合都没有理由因为怀疑或半信半疑而使自己有丝毫的恐惧，或者使自己的精神和信心有丝毫的懈怠。

我的结论是，当前的问题需要联邦政府和人民共同采取行动，我们的主要问题是缺乏购买力导致消费者的需求不足。我们有责任使经济出现好转。

"政府能够并应该怎样从哪里下手来帮助开启经济好转的进程呢?"

我接着提出了三项措施。我将简要说说这些建议。

第一，我要求国会拨款，以保持联邦政府在下一个财政年度用于工作救济和类似目的的支出比率同当前比率相同。这些支出包括为工程振兴局、农场保障局[4]、全国青年管理处[5]拨付更多经费，并向民间资源保护队追加资金，以保证它能够保持住目前运作当中的营地数量。

这些因失业增加变得必不可少的拨款将比我1月3日向国会提交的估计数目多出约12.5亿美元。

第二，我告知国会，政府建议增加银行储备，以满足国家的贷款需求。目前财政部的约14亿美元将用于支付这些额外的政府支出。此外，通过减少联邦储备委员会现在所要求的储备金量，来使银行获得另外7.5亿美元用于提供信贷。

根据我们的判断，这两项考虑到了救济的需要并追加了银行贷款的措施本身还不足以使美国开始持续向前发展。

因此，我提到了联邦政府采取的第三项我认为至关重要的措施。我对国会说道：

如果赢得战争需要备足进行三个战役的弹药，那么，我们便无力承受只准备进行两个战役所需弹药的后果。如果我们停止救济和贷款，我们可能会发现自己在敌人进攻前已经弹尽粮绝。如果我们在第三个战役时能够全副武装，我们就能赢得抵御灾祸的战斗。

第三项措施是通过提供新的工作来明显增加国家的购买力。

一是使合众国住房管理署能够立即开始投资约3亿美元的清理贫民窟的补充建设项目。

二是尽快在各州、县、市启动耗资约10亿美元的公共工程改善项目，以更新公共工程计划。

三是向我今年1月建议的用于联邦资助的高速公路建设项目追加1亿美元。

四是在先前估计的6 300万美元的基础上追加3 700万美元用于防洪和开垦工作。

五是追加2 500万美元用于联邦政府在全国各地的建设。

在提议此计划时，我不但考虑到了美国人民的当前需要，而且考虑到了他们的个人自由这一对所有美国人都最为宝贵的财富。我想到了我们的民主制度，以及世界其他地方背离民主理想的最新发展趋势。

民主制度在某些其他伟大的国家已经消失，不是因为这些国家的人民不喜欢民主制度，而是因为他们已经厌倦了失业和不安全感，不愿看着自己的孩子忍饥挨饿，同时却要面对因缺乏领导而导致政府混乱与脆弱的情形。最后，他们无可奈何地选择牺牲自由来盼望着换些吃的。在美国，我们知道我们自己的民主制度能够保持下来并正常运转。但是，为了能够保持住这些民主制度，我们必须同仇敌忾，勇敢地面对这些问题，并表明：民主政府的有效运转足以担当保护人民安全的任务。

我们未来的经济稳定和民主制度的稳固都依赖于我们的政府给予无所事事的人就业机会的决心。美国人民一致同意，要不惜一切代价捍卫他们的自由，而这场保卫战的第一条战线就是保护经济安全。你们的联邦政府要保护民主制度，必须证明它有战胜商业衰退的力量。

历史证明，强大而成功的政府不会发展出专制政体，只有那些软弱无力的政府才会如此。如果靠民主手段人们可以得到一个足够强大的政府来保障他们不受恐惧和饥饿的威胁，他们的民主制度就是成功的；但如果做不到这些，他们就会不耐烦了。因此，持久自由的唯一安全阀就是政府足够强大，可以保护人们的利益，同时人民也足够强大，且具有长远眼光，能够保持其对政府的完全的控制权。

我们是一个富足的国家；在讨价还价中，我们不必牺牲自由就能够保证安全与繁荣。

在我们的共和国成立后的头一个世纪里，我们缺乏资金和工人，工业生产不够发达。但我们的土地、森林和矿产资源都很丰富。联邦政府正确地担负起了推进商业发展和缓解危机的责任，向土地和其他资源发放补贴。

这样，从一开始我们就已经形成了向我们的私营企业提供真正的政府援助的传统。但是，今天政府再也没有大片的肥田沃土用于分发了。我们还发现，我们必须花费巨额资金来防止水土进一步遭到侵蚀，防止我们的森林进一步遭到砍伐。目前的形势也与以前不同，因为我们现在资金充足，银行和保险公司拥有大量闲置资金；有庞大的工业生产能力和数百万渴望工作的工人。如果联邦政府努力使闲置资金和赋闲的人们发挥作用，努力增加我们的公共财富，努力使人民更加健康并充满活力，努力使我们的私营企业制度发挥效用，那么就是遵循了传统，并顺应了现实的需要。

走出衰退要付出代价，但从中获得的利益将会数倍于这些代价。虚度工作时间就是丢掉金钱。每一天，每个工人的失业，或者每一台机器的停用，或者每一个商业机构的倒闭，对国家来说都是损失。由于这些闲来无事的人和闲置的机器的存在，我国在1929—1933年损失了1 000亿美元。今年，你们大家，美国的同胞们，又比去年少创造了约120亿美元。

如果大家回顾一下美国政府的早期实践，就会记得人们对政府开支日益攀升的疑虑和恐惧。但是，让这些怀疑论者感到意外的是，随着我们继续推进包括公共工程和工作救济在内的各项计划，我们的国家变得更加富足而不是更加贫穷了。

值得记住的是，1937年的国民收入比1932年增加了300亿美元。国债增加了600亿美元虽然是事实，但请记住，我们同时增加了数十亿美元的宝贵资产，这些资产最终将使债务减少；价值数十亿美元的永久性公共改造项目——学校、公路、桥梁、航道、公共建筑、公园和一大批其他项目——遍及合众国的3 100个县。

毫无疑问，有人会告诉你说，联邦政府过去五年的投资项目并没有增加我们的国民收入。他们会告诉大家，商业的复苏是私人投资的结果。这有一部分是实情，因为联邦政府仅花费了总额的一小部分。但是，联邦政府的支出起到了推动私营企业重现生机的作用。这就是私营企业对国家生产和收入的贡献远大于政府本身的原因所在。

依据这样的想法，我今天对国会说："我想表明的是，我们不相信仅仅靠投资、借贷或花费公共资金就能够大幅增加国民收入。在我们的经济中有必要让私人资本发挥作用。而且我们所有人都认识到，这些资金必将获得公平的利润。"

随着国民收入的增加，"我们不能忘记，联邦政府的开支将会减少，而其税收将会增加。"

联邦政府以前赠予商业工厂的土地是属于全国人民的，而我们今天用于商业的资金最终都是全国人民劳动的结果。因此，只要有健全的道德力量和合理分配购买力的需要存在，那么，由于使用了全国人民的钱而实现了繁荣，其利益应该在所有人之间进行分配，而不论地位高低。从而，我再次表达了我的愿望：国会在本次会议上应颁布一项《工资工时法》，确定最低产业工资，并对劳动时间加以限制，以保证更好地分配我们的繁荣成果，更好地分配可获得的工作机会，并更加合理地分配购买力。

大家对这项新计划的总投资，或者对净增加的国债总量的看法或许千差万别。

这是一项庞大的计划。去年秋天，在努力实现联邦政府的收支基本平衡的过程中，我做出的预算案要求大规模缩减联邦政府的开支。

就当前的形势来看，那份预算案存在误差。新的计划追加了

20.62亿美元用于财政部直接支出，另追加9.5亿美元用于联邦政府贷款。后一笔资金用于贷款，这笔钱将来会归还给财政部。

联邦政府债务的净效应是：从现在到1939年7月——还有15个月时间——财政部必须至少再追加15亿美元资金。

各位公民不必对合众国的债务增加情况表示担忧，因为这笔钱会数倍返还给美国人民，因为购买力增加了，而公民收入的增加会大幅增加联邦政府的税收。

在咨文的结束部分，我对国会说的话现重复如下：

> 让我们大家都一致认可这样的事实：联邦政府的债务，不论是250亿美元也好，400亿美元也罢，都只有在国家使公民的收入大幅增加之后才能偿还。我再重复一遍：如果公民的收入能增加到每年800亿美元，那么联邦政府以及绝大多数州和地方政府都将告别赤字。国民收入越高，那么我们就能更快地缩减联邦政府、各州和地方的债务。从各方面观察，今天的购买力——今天的公民收入——不足以推动经济高速发展。联邦政府的职责此刻要求我们填补这一正常过程的不足，并借此保证足够的追加资金。我们必须再次持续不断地增加国民收入。

> ……在这个过程中，我认为我们已经有了良好的开端，让我们避免过去的缺陷，如生产过剩、过度投机；实际上还包括1929年我们没能成功防止的所有极端行为。在这整个过程中，联邦政府不能，也不应该孤军奋战。商业部门必须帮忙。我相信商业部门一定会出手相助。

我们需要的不只是物质层面的复兴。我们需要全国团结一致的意志。

我们全国人民都要看到，哪个集团的需要都不会得到满足，不论这些需要多么正当，除非该集团准备好与全体国民一道去寻找产生收入的方法。这是该集团和其他所有集团获得报偿的源泉……你们作为国会议员，我作为总统，一定要恪尽职守地通过保持所有集团和所有地区间的平衡来为国家谋利益。

我们可以支配国家资源、资金、脑力劳动和体力劳动者来提高我们的经济水平——我们的公民收入。团结就是力量。需要的就是这种意志。

已经到了全力以赴将这种意志转化为行动的时候了。我决心从我们做起。

似乎对我来说，某些积极的要求就伴随着这种意志——如果我们拥有此种意志的话。

我们每个人都有责任进行自制……这是民主的纪律。每一位爱国的公民都要对自己说，不当言论、诉诸偏见、残酷斗争都不仅是对个人或所有个体的侵犯，而且是对合众国全体人民的侵犯。

自制意味着要受到明确表达的民意的制约，训练自己区分真伪，并使自己相信，在公共事务中，残酷无情从来都不是一个行之有效的方法。如果没有了憎恨导致的分裂，美国就不会出现个人或集团的专制。这种分裂绝不会存在。

最后，我想和大家说一些我个人的想法。

我绝不会忘记，我生活在一所由全体美国人民拥有的房子里。他们把信赖给予了我。

我总是努力记住，他们深重的问题是人的问题。我经常和那些找我阐述他们自己观点的人交谈，和那些掌管着美国大型企业和金融机构的人士聊天，和那些代表着工人和农民利益的人谈话，并经常和那些没有显赫地位的普通公民说说话。我经常努力跨出白宫的大门，跨越国会山的广场，去仔细观察普通家庭的男人们和妇女们的希望与恐惧。我已经数次考察全国。我的朋友们、我的敌人们，还有我每天接到的邮件，都将大家的所思所想告诉了我。我要确定的是，政治博弈和繁忙的公务都不能阻止我去了解关于美国人民想要的生活方式的信息，以及他们把我放到现在这个位置的单纯目的。

在政府的这些重大问题之中，我努力不要忘记：最根本、最重要的问题是，乐意工作的男人和女人都能有份体面的工作，以照顾好他们自己、他们的家庭和他们的孩子；农民、工厂的工人、店主、加油站的工人、制造商和商人（不论大小）、以其给予社区建设的援助为荣的银行家，确保所有这些人都能有份合情合理的利润，并保证他们所赚得的储蓄的安全——并不仅是今天或明天能安然无恙，而且要保证在所能见到的未来都是安全的。

我能听到大家的埋在心底的疑虑，关于我们在这个多灾多难的世界何去何从的疑虑。我不能指望所有人都能理解所有人的问题，但试着理解这些问题却是我的工作。

我总是努力记住，和谐性差异不能使每个人完全满意。因为我没有期盼很多，我也就不会失望。但是我们知道我绝不能放弃。我绝不能让全体人民的利益仅仅因为此刻或许是个人解脱的最佳时刻而付诸东流。

我相信，我们已经绘制出了正确的蓝图。放弃我们建设一个更加伟大、更加稳定、更加宽容的美利坚这一目标，就好比是错过了潮流，并可能使我们错失避风港。我建议继续前行。我明确地感到，你们的希望与帮助与我同在。因为为了抵达避风港，我们必须航行，而不是抛锚；航行，而不是漂流。

注释：

〔1〕圣周，基督教的重要节日。指复活节前的一个星期，从棕枝全日（基督受难的纪念日）开始，至复活节。

〔2〕"和平的王子"是基督教徒对耶稣的赞颂称号之一。

〔3〕这里的挫折指 1937 年 8 月开始的经济衰退，工商业指数下跌、失业猛增、商品滞销、饥饿复归，新闻界曾将其比之于胡佛时的情形，称作"罗斯福萧条"。下文的"这次衰退"即指此。

〔4〕农业保障局是根据 1937 年 7 月 22 日罗斯福签署的《班克黑德-琼斯农场租佃法》成立的政府机构，负责有关农业的各项工程和该法案的土地所有权计划。该局支持了一系列解决贫困问题的项目，效果显著。

〔5〕全国青年管理处是工程振兴局下设的一个部门，由 1935 年 6 月 26 日罗斯福发布的行政命令建立，宗旨是帮助青年就业或继续上学。

13. 谈各党派的初选问题（1938 年 6 月 24 日）

这篇谈话他谈了三个方面的问题。首先是总结了本届国会的主要工作，其中特别强调了关于联邦法院的改革和对自由主义事业的维护。其次介绍了一些关于经济形势的信息。最后顺着前面的思路"就即将到来的政治初选说几句话"，强调民主和争论，反对偏见和攻击，当然也表达了自己为本党在国会争取更多席位的意愿。

很幸运，我们的政府是民主政府。作为民主的一部分，你们的总统再次利用这次机会向这个国家的真正统治者——有选举权的公众——汇报国家事务的进展情况。1936 年 11 月在完全自由的基础上选出的第七十五届国会已经休会。除非发生不可预见的事件，将于今年 11 月选出的新国会直到明年 1 月才会召开会议。在此期间将不会有会议召开。

第七十五届国会留下了许多未完成的事情。

比如，这届国会拒绝提供更多的有效机制用于政府行政部门的运转。国会也没有听取我们的建议：国会应采取影响深远的必要措施将美国的铁路置于其控制之下。

但是，这届国会也为实施国会大部分议员当选时提出的纲领做出了努力，它为美国的未来赢得的福利比第一次世界大战结束到1933年春天期间的各届国会都要多。

今晚，我只说说这些成就中比较重要的那部分。

1. 进一步改进了我们的农业法律[1]，使农民在国民收入中获得了更公平的份额；使我们的土地得到保护；建立气候谷仓；帮助农场承租人走向独立；为农产品找到了新的用途；开始实行作物保险。

2. 经过我的多次要求，国会通过了《公平就业标准法》[2]，通常称作《工资工时法》。该法也适用于州际贸易，它禁止了雇用童工，对工资的下限和工时的上限做了规定。

可能除了《社会保障法》之外，该法是影响最为深远的为工人谋利益的法律。此后，该法被其他国家所接受。该法无疑使我们朝着提高人们的生活水平迈进，并增加人们的购买力以购买工农业产品。

那些叫喊着前途不妙的经营主管们每天的收入达到1 000美元。为了保住公司未发放的利润，他们把雇员推给了联邦政府救济部门。他们用股东们的钱到处散播其个人的看法。他们告诉大家说，每周11美元的工资会对美国的工业造成灾难性影响。不要听信这些胡言乱语。对整个商业界和美国幸运的是，这类经营主管人员只是一小部分人，大多数商业管理人员打心里不同意他们的说法。

3. 国会成立了一个信息委员会，以便在有关何为明智的商业活动这一问题的错综复杂的理论丛林中找到一条出路。该委员会的职责是就所有关于垄断、物价制定以及大中小企业之间关系的问题的立法搜集必要的事实依据。与世界其他大部分地区不同的是，在美国，我们坚持我们在私营企业和谋利动机方面的信念；但是我们也认识到，我们必须坚持不懈地改进实践活动的方法，以保证我们一直能够获得合理的利润、科技的进步、个体的主动性、人才辈出的机会、公平的价格、体面的工资和持续的就业。

4. 国会新成立了民用航空管理局，对商用飞行和航空邮政业务进行了调整；在我国历史上，首次将所有邮局女性局长置于公务员行列。

5. 国会建立了联邦住房管理局，帮助大规模清理贫民窟行动筹措资金，并为我们城市中的低收入群体提供廉租房。通过修订《国家住房法》，国会使得私人资本更容易地进行适用房和廉租房建设。

6. 国会适当减少了小企业的税务负担，并使得复兴金融公司更容易地向所有企业贷款。我想我国的银行家们能够公平地参与到贷款事务中来。联邦政府通过复兴金融公司承担了公平的风险份额。

7. 国会已经向工程振兴局、公共工程管理局、农村电气化局、民间资源保护队和其他机构拨付了更多的资金，以照顾那些暂时增加的失业人员，并鼓励私营企业进行各类生产活动。

我把这一切统称为我们的经济制度国防计划。这是一个平衡行动计划，使各条战线人士达成这样的共识：我国每个群体、每个地区的经济问题合在一起是一个不可分割的整体。

8. 由于其他国家军备的增加和与我们每个人休戚相关的国际形势的变化，国会已经决定增加军费，以武力保卫我们的领土和人民。

在另一个重大问题上，国会斗争的结果对合众国人民来说是场重要胜利——一次赢得了战争的战斗。

大家会记得，在 1937 年 1 月 5 日那天，我向国会递交了一份关于联邦法院改革的必要性的咨文。无论如何，在本届国会期间，咨文的真正目的实际上已经达到了。

最高法院对于宪法问题的态度发生了彻底的变化。其最近的判决雄辩地表明，它与政府其他两个部门合作以使民主制度运转起来的意愿。联邦政府被授权在涉及联邦法律的宪政性问题时保护其当事人的诉讼利益，并可直接将所有涉及联邦法律宪政性问题的案件上诉到最高法院；任何法官也不再有权仅靠自己关于联邦法律宪政性的判断，就拖延某项法律的实施。最高法院的大法官们现在可以任职 10 年后在 70 岁退休；厘清了候任法官的真实数目以加快案件的审理速度；联邦司法体系已经靠允许将法官分派到人口众多的地区而极大地增加了灵活性。

本届国会的另一个间接成就表现在其对美国人民致力于健全和谐的自由主义事业的反应上。国会已经认识到，在当代环境下，政府一直有责任去应对不断出现的问题；联邦政府不能因为个别人面对我们所生活的这个时代不可避免的前进步伐而感到倦怠或恐惧，就可以休假一年、一个月，甚至是一天。

我的某些对手和同事都认为，我在对美国人民实现目标的坚忍不拔精神和整体智力水平的判断上犯了感性错误。

我愿——自从 1932 年以来便一直如此——继续在私营企业和联邦政府同私营企业的关系这两个关键问题上坚持自己的看法。首先，在监管其他人的钱的使用问题上，在根据支付能力分配和缴纳个人和公司的所得税问题上，我做到了完全和绝对的诚实。其次，我对社会底层的就业需要——通过工作真正公平地分享生活的美好和生存与发展的机遇——表现了诚挚的尊重。

1936 年大选后，越来越多的贤明而精于世故的人告诉我们和国会，我应该顺流而下，轻松地度过四年的总统任期，不要把民主党政纲过于当回事。他们告诉我，人们对经由政治措施进行的改革已经厌烦了，将不再反对少数派一直渴望重新控制美利坚合众国的愿望，虽然 1929 年时这些人的领导行为造成了惨重损失。

在我们的有生之年还未曾见过第七十五届国会遇到的情形。协调一致的失败主义运动铺天盖地地向美国总统、国会的参议员、众议员们席卷而来。我们从来没有遇到这么多"铜斑蛇"[3]。大家一定还会记得，在南北战争期间，正是这些"铜斑蛇"使尽浑身解数使得林肯和他的国会放弃了战斗，使我们的国家仍旧一分为二[4]重归和平——不惜代价换来的和平。

从人民的角度讲，本届国会已经结束了。我对美国人民的信心以及他们对自己的信心已经得到证明。我对国会及其出色的工作表示祝贺！我为美国人民的忍耐力表示钦佩！

下面是一条关于我们的经济形势的信息。大家称之为衰退或萧条，对我来说没有区别。1932 年，美国的国民收入总量已经到了近年的低谷——380 亿美元。这一数字逐年增加。去年，也就是 1937 年，尽管在这一年的最后四个月，商业和农业产品价格明显下降，国民收入总量还是增加到了 700 亿美元。今年，即 1938 年，虽然做出估算还为时过早，但我希望国民收入不会低于 600 亿美元。我们也还记得，银行业、商业和农业并没有像在 1932—1933 年那个恐怖的冬天表现的那样，一损俱损。

去年，私营企业家、劳工领袖和联邦政府领导，所有这三方都犯了错误。

去年，私营企业家要求立即收缩公共支出，并说他们将补上这部分缺失。但是，他们犯了生产速度过快、许多商品的定价过高的错误。

一些劳工领袖在工人数十年压力的驱使下，犯了个走得过远的错误。他们很不明智地使用了使许多善良的人感到害怕的手段。他们要求雇主不但要同其谈判，同时还得忍受司法争论。

联邦政府也犯了乐观主义错误，认为工业和劳工自己不会犯错误。联邦政府犯了个时机错误，去年没有通过农业法律或《工资工时法》。

我们汲取了这些错误的教训，希望私营企业——包括资本家和劳工都能更聪明地共同进行努力，并同他们自己的联邦政府进行比过去更加有效的协作。我对双方的此类合作均表示欢迎。当然，现阶段双方应该有一个团结一致的立场，以反对有可能进一步减少购买力的降低工资的做法。

今天，有一家大型钢铁公司宣布降价，以期刺激商业复苏。我也欣慰地得知，这次降价不会削减工资。我们应当全力以赴鼓励那些接受了高工资水平的企业。

如果做到这点的话，联邦政府将节省大量支出。如不能进行合作，联邦政府今年不得不缩减支出。

1933 年 3 月 4 日以来，反对派每周都喊叫着"做点事，说些话，恢复信心。"美国有一个能够很清晰地表达自己意愿的群体，他们具有让公众关注其观点的出色能力。这些人一直拒绝与人民大众进行合作，而不论事情是向好的还是坏的方向发展。在承认有了他们所谓的"信心"前，他们要求对其观点做出更多的妥协。

银行停业和重新开业时，这些人都在要求"恢复信心"。

饥饿的人们涌入大街小巷时，饥饿的人们可以吃饱并投入到工作中去时，这些人同样都在要求"恢复信心"。

旱情袭击美国之时，我们的田地生产过剩之时，这些人同样都在要求"恢复信心"。

去年，汽车行业实行三班制，制造出来的汽车超过了美国所能购买的数量之时，这些人要求"恢复信心"。而今年，汽车工业试着摆脱生产过剩，结果关闭它们的工厂时，这些人再次要求"恢复信心"。

我相信，这些一直大喊着"恢复信心"的人今天正开始认识到，自己的表演过火了，他们现在反倒乐意谈谈合作的事情。我相信，美国大众对自己的确有信心，相信他们在联邦政府的帮助下有能力解决自己的问题。

正是因为在最终解决我们的商业、农业和社会问题所取得的进步方面，大家不满意，我也不满意，我才相信，你们绝大多数人都想要你们自己的联邦政府继续尝试着解决这些问题。坦率地说，我需要我能够得到的所有帮助，而且，我从许多拼命反对进步事业的人们那里看到了将来需要更多帮助的信号。

现在，顺着这个思路，我想就即将到来的政治初选说几句话。

50 年前一般在大会上进行政党提名活动。在公众的想象中，这种制度的特点是一小群人坐在一间烟雾弥漫的房间里填写提名名单。

　　发明直接初选制是为了使提名过程更加民主——给党派选民自己一个挑选其党派候选人的机会。

　　今晚我要和大家说的事情与任何一个特定的政党无关，而是关于各党派的原则问题，包括民主党、共和党、农民党、工人党、进步党、社会党以及任何其他党派。大家要清楚地认识这点。

　　我的愿望是，支持任何党派的任何人都将在初选会议上投票。每个这种选民都将认真考虑他的政党赖以建立的基本原则。这有益于在 11 月大选那天在对立的党派候选人之间做出明智的选择。

　　如果一国之内拥有两个或更多的全国性政党，而这些政党的原则和目标如同豆荚里的豌豆一样彼此相似，只是名字不同，那么一次选举不会给国家带来明确的方向感。

　　在个党派即将召开的初选会议上，两个思想流派——通常分为自由派和保守派——之间的冲突一定不少。大体上说，自由派思想认识到，全世界的新形势要求进行新的变革。

　　在美国，我们这些忠实于此种思想流派的人坚持认为，如果我们将政府当作合作的工具以推行这些改革，那么，这些新的改革措施能够在我们目前的政府形式下被接受并被成功地保持下去。我们相信，经过不懈的努力，我们靠民主程序而不是法西斯手段能够解决我们的问题。在改革的问题上，我们反对任何形式的拖延。实际上，改革就是对自己的反作用。

　　虽然人们都对此有了清晰的理解，但是，当我使用"自由的"这个词时，我指的是信奉民主的代议制政府的进步主义原则的人，而不是那些极端分子。

这股思潮的反对派或曰保守派的基本主张是，不承认联邦政府本身需要插手其中，并采取许多方法解决这些新的问题。该流派认为，个人动机和商人的慈善活动将解决这些问题。就是说，我们应当废止我们所做的许多事情并退回来，比如使用原有的黄金价格，或停止所有关于养老金和失业保险的事务，或者《废除证券交易法》，或者让垄断者为所欲为。实际上，就是要退回到我们在 20 世纪 20 年代时的那类政府方向去。

考虑到所有候选人的智力水平，似乎对我们来说，初选选民必须要问的一个问题是，"这位候选人属于这些思想流派中的哪一派？"

作为合众国的总统，我不想要求全国的选民明年 11 月都来投民主党的票，而反对共和党人或任何其他党派的成员。作为总统，我也不会参加民主党初选会议。

但是，作为民主党的领袖，我有责任明确地执行 1936 年民主党政纲中提出的自由主义原则宣言。我感到，我完全有权在这些事情上发表意见。在民主党提名候选人涉及这些原则，或明显盗用了我的名义时，会出现明显的分歧。

不要误解我的意思。我当然不需要在某个州的初选会议上获得优先权，只是因为某个表面上属于自由派的候选人在所有问题上都与我意见相左。我非常关注的是某个候选人对于当前问题的总体态度，和他自己以某种实用的方式专心地获取实际需要的内在愿望。我们都知道，信口开河的反动分子有可能阻挠进步事业。而有些人虽然"同意"进步主义目标,但却总是找理由反对实现该目标的任何具体建议。这些人也可能使进步事业受阻。我把这类候选人称为"好的,可是"一族。

我还关注某个候选人或者其支持者们关于美国公民的权利的态度。这些权利指和平集会的权利和在重大社会、经济问题上公开表达其见解和主张的权利。任何政体的任何宪政民主制度都不会否认,每个人都有言论和信仰自由。美国人民不会受到任何企图借爱国主义的幌子压制个人自由的人的欺骗。

这是一个自由的国度,人们有言论自由,特别是新闻自由。从现在到大选日期间将会出现许多卑鄙的攻击行为。我用"攻击行为"指的是造谣中伤,进行个人攻击和煽动偏见。当然,如果各地的竞选活动都能用争论而非攻击的方式进行,就更好了。

我希望自由派候选人会约束自己,去争论而不是诉诸暴力。十名演说家或作家当中有九名为了追求对公众产生影响,从心平气和的争论转向不公平的言语攻击,这对他自己的伤害超过了对其对手的伤害。

在这方面中国有个故事,这个故事是三四千年文明史的结晶。故事是这样的:有两个中国人站在人群中间进行热烈的争论。有位陌生人很奇怪:怎么没有相互间的言语攻击呢?他的中国朋友答道:"因为首先发起言语攻击的那个人承认,他的主张已经'说完了'。"

我知道,不论是在夏季的初选会议上还是在11月的大选中,美国选民都会发现那个已将自己的主张"说完了"的候选人。

注释：

［1］这里的"农业法律"指 1938 年的《新农业调整法》。由于 1933 年《农业调整法》被最高法院裁定违宪，政府提出新法案，国会通过后，罗斯福于 1938 年 2 月 16 日签署。该法主要内容为授权农业部长利用"常平仓"方式——丰买欠卖——调整农产品价格。

［2］《公平就业标准法》，此法案也译作《公平劳动标准法》。1938 年 6 月 14 日国会通过，6 月 25 日罗斯福签署。该法案主要规定工资与工时标准，故亦称《工资工时法》。该法基本取缔了血汗工厂，消灭了童工剥削，受保护的工人上千万。

［3］铜斑蛇，一种身上有铜色斑纹的毒蛇。在美国历史上，特指南北战争期间同情南方奴隶主的北方人。

［4］"一分为二"在这里指南北战争后，很长一段时间南北方的政治思想未能统一。

14. 论欧洲战争（1939 年 9 月 3 日）

　　第二次世界大战的标志性事件——纳粹入侵波兰——发生两天后，罗斯福发表了此次谈话。谈话并未太多涉及欧洲战争本身，而是集中申明了美国的立场，即保持中立，置身战争之外。但他也不否认战争影响了美国的家庭，必须行动起来保卫国家的安全。

美国同胞们、朋友们：

　　今天晚上，我的唯一职责是向全国人民发表讲话。

　　直到今天凌晨四点半，我还抱有一线希望，盼望某种奇迹能让欧洲避免发生毁灭性的战争，结束德国对波兰的入侵。[1]

　　在长达四年的漫长岁月里，接二连三的战争和此起彼伏的危机已经使整个世界摇晃起来，并有可能在各方面造成激烈冲突。遗憾的是，如今，这些已经发生了。

　　我应当提醒大家的是——我这样做是正确的——在这些危机中，你们的政府采取了协调一致的、有时候非常成功的措施，在和平的事业中美利坚合众国付出了全部努力。尽管战争在蔓延，但是我认为我们有充分的权利和充足的理由继续将维护基本道德规范、宗教教义和为维护和平进行不懈的努力作为我们的国策——因为总有一天，我们能对濒临崩溃的人类做出更大的贡献，虽然这一天还很遥远。

我也理应指出，最近这些年发生的不幸事件毫无疑问都是建立在使用武力或威胁使用武力的基础之上的。在这次大战爆发之初，我似乎就清醒地认识到，美国在追求人类和平的过程中应发挥持续不断的影响力，这将尽最大可能消除国家间不断使用的武力威胁。

当然，预测未来是不可能的。我从美国的议员们和全世界的其他渠道不断地获得信息。你们大家，美国的同胞们，每天每时都通过广播和报纸接收新闻。

我相信，此刻大家是全世界最文明、消息最灵通的人，你们不受新闻审查的制约。而且我还要指出，你们的联邦政府不会封锁任何信息，也没有任何封锁大家的信息的想法。

同时，就像我在周五的新闻发布会上所说的，新闻和广播万分小心地一方面辨别真正的经过核实的事实，另一方面还要区分纯粹的流言。这项工作至关重要。

我还要进一步指出，美国民众也能非常小心地分辨新闻与流言。不要不分青红皂白就相信你们所听到的或看到的事情。首先要审查一番。

在当代国际关系领域，大家一开始必须掌握一个简单却恒久不变的事实。任何地方的和平遭到破坏，世界各地所有国家的和平就会处于危险之中。

大家和我都可以很轻松地耸耸我们的肩膀说，距离合众国所在的大陆数千英里之外的地方，实际上是距离整个美洲数千英里之外的地方，发生的冲突不会对美洲产生重大影响，因此合众国所有公民尽可以对此置之不理，我行我素。尽管我们热切地盼望着置身事外，但是我们不得不认识到，电波传来的每条信息、航行在大海上的每条船舶、进行的每次战斗，都会对美国的未来产生影响。

希望所有的人都能深思熟虑地或者正确地讨论美国出兵欧洲战场的问题。此时，美国中立宣言正在酝酿之中。即便没有现成的《中立法》[2]，我们也会这么做，因为此种中立符合国际法，并与美国的政策相一致。

接着，依据现行《中立法》要求的中立地位，我相信，将来我国的中立可以成为真正的中立。

最重要的是，美国人民是世界上信息最灵通的民族，他们要仔细考虑一下这些事情。美国和平的最危险的敌人是这样一些人：他们对过去、现在和未来的知识知之甚少，却装模作样地以权威的身份指手画脚，讲起话来闪烁其词，向美国做出的保证或预言对现在或将来都毫无价值可言。

我自己不能也不会预报发生在海外的事件，其原因是我对发生在世界各地的所有事情不能做到了如指掌，所以我不敢进行预言。而另一个原因是，我想我得诚实地对待合众国的人民。

我不能预知这次新的战争对我国的直接经济影响，但是我确实要说，任何美国人在道德上都没有权利以他们的同胞或者在欧洲战争中活着的或死去的男人、女人和儿童为代价，坐收渔利。

有些事情我们的确知道。我们合众国的多数人都相信精神价值。

我们中的大部分人信奉《新约》的精神——一种伟大的教导：反对自己使用暴力、武装力量、远征军和投弹。我们绝大多数人都追求和平——国内的和平，以及不会危及我们国内和平的其他国家的和平。

我们拥有国家安全的明确的信念和理想，今天我们必须行动起来去保护这种安全，并使我们的孩子在未来的岁月里享有安全。

这种安全现在是、将来也会同西半球以及与之相邻的海洋的安全紧密联系在一起。我们通过使战争远离美洲来努力使我们的家园免受战争之苦。我们可以把这一历史先例追溯到乔治·华盛顿总统执政时期。[3]对合众国每个州的每个家庭来说，生活在一个被其他大陆的战争撕扯得支离破碎的世界是件非常严重、悲惨的事情。今天，这些战争影响到所有美国家庭。全力以赴地使美洲远离战争是我们国家的责任。

此刻，我请求大家结束党派偏见和自私自利，我们首要考虑的应是国家的大团结。

美国依然将是一个中立国家，但我们不能要求每个美国人在思想上保持中立。即使中立的人，也有权考虑事实。即使是一个中立的人，也不能要求关闭其心灵或良知。

我说过不只一次，而是很多次，我已经见过战争，我讨厌战争。我一遍又一遍地说着这样的话。

我希望合众国将能够置身于战争之外。我相信美国能够做到。我向大家保证并请大家放心，美国政府定会尽其所能实现这一目标。

只要我力所能及，合众国的和平就将持续下去！

注释:

[1] 1939 年 9 月 1 日，德国入侵波兰，标志着第二次世界大战爆发。

[2] 为与欧洲战争隔绝，美国采取中立政策，于 1935 年推出《中立法》，1936 年推出修改后的《中立法》，其内容包括武器禁运、禁止贷款给交战国等。西班牙内战后，美国推出《永久中立法》，不仅禁止战时（包括国际战争和一国内战）输出武器和提供信贷，对非军事物资也规定"现金购货，运输自理"。1939 年初，罗斯福开始公开批评《中立法》，并推动新的立法。1939 年 11 月 2 日，众议院最后通过了废除武器禁运条款的新《中立法》，虽然"现购自运"条款仍旧保留，但解除禁运，对英国等国支持较大。

[3] 1793 年，欧洲发生战乱，法英两国交战，奥地利、普鲁士、撒丁与荷兰卷入其中。但华盛顿坚守中立，在 1793 年 4 月 22 日发表中立宣言，声明称"美国的职责和利益要求他们应该真诚地、善意地采取并力求对所有参战国都持友好而公正的态度"。

扫码收听录音

15. 论国防（1940 年 5 月 26 日）

进入 1940 年，国防已经取代经济成为头号话题。这次与上次谈话的简略风格不同，谈得十分具体，罗列了许多数字。显然，罗斯福已经意识到战争并不遥远，因此要"把国防建设成为满足将来任何可能需要的国防"。此时的经济发展已经指向了国防，即"应对将来的紧急需求"。

朋友们：

在全世界大部分地方都沉浸在悲痛中的时刻，我要和大家聊聊许多直接影响到合众国未来的问题。当我们了解到此刻正发生在挪威、荷兰、瑞士、卢森堡和法国平民身上的遭遇时，我们感到震惊。

在这个安息日的夜晚，我应该代表需要帮助的妇女、儿童和老人说句话。我想这样做是正确的。这些人迫切需要帮助以应对当前的困境。这种援助来自大洋此岸的我们，来自我们这些依然能够自由地给予援助的人们。

今晚，在瑞士和法国曾经安宁祥和的公路上，数百万人正奔忙着逃离他们的家园，以躲避炮弹。弹片、炮火和机关枪的扫射，没有避难所，而且几乎没有任何食物。他们突然发现，他们不知道路的尽头在哪里。我和大家谈到这些人，是因为你们每一个今晚听我讲话的人都可以帮助他们。代表我们每个人的美国红十字会正将食物、衣服和药品紧急送往这些贫穷的数百万平民手中。请大家，我恳求各位按照你们的方式，向离你们最近的红十字分会伸出援手，越慷慨越好！我以全人类的名义向大家提出请求。

你们和我，咱们大家再次坐在一起，考虑一下我们自己所面临的紧迫问题吧。

我们中间有许多人过去对国外发生的事情视而不见，因为他们对他们的某些美国同胞告诉他们的话绝对信服——发生在欧洲的事情和我们没有任何关系；不论那里发生了什么事情，合众国都能够一如既往地在世界上从事其和平的、独一无二的事业。

由于没有利害关系或无知，我们中间有许多人闭上了眼睛。他们诚挚地认为，绵延数百英里的海水使美洲半球远离欧洲，因此北美洲、中美洲和南美洲的人们尽可以靠其丰富的资源继续生活下去，而不必在意世界的其他大陆，或受到这些大陆的威胁。

我们中间还有一些人接受了少数群体的劝告，认为我们能够通过退避在我们的大陆边界之内来保持我们的地理安全——东面是大西洋，西面是太平洋，北面是加拿大，南面是墨西哥。在上周提交给国会的咨文中，我详细说明了这种观点的无益性与不可能性。显然，建立在这种观点基础之上的防御政策无异于给将来的进攻敞开了大门。

最后，我们之中还有一小撮人故意把他们的眼睛闭上了，因为他们决心要对抗政府、政府的外交政策和其他所有政策。这些人党派观念明显，认为政府做的任何事情都是完全错误的。

有些人由于这众多原因之一而闭上了他们的眼睛，而有些人不承认暴风雨有可能在一步步向我们逼近，对所有这些人来说，过去的两周意味着他们的许多幻想在一个个破灭。

他们已经失掉了这样的幻想：认为我们离战争很远，可以自我隔离开来，并因此可以抵御其他国家都不能幸免的危险。

在某些地方，因幻想突然破灭而猛然醒悟之后，接踵而来的是恐惧和惊慌失措。有人说，我们毫无防备。一些人到处散布说，我们只有放弃我们的自由、理想和生活方式，才能建立健全的防卫体系，并对抗侵略者的威胁。

我不同意这些幻想。我对这些恐惧也不能苟同。

今天，我们变得更加现实了。但我们大家不要说丧气话，也不要对我们的能力妄自菲薄。让我们大家都把恐惧和幻想放在脑后吧！在这个安息日的夜晚，让我们坐在自己的家里，平心静气地想想我们都做了什么，我们必须要做些什么吧！

在过去的这两三周时间里，美国公众听到了各种关于我们缺乏准备的谎言，甚至有人已经提出指控，认为我们过去数年中花在海陆军上的钱都打了水漂。我认为大家听听这些事实对国家才是公平的。

我们在国防方面花费了大笔资金。花这些钱已经使我国今天的陆军和海军成为美国有史以来和平时期规模最大、装备最精良、最训练有素的武装力量。

过去的几年，我们完成了很多事情。下面我挑几件事和大家说说。

我不想探究每个细节。但是，有件事是人所共知的：本届政府1933 年就任之时，合众国的海军已经落后于世界水平，舰船的作战能力与效率都相对处于低谷。海军的相对战斗力由于没有更换那些早已过时的舰只和武器装备而被大大削弱。

但是在 1933—1940 年这 7 个财年，你们的政府用于海军的经费比 1933 年之前的 7 年多出 10.487 亿美元。

我们花这笔钱得到的是什么呢？

海军的作战人员从 79 000 人增加到 145 000 人。

在此期间有 215 艘战舰开始建造或投入现役，是过去 7 年的7 倍。

在这 215 艘军舰中，我们已经列装了 12 艘巡洋舰、63 艘驱逐舰、26 艘潜艇、3 艘航空母舰、2 艘炮艇、7 艘补给舰和许多小型舰只。包括新战舰在内的许多舰只的制造经费也已经拨付，正在制造当中。

制造船只花掉了数百万美元，美国在这方面在世界上首屈一指。但还有一个实际情况是，没有舰船，我们就不可能对美国的所有水域进行有效防御。这些舰船包括水面、水下的各种舰船。谈到与海军协同作战的空军，1933 年时我们的有效战机有 1 127 架，今天我们已经拥有的和准备交货的战机有 2 892 架。1933 年的飞机由于陈旧或老化也被新的战机所替代。

在美国漫长的历史上，目前海军是和平时期最为强大的。就攻击力和作战效率而言，我甚至可以保证，今天的海军比第一次世界大战时还要强大。

1933 年，合众国的陆军在役人员为 122 000 人。现在，也就是 1940 年，这个数字已经翻了一番。1933 年时的陆军获得的新战斗装备非常少，被迫将第一次世界大战时遗留下来的装备投入使用。

所有这一切的结果是，与欧洲和远东的陆军相比，其相对战斗力到 1933 年时急剧下降了。那就是我发现的情况。但是，从那以后已经发生了巨大的变化。

1933—1940 年这 7 个财政年度，你们的联邦政府用于陆军的经费比 1933 年之前的 7 年多了 12.92 亿美元。

我们花这笔钱的收获是什么呢？

如同我已经说过的，陆军总数已经增加了近一倍。到今年年底，目前在编的所有正规军的各个部队都将装备完全满足其要求的现代武器。国民警卫队所属的部队也将装备同样的武器。

下面是从大量事例中选取的有代表性的例子：

1933 年以来，我们实际采购了 5 640 架飞机，包括最先进的远程轰炸机和高速驱逐机。当然，这些飞机中有许多在几年前就已经交付使用，现在已经陈旧，被废弃掉了。

这些飞机花费不菲。例如，一架先进的四发动机远程轰炸机耗资 35 万美元；一架先进的拦截驱逐机耗资 13.3 万美元；一架中程轰炸机耗资 16 万美元。

1933 年时我们只有 355 门防空火炮。我们现在拥有已交货或准备交货的各型先进的防空火炮 1 700 多门。大家应该知道，一门 3 英寸的防空火炮耗资就是 4 万美元，这还不包括与之配套的射击控制装置。

1933 年时，全陆军只有 24 个现代化的步兵团。现在我们已拥有的和在建的步兵团超过 1 600 个。

1933 年时，我们仅有 48 辆先进战车和装甲车；今天我们拥有的已经交付使用和准备交付使用的先进战车和装甲车 1 700 辆。我们的每一辆重型战车都耗资 4.6 万美元。

1933 年以来，我们还在许多其他方面进步神速，而且大部分军队都配备了先进的装备。

1933 年，我们的陆军飞行员总数为 1 263 人。今天我们仅陆军就有 3 000 多名全世界最优秀的战机飞行员，他们在去年的战斗训练中飞行了 100 多万小时。此数字还不包括国民警卫队和后备役部队中的数百名杰出的飞行员。

去年一年内，航空工业军用飞机的生产能力急剧增加。去年，这种生产能力虽然增加了一倍还多，但依然不够满足需要。联邦政府与航空工业竭诚合作，决心增加其产能以满足我们的需要。我们要充分发挥这些航空制造商的设备的效率，使联邦政府每年生产 5 000 架飞机的计划得以实现。

关于飞机还有一则消息我们已经看到很多次了。近来的战争，包括欧洲目前的战争，已经无可争议地表明，战斗效率依赖的是统一指挥、统一控制。

在海上协同作战中，飞机和潜艇、驱逐舰及其他战舰一样都是联合作战的重要组成部分；而在陆地战斗中，飞机和坦克群、工兵、炮兵或步兵的地位同等重要，都是武装军事行动的重要部件。因此，空军应该继续成为陆海军的一部分。

根据我的要求，国会本周就会对和平时期陆军或海军提出的最大拨款提案进行投票。加上陆海军用于装备和训练的经费，我们用于陆海军的经费总额将比我给大家提供的数字还要多。

世界形势瞬息万变，我们有必要随时对我们的计划进行重新评价。在这方面，我相信，美国国会和总统能够作为一个团队和谐共处，就像我们今天正在做的那样。

一旦需要，我任何时候都将毫不犹豫地提出新的拨款要求。

在这个快速发展的机械化战争时代，我们都要记住，今天先进的、最新式的，有效而实用的武器装备明天就会落伍、陈旧不堪。

即使在生产线上制造飞机的同时，工作台上也正在进行着新型飞机的设计。

一艘巡洋舰沿下水滑道滑行之时，关于在下一个型号中如何改进，如何提高其效率的计划正在设计师的规划蓝图上现出端倪。

每天发生在欧洲大陆、海上和空中的战斗都展现出战争手段的万般变化。我们正在不断地改进、重新设计、试验新式武器，从当前的战争中汲取经验教训，并努力发挥人们的聪明才智制造出最先进的武器装备。

我们号召集合合众国各种战略物资制造商的资源、效率和创造性来生产飞机、坦克、枪支、船舶以及数百种其他战略物资。合众国政府本身只能提供很少一部分作战物资。私营企业将继续成为军用品的最大制造商。私营企业必须开足马力进行生产，以满足当前的需要。

我知道，我们不能指望私营企业马上筹集到用于扩建工厂、招募人员所需的全部资金以满足该计划的需要。让工业公司或它们的投资者们这么做是不公平的，因为国际关系有可能发生变化，一两年后的订单会停止或减少。

因此，合众国政府已经准备好预付这笔必不可少的资金，以帮助扩建工厂，建立新的车间，雇用数千名工人，为数百种原材料的供应开发新的来源，并发展快捷的大宗运输业。华盛顿正在夜以继日地工作，以制定所有这些计划的细节。

我们现在号召从事私营事业的人们帮助我们实现这个计划。你们将会在接下来的几天知道更多关于该计划的细节。

这并非意味着我们所号召的人将从事实际的战略物资生产。这将在全国各地的车间和工厂中进行。私营企业将有责任尽其所能提供最出色、最有效、最快速的大生产设备。我们号召其提供援助的这些商人需要在这个计划中进行配合——确保所有车间继续以最高速度和效率运转。

精明强干、富有爱国心的美国人从各个领域齐集华盛顿，用他们的丰富经验和出色能力助联邦政府一臂之力。

我们的目标不仅是要加快生产速度，而且要增加全国的产能，以应对将来的紧急需要。

但是在该计划稳步推进时，有些问题我们要继续加以关注和防范。这些问题同稳固的国防和实际的武器装备本身同等重要。我们的飞机、大炮和军舰是我们的第一道防线，此外还有件事是很明显的：一个自由民族的精神和士气来自最底层的支持。

出于这样的原因，我们所做的一切事情一定要保证，不能使我们在过去这些年所取得的任何重大社会进步半途而废或完全消失。我们已经在广泛的战线开展了反对社会与经济不平等和权力滥用现象的活动，这些现象使我们的社会变得弱不禁风。这种进攻态势现在不应因某些人发动的钳形攻势而中断。这些人利用当前国际的物质需要对政府进行两面夹击，企图进行破坏。

在我们目前所处的非常时刻，没有哪件事能证明让我国的工人们辛勤劳作的时间比现在法律限定的时间更长是正当的。随着订单逐渐增多，要做的工作越来越多，成千上万名现在还失业的人将会获得工作机会。

在我们目前所处的非常时刻，没有哪件事能证明降低就业标准是正当的。最低工资不应被减少。的确，我希望随着生产的逐步加快，许多现在还付给工人低于最低标准工资的企业会提高其工资水平。

在我们目前所处的非常时刻，没有哪件事能证明停止支付养老保险和失业保险的做法是正当的。我更希望看到的是，将这一制度扩展到其他目前还无缘享受此项目的群体中去。

在我们目前所处的非常时刻，没有哪件事能证明从我们的任何一个社会目标——保护自然资源、扶持农业、帮助贫困的人——中退却是正当的。

然而，恰恰相反，我坚信，负责任的领导人都不会容许某些代表某个工厂或车间全体雇员中一小撮特殊群体利益的人中断大多数雇员的就业进程。我们大家要记住，集体谈判的政策和法律依然有效。我能够向大家保证，在完成这项防务计划的过程中，华盛顿会充分考虑工人的利益。

还有，我们目前的紧急形势和庄严的共识都要求我们必须做到：

在美国不能因海外战争而形成新的战争富翁集团。美国人民不赞成任何美国公民在人类遭受血腥杀戮和磨难的危急时刻大发横财。

最后一点，这种非常时刻要求保护美国的消费者，以使我们的基本生活消费保持在合理的水平上。我们应当避免第一次世界大战时的螺旋式发展进程，当时所有物品的价格节节攀升。对我国每一个厂商来说，最合理的政策是向数百万失业的人提供有效的就业机会。通过提高这数百万人的购买力，全国的繁荣才能提高到新水平。

我们的国家安全今天所面临的威胁不仅仅是军用武器装备的问题。我们了解到了一些新式的攻击手段。

特洛伊木马——第五纵队[1]——对毫无防备的国家进行破坏。

间谍、破坏分子和叛国者都是这出新悲剧中的主要角色。对此，我们现在必须，而且将来也要全力加以应对。

还有一种伎俩被用来从根本上削弱一个国家，瓦解一个民族的整个生活模式。我们了解这一点非常重要。

这种伎俩很简单。首先是播撒不和谐的种子，一个不必很大的集团——这个集团可能是地区性的、种族性的或政治性的——通过虚假宣传和情感诱惑等手段鼓动偏见的蔓延。那些心怀叵测地怂恿民众的集团的目标是制造混乱，使公众优柔寡断，使政府瘫痪，并最终使国家陷入恐慌状态。

人们有一种新的、缺乏理性的怀疑论观点，不是通过诚实而自由的人们的有益的政治争论，而是通过外国代理人的阴谋诡计来审视合情合理的国家政策。

使用这些新手法的结果是，军备计划有可能被危险地拖延。国家目标的单纯性可能遭到破坏。人们相互之间缺乏信心，并因此丧失对他们自己所采取联合行动的功效的信心。信念与勇气让位于怀疑和恐惧。国家的团结变得支离破碎，其力量也遭到破坏。

所有这一切都不是痴人说梦。这在过去两年里已经在一个接一个国家多次发生过了。幸运的是，美国人民并不那么容易受到愚弄。群体仇恨和阶级斗争在我们中间从来都没有取得多少进展，现在也没有什么进展可言。但是，新的力量正得以释放出来。像其他国家以前曾经被削弱那样，精心编制的虚假宣传使我们面临被分裂和削弱的危险。

这些分裂力量是纯粹的毒药，它们已经在旧世界[2]散布开来。必须阻止这些毒药在新世界传播。我们的士气和我们的精神防线一定要充分戒备，以防止那些人干扰我们的视线。

我们的国防计划要求我们每一个人，不论男女，都必须感受到，我们对于我们的国家安全做出了自己的贡献。

此刻，当这个世界——包括我们自己的美洲半球——受到破坏力量的威胁时，我和大家都有决心把我们的国防力量建设得更加强大。我们要把国防建设成为满足将来任何可能需要的国防。随着战争手段不断变化，我们一定要不断加强我们的国防。

三个多世纪以来，我们美国人在这块大陆上始终在建设一个自由的社会，在这里，人类精神的承诺或许会得到践行。全世界追求这个承诺的所有民族的鲜血和智慧均汇集于此。

我们已经干得很出色了。我们正继续使生活在美国的所有家庭享有一个自由的社会，得到一个自由而高效的经济制度的佑护。这就是美国的诺言。

这也就是我们一定得继续建设的承诺，也就是我们一定要继续捍卫的承诺。

这是我们这代人的使命，你们的和我的。不过，我们不仅仅是为我们这代人来建设和捍卫我们的承诺。我们捍卫的是我们的先辈们所奠定的基础，我们在为未来几代人开创一种生活方式。我们捍卫和建设的生活方式不只为了美国自己，而是为了全人类。我们的职责无上崇高！我们的任务无上光荣！

我日夜祈祷我们这个疯狂的世界恢复和平。我作为美国总统没有必要要求美国人民为了这样的事业进行祈祷，因为我知道你们正在和我一起祈祷着。

我相信，这块土地上的每一位男人、女人和儿童在醒着的每一分钟都在发自内心地向全能的上帝发出恳求。我们所有人都祈求结束不幸与饥饿，结束死亡与破坏——全世界重新恢复和平。为了全人类的博爱，你们的祈祷和我的祈祷同在——上帝将抚平人类肉体和精神的创伤！

注释：

[1] 第五纵队为西班牙内战期间在共和国后方活动的叛徒、间谍和破坏分子的总称。后来，第五纵队成为帝国主义在别国进行颠覆活动的间谍特务的通称。

[2] 这里的旧世界指相对新世界（美洲）的欧洲。

16. 谈国家安全（1940 年 12 月 29 日）

　　诚如罗斯福所说，此篇所谈内容是国家的安全保障。轴心国结盟之后，美国国家安全形势已发生变化，危险迫在眉睫，此时保障的措施已经不是"中立""隔绝"，而是更加积极，即给欧洲那些反法西斯主义国家以装备和物质支持，使美国成为"民主制度的巨大兵工厂"。罗斯福阐明，他的方针"从目前看，风险最小；从长远来看，会给世界和平带来最大的希望"。

朋友们：

　　这不是一次关于战争的"炉边谈话"。我要谈的内容是有关国家安全保障的。因为你们的总统的核心目的，就是想让你们、你们将来的孩子以及你们的子孙后代，无须再通过拼死抵抗来捍卫美国的独立以及美国独立所赋予你、我和我们大家的一切。

　　今晚，面对世界性危机，我思绪万千，回忆起八年前国内危机时期的一个晚上。当时，美国工业之轮戛然而止，全国银行系统不再运行。

我还清楚地记得，当我坐在白宫书房里准备向美国人民讲话时，浮现在我眼前的是所有正听我讲话的美国人的样子。我看到制造厂、矿井和工厂里的工人，柜台里的女招待、小店主，正在春耕的农民，我还看到因害怕自己毕生的积蓄一夜消失而担惊受怕的寡妇和老人。

我试图向美国大众解释，银行危机对他们的日常生活来说意味着什么。

今晚，我要和我的人民做同样的事，以应对美国面临的这场新危机。我们以果敢的精神和现实的态度应对了 1933 年的危机。现在，我们要以同样的勇气和现实主义态度面对新的危机——面对我国安全受到的新威胁。

自从美利坚文明在詹姆斯敦和普利茅斯巨砾[1]上扎根以来，我们从未遇到过眼下这样严峻的危险。因为 1940 年 9 月 27 日，三个强国——两个是欧洲强国，一个是亚洲强国，在柏林签署了协议。[2]它们勾结起来恫吓美国，如果美国干预或者制止这三个国家的扩张计划——它们企图控制全球的计划，它们将孤注一掷，联合起来，将矛头直指美国。

纳粹德国独裁者们的用心昭然若揭，他们不仅要控制本国人民的生活和思想，还要置整个欧洲于其铁蹄之下，然后利用欧洲的资源征服全世界。

仅在三个星期前，他们的元首[3]声称："世界上存在着两个势不两立的阵营。"接着此人用挑衅的口吻回答他的对手："要是有人说，我们在这个世界上永远不会安分守己，那他们就说对了，我们能够击败世界上任何一个强大的对手。"

换言之，轴心国不仅仅承认，而且公开声明，他们的政治观点同我们的政治观点最终没有调和的余地。就这不可否认的威胁而言，我们可以毫无疑问地明确断言，只要这些侵略国不明确表示愿意放弃统治和征服全世界的念头，美国就没有权利，也没有理由与它们进行和谈。

此刻，那些与生活在自由之中的人民为敌的军事同盟国的武装力量，被阻止在远离我国海岸的地方。德国人和意大利人在大西洋的另一端，受到英国人和希腊人以及大批逃离被占领国的陆海军官兵的阻遏。在亚洲，日本人遇上了中国人的顽强反击。而太平洋上有我们的舰队。

我们中有些人一厢情愿地认为，战争发生在欧洲和亚洲，与自己无关。但是，这是一个同我们有着生死存亡关系的问题，即不能让欧洲和亚洲的战争制造者们控制通向我们这个半球的海域。

117 年前，门罗主义[4]被我国政府定为护国之本。当时欧洲大陆联合起来，使我们这个半球面临威胁。后来，我们以不列颠为邻，守卫着大西洋，没有什么条约，也没什么"不成文协定"。

但是，有一种观点，一种被历史证明为正确的观点，即美国与睦邻可以用和平的方式来解决任何争端。事实上，在一段漫长的岁月里，西半球始终得以免遭来自欧洲和亚洲的侵略。

是否有人深信，当一个自由的不列颠依然是我们在大西洋上一个强有力的海上邻国时，我们就不必担心美洲任何地方会遭受袭击。而如果轴心国与我们为邻，我们也可以高枕无忧吗？

一旦不列颠沦陷，轴心国就会控制欧洲、亚洲和非洲大陆、澳大拉西亚[5]和公海——它们就占据了有利位置，就能调动大量陆军和海军对我们所在半球发动进攻。到那时，我们全美洲，不仅在经济上，而且在军事上，都会直接面临枪口的威胁——一支子弹上膛的枪。这并非危言耸听。

那时，我们就会进入一个即陌生又可怕的时代。整个世界，包括我们所在半球，都会被野蛮势力的威胁所笼罩。而要想在这个世界上生存下去，我们将不得不根据战争经济的需求，永远变成一个穷兵黩武的国家。

我们有些人一厢情愿地认为，即使不列颠沦陷，我们照样可以安然无恙，因为浩瀚的大西洋和太平洋将是一道屏障。但帆船时代已经一去不复返了。辽阔的海域已经失去了昔日的作用。从非洲某地到达巴西某地，其距离比从华盛顿到科罗拉多州丹佛市还要近。最新式轰炸机只需 5 小时即可飞完全程。在太平洋北端，美洲和亚洲几乎毗邻接壤。甚至就在今天，飞机已经可以从不列颠群岛飞到新英格兰再返航，途中不用加油。这让我们清楚地意识到，现代化轰炸机的攻击范围在不断扩大。

在过去的一个星期里，我国各行各业的大多数人民已向我表达出他们想让我在今晚说些什么，即他们都以极大的勇气想了解现在战事中心的实际情况。但我也接到这样一封电报，上面的观点代表着一小撮不敢正视罪恶、不愿听见罪恶的人们的想法，即使他们心知肚明罪恶的存在。发来电报的人乞求我不要强调有一天我们西半球安逸的美国城市也会遭到敌对势力的轰炸。电报的主旨是："求求您，总统先生，我们不想被现实吓倒。"

直言不讳地说，危险迫在眉睫，我们必须准备应付这种危险。毫无疑问，我们不能爬上床，用被子蒙住头，以这种办法逃避危险，或者摆脱恐惧心理。

欧洲有些国家同德国缔结了煞有介事的互不干涉协定，另外的国家则得到了德国永不入侵的保证。不管是否有互不侵犯条约，事实上它们仍然遭到了进攻和蹂躏，陷入了现代形式的奴役。它们事前一个小时才得到宣战警告，甚至毫无警告。几天前这类国家的一位流亡领导人对我说："这种警告不如没有。德国军队从成百个地点入侵我国，两个小时后我的政府才接到警告。"

这些国家的命运告诉我们，生活在纳粹的枪口下意味着什么。

纳粹用各类道貌岸然的谎言对这种行为加以辩解。这类谎言编织了两个借口，一个是，占领一个国家是为了"恢复秩序"；另一个是，占领或控制一国是为了"保护它"免遭别人的侵略。

比如，占领比利时时，德国人就说他们是为了从英国人手中解救比利时人。由此推断，他们难道不会对任何南美国家说"我们占领你们是为了保护你们免遭美国的侵略"吗？

今天，比利时正被德国用作入侵英国的基地。任何一个南美国家落入纳粹之手，都会成为德国进攻西半球任何其他共和国的跳板。

如果纳粹胜利了，其他两个距离德国更近的地方会有怎样的命运，大家不妨分析一下。爱尔兰能够幸免吗？爱尔兰的自由会在一个没有自由的世界里成为奇特的例外吗？飘扬着葡萄牙旗帜的亚速尔群岛又会怎样呢？你们和我都认为夏威夷是太平洋上的前哨基地。可是，亚速尔群岛与我们大西洋海岸的距离比夏威夷与美国本土的距离还要近。

有那么一些人，他们说轴心国永远都不会有进攻西半球的打算。毁坏众多被征服民族抵抗力的，正是这种如出一辙的痴心妄想。事实再清楚不过了，纳粹一再宣称，所有其他种族都比他们低劣，因而都应当听命于他们。而且最重要的是，美洲的丰富资源和财富正是世界上最令人垂涎的战利品。

压垮、破坏、腐蚀许多其他民族的邪恶势力已经靠近我们的大门，这是不容否认的现实，我们不能视而不见！你们的政府对他们的情况了解甚多，因为每天都会获得有关他们行径的消息。

他们的间谍在我国的邻国很活跃。他们企图煽起怀疑与不和来制造内乱。他们竭力煽动资方和劳方互相对立。他们竭力挑唆本不该有而且早已平息的种族和宗教之间的敌意。他们利用我们对战争的天然反感来达到自己的目的。这些造谣生事的人只有一个目标，那就是把我们的人民分裂成敌对集团，破坏我们的团结，摧毁我们保卫自己的意志。

还有一些美国人，其中许多还身居高位，虽然多数情况下并非出于故意，实际上却是在协助这些特务的工作。我并不是在指责这些美国公民在充当外国特务，不过我却要指责他们做了那种独裁者们想在合众国做的事情。

这些人不但相信我们不用看其他国家命运如何就可以平安躲过战争，而且其中有些人走得更远，他们说我们可以而且应该成为轴心国的朋友乃至伙伴，甚至还建议我们效仿那些独裁国家。美国人永远不能那样做，也绝不愿意那样做。

过去两年来的经验已经清楚证明，任何国家都不能对纳粹姑息纵容。没有谁可以靠抚摸把老虎驯成小猫。残忍的行为不能姑息。对燃烧弹是讲不得道理的。我们知道，一个国家只有彻底投降才能与纳粹共享和平。

意大利人民已经被迫成为纳粹的同伙，但是，目前他们还不知道自己很快就会在盟友的拥抱中死去。

一些喜欢姑息纵容的美国人对奥地利、捷克斯洛伐克、波兰、挪威、比利时、荷兰、丹麦和法国这些国家的命运所给予的警示置之不理。他们对你们说，轴心国肯定能赢得这场战争，世界原本可以避免眼下所有的流血牺牲；合众国倒不如为促进强制和平而施加自己的影响，从而争取到我们最好的结果。

他们把这叫作"谈判和平"。简直是一派胡言！如果你们的居民点被一伙亡命之徒围困，他们强迫你们交出钱物以免于一死，难道这也算得上谈判和平？

强制的和平绝不是什么和平。那只不过是另一次停战，其结果将会带来有史以来耗资最庞大的军备竞赛和破坏性最严重的贸易战争。只有南北美洲才真正能够与轴心国抗衡。

不论他们如何吹嘘自己的作用，如何夸耀战争目标的神圣，他们的背后却是集中营和戴着镣铐的上帝信徒。

近些年来的历史证明，对现代独裁国家来说，枪杀、镣铐、集中营并不只是暂时的工具，而恰恰是他们的祭坛。他们口头上谈论世界"新秩序"，脑子里想的却是复辟最古老和最恶劣的专制暴政。在那种专制暴政下，根本不存在自由、宗教和希望。

所谓"新秩序",并不是要在欧洲和亚洲建立民主自由的政权。它不是一种为被统治者认可的统治形式。它不是自尊的普通人为了保障自己和自己的自由、尊严免于受到压制而组成的联邦。它是一种建立在权利和赃物基础上的支配与奴役人类的非神圣同盟。

今天,英国人民及其盟友正在与这个非神圣同盟进行一场积极的战争,这场战争的结局在相当程度上决定着我们未来的安全。我们"置身于战争之外"的能力将受这个结局的影响。

思考今天,展望未来,我直言不讳地告诉你们:合众国要想尽可能不卷入这场战争,现在就要不遗余力地支持那些正在保卫自己并抗击轴心国的国家,不能对它们的失败袖手旁观,也不能屈服于轴心国的胜利,等待它们对我们进攻。

不言而喻,我们必须承认,我们采取任何方针都要承担风险。但是我坚信,我国绝大多数人都会同意我所提议的方针:从目前来看,风险最小;从长远来看,会给世界和平带来最大的希望。

欧洲人民正在保卫自己,他们没有要求我们替他们作战。他们请我们提供战斗的工具,提供飞机、坦克、枪支和货船,使他们能为自己的自由、从而也为我们的安全而战。重要的是我们必须为他们提供这些武器,而且尽可能多、尽可能快地提供给他们。这样,我们和我们的孩子们就可以免受别人正在忍受的战争和磨难。

不要让失败主义者对我们说已经太晚。永远也不可能更早了。明天则会比今天更晚。某些事实无须多说就已了然。

从军事意义上讲,英国现在是抵抗世界性征服的先锋。他们进行的战斗必将在人类英勇事迹的史册上万古流芳。

并没有人要求我们派遣远征军出国。你们政府里也没有人打算派遣这样一支军队。因此，关于派军队去欧洲的任何说法，你们都可以将其作为蓄意的造谣而加以戳穿。我们的国策并不是让美国卷入战争。我们国策的唯一目标是使我们的国家和人民免于战争。

民主制度反抗世界性征服的斗争在很大程度上将得益于我国的帮助——得益于我们为那些勇于抵抗的国家提供军事力量，以及尽可能多地把武器和物资运往反法西斯前线。瑞典、俄国和其他靠近德国的国家，每天都在把钢材、矿石、汽油和其他战争物资运进德国，与这些行为相比，我们的做法也并非算得上不守中立。

我们正在满怀紧迫感地规划着我们的防御。在我们巨大的防御体系里，也必须包括英国以及其他抵抗侵略的自由国家的战争需要。

这并非感情问题或者有争议的个人意见问题。这是此时此刻实实在在的军事政策问题，这项政策是根据我国密切跟踪当前战争形势的军事专家的意见制定的。这些陆海军专家、国会议员以及政府官员只有一个单纯的目标——保卫合众国。

我国正在以巨大的努力生产当前状况紧急需要的一切——而且要以尽快的速度完成。巨大的努力需要做出巨大的牺牲。

如果民主制度不能保障每一个国民免于物资匮乏和恐怖，我就不会要求任何人去保卫它。我国的国力不能因为政府未能保障公民的经济利益而有所削弱。

如果我们的生产能力受到了机器的限制，我们千万要牢记：机器是靠工人的技能和体力来操纵的。既然政府决心保卫工人的权利，国家也就有权要求掌握机器的人尽到自己的全部职责，努力生产当前国防急需的东西。

工人同样具有做人的尊严，应该与工程师、管理者和雇主同样享受工作岗位的保障。因为，工人们提供了生产驱逐舰、飞机和坦克的人力。

国家要求我们的防务工厂持续开工，而不是被罢工或关厂所打断。国家要求并且坚持资方和劳工通过自愿及合法的手段调解他们之间的分歧，以继续生产我们迫切需要的物资。

在我们庞大防务规划的经济方面，正如你们所了解到的，我们正在尽一切努力维持物价和生活费用的稳定。九天以前，我曾宣布成立一个更为有效的机构，以便指导我们大量增加军事装备和物资的生产。拨出巨额款项，对我们的努力进行行政指导，这些都还远远不够。枪炮、飞机、舰艇和许多其他东西，都需要在美国的工厂和兵工厂里制造。它们都要由工人以及经理和工程师来组织生产，还要有机器的帮助，而机器又要由全国各地的千百万人来制造。在这项伟大的工作里，政府、企业和劳工的合作一直十分友好；我对此深怀感激。

美国工业界的天才解决生产问题的能力举世无双，他们已被唤起，将以其聪明才智在"战斗"中一展风采。手表厂、农具厂、铅字铸造厂、现金出纳机厂、缝纫机厂、割草机厂和机车制造厂，等等，现在纷纷转而生产导火线、炸药箱、望远镜底座、炮弹、手枪和坦克。

但是我们目前的一切努力还不够，我们必须有更多的船只、更多的枪炮、更多的飞机——更多的一切物品。我们只有摒弃"照常办事"的概念，才能达到上述目标。仅仅依靠现有的生产设备是不能实现这一目标的。

我们的防卫努力绝不能受到那些担心将来工厂生产能力过剩的人的阻碍，我们目前的防卫努力可能失败的后果更令人担忧。

在我们当前的防务需要成为过去之后，所有用于防务的生产力都将转化为和平时期国家建设的新生产力量。届时，产能很可能不是过剩，而是不足。关于美国未来的任何悲观看法都不能拖延工业的扩充，因为它对我们的国防必不可少，我们需要这些工业。

我想表明，我国的目的就是在当下尽快让我们所有的机器、所有的兵工厂和我们所要求的任何一家工厂，制造出我们所需要的防卫物资。我们有人、有技术和财富，最重要的是，我们有决心。

我由衷地相信，如果或者一旦对军需物资的迫切需求要求我们征用某些工厂里生产消费品或奢侈品的机器和原料，那么这些工厂一定会服从而且是欣然服从我们第一位的、迫切的目标。

我呼吁全体工厂主、经理、工人和政府官员，为尽快生产出军需品而毫不吝惜地贡献出一切力量。与此同时，我向你们保证，全体政府官员也一定会全心全意地投身于摆在我们面前的伟大使命。

我国必须成为民主制度的巨大兵工厂。对我们来说，其迫切性不亚于投身战场。我们必须像亲临战争一样，以同样的决心、同样的迫切感、同样的爱国主义精神和献身精神投身于我们的工作。

我们已为英国提供了大量的物质帮助，在未来我们还将提供更多。[6]

我们对援助英国的决心不存在"瓶颈"。没有一个独裁者，或是几个勾结起来的独裁者，能够通过威胁来削弱我们的这种决心。英国人得到了来自英勇的希腊军团和所有流亡政府[7]军事力量的宝贵支持。他们的力量还在增长。这是珍惜自由更胜于珍惜自己生命的人们的力量。

我们没有理由谈论失败主义。我们有足够的理由充满希望——对和平的希望，当然，还有保卫我们文明的希望和在未来建设更加美好文明的希望。

我深信，美国人民现在正坚定不移地以前所未有的努力，来增加各种防卫物资的生产，迎击我们民主信仰所受到的威胁。作为合众国总统，我号召全国人民做出这种努力，我以祖国的名义发出这一号召，因为我们热爱她、尊敬她，我们以能为她服务而感到自豪和荣幸。我坚信，我们的共同事业必将取得巨大的成功，我向我们的人民发出这一号召。

注释：

[1] 这里的两处都是地名。詹姆斯敦在弗吉尼亚州，是英格兰人在北美的第一个定居地，也是新大陆第一次立法会议（1619 年）举行的地点。普利茅斯巨砾在马萨诸塞州，是 1620 年英国清教徒登陆北美的地点，也是新英格兰地区的第一个定居地。

[2] 这个协议即《德日意三国同盟条约》，通称《三国轴心协定》。

[3] 这里的元首指纳粹德国元首希特勒。

[4] 门罗主义指 1823 年 12 月 2 日时任总统门罗致国会咨文中提出的外交方针，旨在借反对欧洲列强干涉美洲之名，保证美国夺取和独占对中南美洲国家的控制权。其口号是"美洲是美洲人的美洲"，实质是"美洲是美国

人的美洲"。

〔5〕澳大拉西亚，泛指澳大利亚、新西兰及西南太平洋诸岛。

〔6〕罗斯福政府在大战爆发前保持中立，非军事物资也需"现购自运"。1939年12月，丘吉尔致信罗斯福，表明英国非常需要美国的装备与物资，但无力购买。此时罗斯福欣然考虑用租借的名义给英国提供援助，从而使美国成为"民主制度的兵工厂"。

〔7〕第二次世界大战初期，大多数欧洲国家沦陷，许多国家的政府人士纷纷流亡英国，建立抵抗政府，共商反法西斯大计，组织武装力量支持英国在这些国家进行游击战争。

17. 宣布全国进入无限期紧急状态（1941年5月27日）

　　这是最长的一次"炉边谈话"。篇中，罗斯福揭露了以希特勒为代表的法西斯分子建立所谓"新世界"的丑恶行径，暗示美国应抛弃那种能幸免于这场世界性大战的幼稚想法。在这次最长的谈话中，罗斯福不厌其烦地展示了法西斯侵略之下的种种现实和可能景象，极尽耐心地号召并敦促美国各界人士放弃孤立主义的传统做法。在结束谈话之时，罗斯福宣布全国进入无限期的紧急状态，使武装力量处于战备状态。

我的美国同胞、我的朋友：

　　今晚我在白宫发表讲话，在座的有泛美联盟[1]理事会理事、加拿大公使及他们的家人。该理事会的成员有驻华盛顿的各加盟共和国的大使及部长们。我在此时发表讲话是十分恰当的，因为联盟内各共和国的团结对我们每一个人及全世界的自由事业从没有像现在这样重要。我们的未来——我们未来的独立，都与我们的姊妹共和国的独立有着密切的联系。

我们面临的迫在眉睫的问题是军事问题，尤其是海军问题。在那些充满渴望的思想家或感伤主义者看来，这些问题我们无法解决。我们所面临的是冰冷的、严峻的现实。

现实是已经开始的欧洲战争已经升级为世界范围内的战争，这也正是纳粹一直以来想要达到的目的。

阿道夫·希特勒从未把征服欧洲作为自己的终极目标，征服欧洲只是朝征服所有其他大陆的终极目标迈出的第一步。必须用强有力的手段制止希特勒主义[2]的推进，否则西半球将处于纳粹毁灭性武器的打击之下，这一点是显而易见的。

为了自身的防御，我们也相应地采取了某些明显必要的措施。

首先，我们与其他共和国缔结了一系列条约，这将进一步巩固我们所在半球的团结以应对共同的危险。其次，一年前，我们开始并成功实施有史以来最大规模的军队建设计划。

我们对海军的投入大大增加了。我们已经聚集了人力来建设一支新的军队。这支军队早已具有了光荣的传统。

我们建立了支持民主的援助政策——援助那些为了人类自由的延续而斗争的国家。

这项政策始于战争爆发的第一个月，当时我敦促国会废除了《中立法》中的武器禁运条款。在1939年9月的咨文中我谈道，"我真想能具备能力给人们以希望，让笼罩在地球上空的阴影快速逝去。但我没有这样的能力。现实迫使我必须如实地做出声明：黑暗即将来临。"

在这之后的几个月中，阴影越来越黑暗，越来越大。黑夜笼罩着波兰、丹麦、挪威、荷兰、卢森堡以及法国。

1940 年 6 月，英国在独自与已征服了它的同盟国的恐怖战争机器抗衡。我国政府紧急运送的武器已满足英国战争的需求。1940 年 9 月，我们与英国达成一项协议，出售给英国 50 艘驱逐舰以保卫重要的近海基地。

1941 年 3 月，国会通过了《租借法案》[3]，并批准拨款 70 亿美元以实施该法案。该法案规定，只要总统认为对美国的防御是至关重要的，将授权其给予任何国家和政府以物质上的援助。

为捍卫民主的整个援助计划，基于的是对我们自身安全的考虑以及对我们赖以生存的文明世界的安全考虑。我们援助的每一美元的物资都将起到一份作用，将独裁者阻挡在我们的半球之外。每拖延一天，都将使我们有更多的时间生产制造更多的枪支、坦克、飞机和战舰。

我们的援助是出于我们自身的利益考虑，这一点我们丝毫未加掩饰。英国理解这一点，纳粹德国也不例外。

如今，一年过去了，英国仍在英勇战斗，战线拉得极长，到处硝烟密布。我们日复一日地加大生产力度。战略物资的供应是为了我们自己，也为了英国和中国——最终是为了所有的民主国家。

战略物资的供应不会减少，只能增加。随着援助的不断加大，美国以及其他共和国在今天的局面下起草声明以表明它们的路线方针。

这些国家的政府应该知道，如果希特勒获胜将会强加给它们什么样的条件。这只能是一些这样的条款，基于这些条款，该政府接受一种所谓的"谈判和平"。

根据这些条件，德国将重新划分世界——在广阔的领土上升起纳粹的旗帜，按自己的意愿建立傀儡政府，这些傀儡政府将完全服从于纳粹征服者的意志以及政策。

胜利后的希特勒会对美国人民说："我心满意足了。这是我寻求的最后的领土再调整。"这和希特勒在慕尼黑及占领了奥地利和捷克斯洛伐克之后所说的完全一致。当然了，他还会补充说："我们所追求的一切是和平和友谊，以及在新世界中与你们互利的贸易往来。"

如果美国人真的如此头脑简单和健忘，并听信这些甜言蜜语的话，将会发生什么呢？

那些想在"新世界"中寻求利益的人会坚持认为独裁者所渴望的是"和平"。他们会反对为建立一支更强大的美军付出艰苦的劳动及缴纳高额的税赋。而与此同时，独裁者们会强迫被征服地区的"旧世界"的人们接受他们所建立的制度——独裁者会建立强大的海军和空军，目的在于控制大西洋以及太平洋。

独裁者将会进一步加强对我们若干国家的经济束缚。他们会寻找吉斯林[4]之流，以颠覆我们各共和国的政府。纳粹必要时也会在支持他们的第五纵队的帮助下入侵我们。

这一切并非凭空想象。我只是在重复纳粹已经付诸行动的对世界的征服计划。纳粹计划像对待巴尔干半岛的国家一样对待拉丁美洲的国家。他们计划之后征服美国和加拿大。

美国的劳动者将不得不与世界其他地方的奴隶劳工竞争。最低工资加上最长的工作时间？谬也：工资和工作时间将由希特勒来定。人的尊严和力量以及美国人的生活水平将一去不复返。工会将成为历史，工会与雇主间的谈判将成为笑话。

农场收入？没有了国际贸易，农场的利润会怎样？美国农民用自己的产品所换到的将恰恰是希特勒想给予的（希特勒会这样做的）。美国的农民将会面临灾难及彻底的独裁。

关税壁垒——中国式的闭关锁国——将会是徒劳的。自由贸易对我们的经济生活是至关重要的。我们生产的粮食吃不完；我们开采的石油用不完；我们生产的商品消费不完。美国将不会用关税壁垒将纳粹的商品阻挡在国门之外，而纳粹却会用关税壁垒来阻止我们的产品出口。

在这样一种制度下，我们所熟知的整个生活结构——商业和加工制造业，采矿业和农业——所有的一切都将遭受破坏，受到严重的影响。要想维持我们的独立，需要永久性地动用我们的人力资源，这将大幅减少我们用于教育、住房、公共事业、洪水防治以及健康保健的资金。取而代之，我们将永久性地将资源用于军队的建设。我们将年复一年、日日夜夜地警惕对我们的入侵。

是的，甚至是礼拜的权利也将受到威胁。纳粹将只崇拜希特勒而不承认上帝。在这样一个道德标准用背信弃义、行贿受贿以及是否是第五纵队队员来衡量的世界上，什么地方会存在这样的标准去宣讲人类的尊严以及人的灵魂的尊严？我们的后代会不会也茫然地踏着鹅步[5]去追随"新的上帝"？

我们不会接受，也不会允许纳粹所设想的一切降临到我们的头上。如果我们能用勇气和智慧去面对目前的危机，纳粹的一切将不会强加于我们。正是凭借这些勇气和智慧，使我们的国家在所有过去的危机中立于不败之地。

今天，纳粹已经用武力占领了欧洲绝大多数地区。在非洲，他们已经占领了利比亚，并且正在威胁埃及、苏伊士运河以及近东。但纳粹的扩张计划不会到此为止，因为印度洋是进入远东的门户。

纳粹的铁骑将在任何时候占领西班牙和葡萄牙，不仅会威胁到北非和地中海的西海岸，还会威胁到大西洋的要塞达喀尔以及我们新大陆的前哨——亚速尔群岛和佛得角群岛。

是的，只需七个小时，轰炸机和运输机就可以从佛得角群岛飞到巴西。佛得角群岛是进出南大西洋的要冲。

战火即将烧到西半球的边缘。即将烧到我们的家门口。

纳粹部队占领并控制大西洋的任何岛屿都将危及北美及南美的安全，危及美国对这些岛屿的所有权，进而最终危及美国本土的安全。

要不是有下列两个因素，希特勒征服世界的计划即将得逞。一个因素是英国的英勇抵抗，包括英国的殖民地、英联邦的自治领土。这些抵抗不仅保护了英国本土，也保住了近东和非洲。另一个因素是中国对法西斯的抗击，我有理由相信中国抗击法西斯的力量将不断强大。上述两个因素结合起来，阻止了轴心国对海洋的控制。

轴心国将永远无法实现控制世界的目标，除非它们先控制了海洋。这是它们今天的终极目的。为了实现这个目的，轴心国必须占领英国。

然后轴心国将腾出手来征服西半球。任何欺骗性的理由、任何煽情以及任何虚假承诺，都无法让美国人民相信希特勒及其他轴心国在征服英国之后不会无情地进攻我们的西半球。

但是如果轴心国无法控制海洋，它们将注定失败。它们统治世界的梦想也必将落空。发起这场战争的战争罪犯的头领们也必将面临最终的审判。

他们和他们的人民懂得这一点，他们及他们的人民也害怕这一点。这也正是为什么他们会不惜一切、孤注一掷地要夺取对海洋的控制权。一旦被拖入旷日持久的地面战争，纳粹的铁蹄将无法践踏欧洲大陆成千上万无辜的受压迫的人们。最后整个纳粹组织将会瓦解。请记住，纳粹在陆地上战线拉得越长，他们将面临的危险就越大。

我们不应忘记那些受压制的沉默的民族。那些没有被纳粹杀掉并逃到自由国度的德国的主人们，他们便是那些沉默的民族，他们的后代也将是奴隶。但是这些民族在精神上并未被征服：奥地利人、捷克人、波兰人、挪威人、荷兰人、比利时人、法国人、希腊人、南斯拉夫人——是的，甚至是那些被奴役的意大利人和德国人，都是强大的力量，将最终使纳粹统治崩溃瓦解。

自由意味着生存，并不意味着要征服其他民族。所有的自由都将取决于海洋的自由。整个美国历史——无论是北方、中部还是南方的历史——都必然和这一话题联系在一起：海洋的自由。

1799 年，也就是 142 年前，我们年轻的海军保护西印度群岛、加勒比海以及墨西哥湾，使之成为美国船只航行的安全海域，在 1804 年和 1805 年，我们的海军保护所有的商船免受巴巴里[6]海盗的劫掠；自 1812 年战争以来，每次战争都是为了捍卫水手的权利；自 1867 年以来，我们海军的强大，足以使墨西哥人将拿破仑[7]的法国军队驱逐出国门成为可能。我们一直在努力捍卫海洋的自由——我们海上运输的自由，我们姊妹共和国之间贸易的自由，捍卫所有的国家利用海上高速公路贸易的自由——也为了我们自身的安全。第一次世界大战期间，我们能够利用小型驱逐舰、炮艇和驱逐舰为商船护航，这种模式对付潜艇也非常有效。在这次战争中，问题要严峻得多，不同的是纳粹的攻击对海洋自由贸易的威胁是以往的四倍。第一，潜艇的威胁增大了。第二，他们大量使用了装备精良的驱逐舰和战列舰。第三，是来自轰炸机的威胁。这些轰炸机能够摧毁距基地 700～800 英里之外的商船。第四，轰炸机能摧毁停泊在世界各地港口的商船。

大西洋上的战火已经从冰封水域的北极地区蔓延到冰天雪地的南极洲。在这广阔的区域内，被纳粹的舰艇和潜艇击沉的商船数量惊人。甚至有相当数量的挂中立国旗帜的商船被击沉，这些区域包括南大西洋、西非沿海和佛得角群岛、亚速尔群岛、美洲海岸以及格陵兰岛和冰岛。击沉商船事件，有相当数量发生在西半球水域。

一个不争的事实是：我披露这些因为我十分了解英国政府。纳粹击沉商船的速度是英国造船厂弥补这些损失船只的速度的三倍，是如今英美两国商船建造速度的两倍还要多。

我们可以同时采用两种措施来应对这种危害。首先，加快造船速度并改变我们的造船计划。其次，减少海洋上商船的损失。

对沿海商船的攻击实际上对美国本土构成了军事威胁，而美国本土是我们决心要捍卫的。具备强大攻击力的纳粹战舰出现在西半球水域也使这种危险更加凸显。

众所周知，给英国的绝大多数供给都走北方线路，靠近格陵兰岛和冰岛。德国攻击的重点也在这条线路。纳粹占领格陵兰岛或在冰岛拥有基地，将把战火烧到我们的海岸，因为这些地方是到纽芬兰和新斯科舍[8]的跳板。是的，也是到达美国的跳板，包括我们的工业中心以及美国北部、西部和中西部。

同样，如果德国占领并控制亚速尔群岛和佛得角群岛，便将直接威胁大西洋航行的自由以及美国本土的安全。这些岛屿一旦落入德国人手中，将会成为潜艇、军舰以及战机的基地。这些潜艇、军舰及战机将会直接袭击我们沿海的水域，并攻击南大西洋上的运输船只。这些基地将为德军攻击巴西提供跳板，威胁巴西的领土完整与独立，也将威胁到巴西的邻国。

我已经多次谈到美国正在调动人力、物力，其目的是为了自身的防御，击退敌人的进攻。在这里我重申我说过的话。说到"进攻"，我们一定要面对现实，把它与现代战争的闪电速度联系在一起。

有些人可能会认为直到炸弹落在了纽约、旧金山、新奥尔良或芝加哥街头时，我们才算是受到攻击。我们必须从被纳粹占领的每一个国家的命运中吸取教训，一定不能对这些教训视而不见。

对捷克斯洛伐克的攻击始于对奥地利的征服；对挪威的攻击始于对丹麦的占领；对希腊的攻击始于对阿尔巴尼亚和保加利亚的占领；对苏伊士运河的攻击始于入侵巴尔干和北非。因此，对美国的攻击可能会始于对这些基地的控制，这将威胁到美国的安全，无论是北方还是南方。

没有人能够在今天晚上预言，独裁者对西半球和我国本身发起的侵略会在何时发动。但是我们清晰地认识到，等候敌人将战火烧到我们的家门口无异于坐以待毙。

当敌人的坦克和轰炸机出现在你的家门口，直到你看清敌人的面孔时还不采取任何行动，你将永远也弄不清楚是什么在攻击你。我们明天的邦克山[9]可能是距波士顿和马萨诸塞州数千英里之外的地方。任何对美国的版图有所了解的人，任何对现代战争突然爆发的惊人破坏力略知一二的人，都应该知道，让潜在的敌人获得立足点再来攻击我们是多么愚蠢。常识要求我们，要运用战略，首先阻止敌人获得这样的立足点。

因此，我们已经扩大了在北大西洋及南大西洋水域的巡逻。派往该地区巡逻的船只和飞机在不断增加。众所周知，大西洋舰队的军力在过去的一年中大大增强，并且还在不断增强。

这些战舰和战机向来犯的敌人发出了警告，无论是海面上的、水下的还是空中的。如果敌人所处的方位我们一清二楚，来自敌人袭击的威胁就会大大降低。这样我们可以得到预警。我们会警惕，以防止纳粹在靠近我们的地方建立军事基地。

残酷的战争现实迫使所有的国家为了自我防御做出抉择。有人会说："我坚信要捍卫所有的西半球国家，"过后可能又会说："直到敌人在我们的海滩登陆，我才会为保卫祖国而战。"这样说是没道理的。如果我们支持所有美洲国家的独立与领土完整，我们应主动为之而战，去捍卫它们，就如同捍卫我们自己的家园。

我们必须认识到，我们自己在美国的家园的安全——哪怕是处于美国的中心——也与加拿大的新斯科舍、特里尼达以及巴西的安全紧密相连。

因此，今日的美国国策如下：

首先，我们将积极地调动一切力量来抵制纳粹征服、威胁西半球的一切企图。我们将积极抵御纳粹控制海洋的一切企图。我们坚持阻止希特勒在世界的任何地方建立针对美国的军事基地。这一点十分重要。

其次，在海军以及其他军事领域，我们将给予英国以一切可能的援助，也将给予那些武装抗击希特勒及其轴心国的国家一切可能的援助。我们的巡逻将有助于确保这些军需物资运抵英国。我们将会采取一切其他措施来提供这些物资，我们还将采取进一步的措施及一些综合性措施。军事技术专家将和我一道拿出这些措施，并在必要时付诸实施。

我想说，给英国军需物资是绝对必要的。我想说的是：这一点我们能做到，必须做到，也将会做到。

对其他美洲国家——20 个加盟共和国以及加拿大[10]，我想说的是：美国不仅仅是提出这样一些打算，而且正积极地将这些想法付诸实施。

我还要做进一步的补充：你们完全可以对那一小撮美国人的所作所为置之不理。他们一直在争论不休，说什么美国尚未统一意见，无法采取行动。

我们当中不乏胆怯之人。这些人认为我们应不惜一切代价保持和平，以免永远失去自由。对这些人我要说：在历史的长河中没有任何一个国度在用斗争成功地捍卫了民主后，反而失去了民主。我们不能因为威胁而不战自败，而我们正在为抵御这些威胁做准备。我们的自由表明我们已经具备打赢这场战争的能力，而投降只能使自由不复存在。我们唯一恐惧的事情是恐惧本身。

的确，我们当中存在那么一小部分真诚的爱国人士，他们对和平的热爱使他们对国际上丑恶的强盗行径视而不见，他们没有意识到不惜一切代价抗击纳粹的必要性。我确信他们是因为正在接受敌人的支持而感到为难。这些民主的敌人包括：同盟分子[11]、法西斯主义者以及那些醉心于种族及宗教偏执排斥行为的团体。这些民主的敌人提出的这些论据绝非巧合——他们的一切企图是扰乱我们的意识并瓦解我们的人民，最终摧毁公众对政府的信心。所有的失败主义者的预言：英国和民主制度将被打败，所有自私者的允诺：我们能够和希特勒进行贸易，所有这一切说法都来自纳粹宣传机构。相同的说法也曾出现在其他国家——目的是恐吓他们，瓦解他们，并削弱他们抵抗的意志。无论在哪里，这样的说法都是军事进攻的序曲。

你们的政府有权希望公民参与到共同防御的事务中来——也有权在这一刻退缩。

我已经筹建了全民抗战的机制。这种机制将在每一寸国土上迅速建立起来，这将取决于全体公民的齐心协力。所有的公民都将有机会、有责任履行自己的义务。

今天的国防远非单纯的战斗那么简单，它意味着正规军、士气还有全民抗战；它意味着利用一切可以利用的资源；它意味着扩建每一个能为抗战所用的工厂；它意味着美国人应该用常识对一切谣言和歪曲的说法置之不理。它意味着，我们应认识到那些谎话连篇的纳粹分子以及第五纵队分子要把战火在这一刻烧到我们的国土。

众所周知，近些年来我们已经取得了长足的进步。我们想保持并加快这种进步。然而，就像今天这样，当我们的国家面临外敌入侵的威胁，国防物资的生产和运输就不应当被这样的争论所打断：投入多少资金及如何使用资金和劳动力。我们的企业的未来，包括资金和劳动力都已经处于危险中了。

如今已没有时间利用资本创造剩余价值，也不容许我们这样做。全国所有的工业企业都必须毫无争议地转入战备物资的生产中来。

调节工业纠纷的全国性机构已经建立起来。这个机构必须马上运转起来，必须马不停蹄地工作。集体性的协商谈判制度将会保留，但美国人期望政府在调节工业纠纷后能提出资金和劳动力方面的公正的建议。

绝大多数美国公民期望政府确保战备物资的生产。为了确保资方和劳方双方的民主权利，政府决心调动一切力量来体现人民的意愿，并阻止一切对战备物资生产的干预。这些战备物资对美国的国家安全是至关重要的。

今天，整个世界已经两极分化：其一是奴隶制，它代表的是异教徒的凶残；其二是崇尚人的自由，体现基督教的理想。

我们会选择人类的自由，它体现基督教的理想。我们当中没有人会在勇气或信仰方面有一丝一毫的动摇。

我们不会接受由希特勒主宰的世界。我们也不会接受这样一个世界，20世纪20年代第一次世界大战之后的世界。我们只会接受这样一个世界：人们能够畅所欲言，每个人都自由地用自己的方式崇敬上帝，没有贫困，也没有恐怖主义。

难道这样的世界真的无法实现吗？

《大宪章》《独立宣言》《合众国宪法》《解放宣言》以及人类历史

上每一个里程碑——所有这一切理想似乎都难以企及——然而它们最终都得以实现。

在刚刚独立的时候，我们的军事力量还相当薄弱，但我们却成功地摆脱了专制君主制度。当时他们也是十分强大，但如今已化作历史的尘埃。

当时，我们成功的希望十分渺茫。难道在今天，我们已经具有了一切潜在力量，却还要犹豫是否采取必要的措施来维护美国的民主吗？我们的人民和政府会毫不犹豫地迎接挑战。

作为团结一致、意志坚定的一国国民的总统，我郑重宣布：我们重申我们亘古不变的原则——海洋的自由。

我们重申我们与 20 个加盟共和国以及加拿大患难与共的决心，共同维护西半球的独立与完整。我们保证给予世界上其他民主国家以物资支持，并且一定会履行我们的诺言。

我们美洲人会自己做出判断，美洲的利益及安全是否会受到威胁、何时何地会受到威胁。我们将毫不犹豫地使我们的武装力量处于战备状态。我们将毫不犹豫地用武力驱逐外敌的入侵。我们重申我们不变的信念：坚信基于宪法的共和制国家的生机与活力。这样的国家将自由永存、宽容常在，永远听从上帝的旨意。

因此，我意识到对我的同胞，对国家的事业，我所肩负的责任。今晚我发表声明：全国进入无限期紧急状态，倾举国之力壮大我们的国防力量。

国家期望每一位公民及每一个团体倾尽全力参与其中，履行自己应尽的义务，并坚信民主一定会取得最终的胜利。

在这里，我引用《独立宣言》签署者们的话：为数不多的爱国者，很久以前与强敌交战，力量对比悬殊。但正如今天我们可以确定的：我们是最终的胜利者。我们彼此用生命、财富以及我们的人格发誓，坚决捍卫神圣的上帝。

注释：

[1] 泛美联盟是美洲国家的国际组织，现称"美洲国家组织"。1890 年 4 月 14 日，美国与拉美 17 个国家在华盛顿举行第一次美洲国家会议，决定建立美洲共和国国际联盟，1910 年易名为"泛美联盟"，1948 年改为今名。该组织的机构有大会、常设理事会等，总部设在华盛顿。

[2] 希特勒主义，指希特勒主张的调整全球版图、建立"新世界"等一系列专制恐怖的思想、政策，略同于纳粹主义。罗斯福在"炉边谈话"中除使用纳粹主义、法西斯主义外，也多次使用希特勒主义这一概念。

[3]《租借法案》是美国援助英国及其他反法西斯国家装备和物资的法律，1941 年 3 月由罗斯福签署。该法案准许总统对他认为的"其防务对美国国防至关重要的任何国家""出卖、转让、交换、租借或用其他方式处置"防务用品。

[4] 吉斯林，第二次世界大战期间挪威傀儡政府首脑，1940 年协助纳粹德国侵占挪威，1942 年充当傀儡政府首脑，1945 年以叛国罪被处决，后来，吉斯林成为傀儡和内奸的代名词。

[5] 鹅步，即正步走。源自德国陆军前身普鲁士陆军，后来纳粹德国把这种鹅步发挥到了极致。在西方社会，鹅步往往与纳粹、法西斯、极权联系在一起。

[6] 巴巴里是过去对埃及以西的北非地区的称谓。

［7］指路易·拿破仑即拿破仑三世。在位时曾发动针对墨西哥的掠夺性战争。

［8］这里的纽芬兰、新斯科舍都是加拿大的半岛或岛屿，位于北美洲的东部，是从海上进入北美东部的门户。

［9］邦克山是波士顿北郊的一座小山，美国独立战争的第一次战斗在此进行（1755 年 6 月），英军在战斗中获胜。

［10］当时的泛美联盟包括美国及其他 20 个拉丁美洲国家，加拿大还不是该组织成员。现在的美洲国家组织成员包括美国、加拿大和 35 个拉美国家。

［11］同盟分子指 20 世纪 30 年代由亲纳粹的美籍日耳曼人建立的组织的成员。

18. 谈维护海洋的自由（1941 年 9 月 11 日）

1941 年 9 月 4 日，美国驱逐舰遭到德国潜艇的攻击。就在当天晚上，罗斯福再次来到白宫的壁炉前，用他那坚定的声音向美国民众发表了此次谈话。他愤慨地说："当响尾蛇摆开架势要咬你的时候，你不能等它咬了你才把它踩死。"他指出，德国人"攻击悬挂美国国旗的船只时，也就威胁到了我们最为宝贵的权利"。美国彻底走出了孤立主义，有限地参与到反法西斯战争中来。

合众国海军部向我报告，9 月 4 日上午，合众国驱逐舰"格瑞尔号"驶往冰岛途中抵达格陵兰岛的西南部。它装载的是寄往冰岛的邮品，船上悬挂美国国旗。它作为美国船只不存在识别错误的可能。

"格瑞尔号"在当时当地受到了潜艇的袭击。德国承认那是一艘德国潜艇，这艘潜艇对"格瑞尔号"发射了鱼雷，随后又进行了第二次鱼雷攻击。无论德国的宣传机构如何辩解，也不管国内的阻挠参战者组织是如何看待这次事件的，我要告诉你们这样一个事实，那就是德国潜艇在事先没有发出任何警告的情况下攻击了美国的驱逐舰，并蓄意击沉它。

当时，我们的驱逐舰正处在合众国政府宣布的自卫水域——环大西洋保护美国的前哨水域——之内。

在北大西洋，我们已经在冰岛、格陵兰以及纽芬兰建立了军事基地。悬挂多国旗帜的船只都要驶经这片海域，这些船只装载的是用于百姓生活的用品。它们也装载军需物资。经国会批准，美国在这些军需物资上花费了数十亿美元，这对我们本土的防御是绝对必要的。

在执行合法任务的途中，美国的驱逐舰却受到了攻击。

潜艇发射鱼雷时，如果看清这是驱逐舰，那么这种攻击就是针对美国舰只的一种蓄意行为。如果潜艇当时是在水下航行，借助声呐装置，没有经过身份识别就向美国驱逐舰声音传来的方向发射鱼雷——这也正是事后德国官方公报所辩解的——那么这种行径就是更加不可饶恕的。因为这表明了一种针对海上航行船只不分青红皂白的暴力政策，无论你是交战方还是非交战方。

这是赤裸裸的海上掠夺，无论在法律上还是在道义上。这不是第一次，也不会是最后一次德国针对美国船只犯下海上掠夺的行径，因为这样的攻击一次接着一次。

几个月前，悬挂美国国旗的"罗宾·摩尔号"商船被纳粹潜艇在南大西洋中部击沉。这种行径违背了国际法，违背了人类的基本准则。乘客及船员被迫在距陆地数百英里的海面上搭乘救生艇，这直接违背了国际协议。几乎所有的国家，包括德国在内，都在这份协议上签了字。纳粹政府没有道歉，没有辩解，更没有赔偿。

1941 年 7 月，一艘美国军舰在北美海域被一艘德国潜艇跟踪，并在很长时间内保持攻击状态。潜艇上的潜望镜清晰可见。当时在事发地点数百英里之内没有美国及英国的潜艇，所以这是一艘德国潜艇无疑。

五天前，正在巡逻的美国军舰搭救了"塞萨号"的三名幸存者。当时这艘船悬挂的是泛美联盟加盟共和国巴拿马的国旗。8月17日，这艘船在事先没有得到任何警告的情况下遭到鱼雷袭击，然后是炮击。船上装载的是运往冰岛的民用物资。令人感到恐惧的是，船上的其他成员已溺水身亡。鉴于德国潜艇时常出没于该地区，不难猜出谁是袭击者。

五天前，另一艘美国商船"斯蒂尔·斯法尔号"在苏伊士南面220英里的红海上被德国飞机炸沉。这艘商船是驶往埃及港口的。

四艘被击沉或遭到攻击的船只都悬挂美国国旗，可以清晰识别。有两艘是美国海军船只。在另一起袭击事件中，被击沉的船只非常明显地悬挂着我们的姊妹共和国巴拿马的国旗。

面对这一切，我们每个美国人仍然保持着克制的态度。我们的文明已使我们摆脱了这样的想法，即仅仅因为某一个国家对我们的船只的一次袭击就必须与之开战。今晚我的想法和我所说的一切与任何一次孤立的事件都没有直接关系。

相反，我们美国人正从长远的角度来审视某种基本原则以及一系列发生在陆地上和海洋上的事件。必须从整体上看待这些事件，把这些事件看作世界格局的一部分。

肆意地夸大某一孤立事件，或仅仅因为某一次暴力行为就义愤填膺，与一个大国的身份不相匹配。但对某些事件采取漠视的态度是愚蠢的，也是不可原谅的，特别是有证据表明这样的事件不是孤立的而是一项整体计划的一部分时。

一个重要的事实是，这些肆意践踏国际法的行径清晰地表明这是蓄谋已久的针对美国的阴谋。它是纳粹的阴谋，企图破坏海洋的自由，由他们独自完全控制并主宰海洋。

因为控制了海洋，就为他们进一步用武力控制美国及整个西半球铺平了道路。纳粹控制了海洋，美国以及其他泛美联盟加盟共和国的商船便失去了从事自由贸易的权利，除非屈服于纳粹政权，听凭纳粹的摆布。大西洋——我们自由、友好的海上贸易之路，将可能对美国的商业贸易，对美国海岸，甚至对美国的内陆城市都构成致命的威胁。

希特勒当局无视海洋法，无视所有其他国家公认的权利，擅自宣布大片的海洋甚至包括西半球广阔的海域都属于禁区，任何船只不得以任何目的进入，除非冒着被击沉的风险。实际上，在禁区之内以及禁区之外的广阔海域上，纳粹正任意地、不加任何警告地击沉船只。

纳粹要控制海洋的企图与其正在整个西半球实施的计划目标一致。因为希特勒的先遣人员——不仅是它的特工，还有我们当中希特勒的走狗——都在试图为他在西半球"新世界"准备立足点，建立桥头堡。一旦希特勒控制了海洋，这些立足点和桥头堡马上会投入使用。

我们十分清楚希特勒针对西半球新世界的图谋。他的阴谋一个接着一个。

例如，去年颠覆乌拉圭政府的阴谋被该国政府采取的及时行动所瓦解。乌拉圭的邻国予以了全力支持。类似的阴谋也发生在阿根廷，该国政府经过周密的部署阻止了它。最近又发生一起企图颠覆玻利维亚政府的图谋。在过去的几周里，我们发现在哥伦比亚有秘密的空军基地，飞机起飞后很容易就可飞抵巴拿马运河。这样的例子不胜枚举。

为了达到最终主宰世界的目的，希特勒知道他必须控制海洋。它必须首先摧毁我们在大西洋上的海上运输线。凭借这条运输线，这场战争我们就能够继续打下去，并最终消灭希特勒。要达到控制海洋的目的，纳粹就要首先清除我们在海上以及空中的巡逻，就必须消灭英国海军。

我想我有必要反复对一些人进行解释，他们总是认为美国海军是战无不胜的。而我要说，这种情况的前提是英国海军得以幸存。我的朋友们，这只是简单的算术题。

因为，如果除了美国，整个世界都落入轴心国的统治之下，那么轴心国在欧洲、英国以及远东地区所拥有的造船设施要远远多于并超出美国的造船设施及造船的潜能。不仅仅是超出一点，而是超出两三倍，足够让轴心国赢得这场战争。即使美国在这种情况下动用所有的资源，试图将海军的舰只翻一番甚至翻两番，在控制了世界其他地区之后，轴心国也将拥有人力和资源生产出多于我们几倍的舰只。

该是所有的美国人从浪漫的幻想中醒来的时候了，不要再幻想在纳粹统治的世界里美国人可以继续幸福和平地生活下去了。

一代人又一代美国人为海洋的自由这一政策而斗争。这一政策十分简单，但却是一项基本政策。这项政策意味着任何国家都没有权利将远离地面战争的浩瀚海洋变成其他国家贸易的危险之地。

这始终是我们的政策，美国的历史一次又一次地证明了这一点。

我们从建国之初就运用这一政策，今天仍然在秉承它，不仅用于大西洋，还用于太平洋以及所有的海洋。

1941年纳粹发起了无限制潜艇战，这种侵略行径对美国历史悠久的政策提出了挑战。

很明显，希特勒已经开始行动了，要毫不留情地废除一切国际法准则，要用武力控制海洋。

所有绥靖政策鼓吹者的呢喃耳语，认为希特勒对西半球不感兴趣；任何使人丧失警觉的催眠曲，认为浩瀚的海洋会保护我们远离纳粹的铁蹄，都不会对冷静的、目光长远的、现实的美国人产生任何影响。

由于这些事件，由于德国战舰的活动和所作所为，由于我们有确凿的证据表明，当今的德国政府无视国际公约和国际法，对中立国家或人的生命没有采取恰当的态度，我们美国人今天不是要面对抽象的理论，而是要面对残酷无情的现实。

对"格瑞尔号"的攻击绝不是北大西洋上局部的军事行动。这只是两国交战的小插曲，只不过是纳粹决心建立永久的世界新秩序的一个步骤。这种世界新秩序是基于物力、恐怖和谋杀的。

我确信，纳粹正在注视美国的一举一动，注视我们是否会保持沉默，是否会让纳粹在继续破坏世界原有秩序的路途上一路畅通无阻。

纳粹对我们西半球的威胁已不再只是一种可能。危险已经近在眼前了。我们所面对的威胁不仅仅是军事方面的，还要面对一切法律、自由、道德和宗教的威胁。

现在我们必须正视现实，必须对这些要以武力征服世界，并永久性主宰世界的毫无人性的、肆意妄为的纳粹说："你们试图让我们的子孙后代生活在恐怖主义和奴隶制之下。你们已经威胁到我们的安危。该是你们悬崖勒马的时候了。"

对待那些击沉我们船只并屠杀我们公民的国际强盗，外交的习惯做法——外交照会——是没有任何作用的。

由于没有正视纳粹所带来的威胁，一个又一个向往和平的国家遭遇了灭顶之灾。

合众国绝不会犯这种致命的错误。

无论遇到任何暴力行为以及威胁行为，我们都一定要确保美国本土防御的两个保障。第一是为希特勒的敌人运送战略物资的运输线；第二是在公海上我们船只航行的自由。

无论我们将付出什么，无论代价有多大，我们一定要拥有公海上合法贸易的自由。

我们不想与希特勒刀兵相见。但我们同样不愿意用这样的代价维持和平——听凭希特勒攻击我们的舰船和从事合法贸易的商船。

我认为，纳粹德国的头目们对美国人民或美国政府在今日或其他任何时候针对他们的所作所为所发表的言论不会予以更多的关注。仅仅依靠舆论的谩骂攻击是不会使纳粹垮台的。

当响尾蛇摆开架势要咬你的时候，你不能等它咬了你才把它踩死。你要先发制人。

纳粹的潜艇和水面快艇就是大西洋上的响尾蛇。它们对公海上的自由贸易之路构成了威胁。它们对我们的国家主权构成了挑战。当它们攻击悬挂美国国旗的船只时，也就威胁到了我们最为宝贵的权利。这些悬挂美国国旗的船只是独立、自由和生命的象征。

所有的美国人都应当有清醒的认识，我们现在必须奋起自卫。纳粹对我方水域，对可以用作对我们发动进一步更大规模攻击的水域进行持续不断的攻击，必将削弱我们驱逐他们的能力。

我们不要再做无谓的琐碎分析。我们扪心自问，美国是否应当在遭受第一次攻击时就奋起自卫，还是在第五次、第十次或是第二十次时？

积极的防御应当就在今天。

我们不要再做无谓的琐碎分析。千万不能这样说："除非鱼雷击中了我们，所有的船员都溺水身亡，我们才会奋起自卫。"

该是主动防御敌人的攻击的时候了。

如果潜艇和水面快艇能在遥远的水域向我们发起攻击，那他们同样也会在我们的近海发起攻击。纳粹的潜艇和快艇会出现在任何我们认为对美国的防御至关重要的水域并发起攻击。

在我们认为对美国的防御至关重要的水域，美国的海军和空军不会再听凭轴心国的潜艇从水下、快艇从海面上首先对我们发起致命的攻击。

我们的大批舰只和战机日夜巡逻在浩瀚的大西洋上，是为了履行一项职责：维护我们海洋自由的政策。这意味着担负巡逻任务的美国舰只和飞机会为所有的商船提供保护——不仅是美国商船，也包括悬挂任何国家旗帜的商船，只要它们处在我方保护的水域中从事自由贸易。美国的海军、空军会保护它们免受潜艇以及水面快艇的攻击。

这种情况历史上早已有过。美国第二任总统约翰·亚当斯当时就下令美国海军清除大批出没于加勒比海和南美海域的欧洲武装民船和军用舰只，因为这些武装民船和军用舰只破坏了美国的贸易。

第三届美国总统托马斯·杰弗逊曾下令美国海军阻止北非的海盗对美国及其他国家船只的攻击。

作为合众国总统，这是历史赋予我的职责。我的责任清楚明了，不容推卸。

当我们要为保卫海洋而战时，这种战争行为的责任不在我方，因为海洋对美国自身安全至关重要。我们的行为不是侵略，我们只是防御。

但是，首先我们提出严正警告：从现在起，如果德国和意大利的舰只进入我方海域，而对该海域的保护对美国的防御又是绝对必要的，那么他们要对此承担一切后果。

作为合众国武装力量总司令，我下达命令马上实施这项政策。

德国方面应对此负一切责任。除非德国一意孤行，置我方警告于不顾。我们不会开第一枪。

显而易见，应对危机是总统的职责。毋庸置疑，我们必须捍卫主权国家的主权。巩固我们的防御，这是唯一可行的措施。我们发誓要维护西半球的和平。

我非常清楚实施这一措施的危险性。采取这样的措施并非出于一时心血来潮。几个月来我一直在沉思，在焦虑，在祈祷。为了保卫我们的国家，我们只能如此。

历史上美国人民也靠勇气和决心面对过严峻的危机。今天，他们依旧不会无所作为。他们了解我们所遭受敌人攻击的现状。他们懂得面对敌人的攻击，勇敢防御的必要性。他们清楚局势要求我们保持清醒的头脑和无畏的决心。

一个自由的民族有了这样的精神力量，意识到了自己的责任，意识到自己所应扮演的角色，那么他们将得到上帝的帮助和指示，一定会坚决地抵抗眼前发生的对民主、主权和民众自由的攻击。

扫码收听录音

1941 年 9 月 11 日，罗斯福总统炉边谈话（臂上的黑纱是为
缅怀 1941 年 9 月 7 日刚去世的母亲莎拉·罗斯福）

19. 关于对日宣战（1941 年 12 月 9 日）

　　这篇谈话发表在"珍珠港事件"发生后两天的那个宁静的晚上。美国已经正式对日宣战，这标志着它已经完全加入到世界反法西斯战争的行列中来。罗斯福说政府信任人民，会尽快公布各种事实，但同时希望人民核实消息、不听信谣言。接着谈了"不远的过去和未来"，侧重谈大后方的生产以及人民应该做出的牺牲。最后谈到了已经吸取的教训，"强盗逻辑统治下的世界，任何个人、任何国家都没有安全可言"，而美国的参战不是征服和破坏，而是为了重建一个新世界。

　　日本在太平洋上的突然袭击[1]是十年来国际上发生的最不道德的行径。

　　力量强大和狡诈善变的匪徒狼狈为奸，对整个人类发动了战争。他们的挑战已经摆在美利坚合众国面前。日本人背信弃义，破坏了我们两国之间长期的和平。许多美国士兵死于非命，美国的舰船被击沉，美国的飞机被摧毁。

　　合众国国会及美国人民接受这种挑战。

与其他热爱自由的民族一道，我们正为了维护我们的权利而战。为了使美国与其他一切热爱自由的民族生活得有自由、有尊严，我们无所畏惧。

我已经准备好了我们以往对日关系的全部记录，准备递交国会。它始于88年前美国海军准将佩里[2]对日本的造访，止于上个星期日日本特使造访美国国务卿[3]，这两名使节拜会前一个小时，日军对我们的国旗、我们的军队和我们的公民进行了狂轰滥炸。

我可以充满信心地说，不论今天还是1 000年后，我们美国人一直致力于太平洋地区的和平，我们有足够的耐心，也愿意为之付出努力。太平洋地区的和平对任何一个国家来说，无论国家大小，都是公正而荣耀的。不论今天还是1 000年后，对日本军国主义公然的背信弃义，任何一个诚实的人都会抑制不住地表示愤慨和痛恨。

过去的十年中，日本在亚洲所遵循的方针与希特勒和墨索里尼在欧洲和非洲所遵循的方针如出一辙。今天，日本的所作所为甚至有过之而无不及。轴心国紧密勾结在一起，在它们的战略计划中，全球所有的大陆和海洋都被视作一个巨大的战场。

1931年，10年前，日本入侵中国东北——未加警告。

1935年，意大利入侵埃塞俄比亚——未加警告。

1938年，希特勒占领奥地利——未加警告。

1939年，希特勒入侵捷克斯洛伐克——未加警告。

1939年，希特勒入侵波兰——未加警告。

1940年，希特勒突然入侵挪威、丹麦、冰岛、比利时和卢森堡——未加警告。

1940 年，意大利先后进攻法国和希腊——未加警告。

1941 年，轴心国进攻南斯拉夫和希腊，并控制了巴尔干——未加警告。

还是 1941 年，希特勒进攻苏联——未加警告。

今天，日本进攻马来西亚、泰国——还有我国——未加警告。

轴心国采用的都是一种模式。

如今我们已身处战火之中。国家兴亡，匹夫有责。

我们必须共同分担一切有关战争走势的情况：无论好消息还是坏消息，无论失败抑或胜利。

迄今为止，一切都是坏消息。在夏威夷我们遭受重创。菲律宾的美军，包括当地英勇的人民，面对日军大兵压境，处境艰难，但他们却仍在顽强地抵抗。来自关岛、威克岛和中途岛[4]的消息仍不十分明了，但我们必须做好准备，这三个基地随时会沦陷。

毫无疑问，战争开始的最初几天美军的伤亡是巨大的。对那些在军中服役官兵的家庭及他们的亲属，我表示深深的担忧。我只能做出郑重的承诺，他们将很快得到消息。

政府充分相信美国人民的耐力，只要满足两个条件就会尽快向公众公开事实。其一，消息经过官方确认；其二，公开的消息不会给敌人任何直接或间接有价值的东西。

我恳切地要求我的同胞拒绝听信一切谣言。战争期间会大量充斥我方大败的负面消息。这些消息需要核实，需要审视。

例如，我可以坦率地说，在做出进一步调查之前，我没有翔实的信息说明在珍珠港我们损毁船只的确切数字。直到我们弄清楚有多少损失是可以修复的、要用多久才能修复前，没人没能说清损失究竟有多大。

再看另一个例子。周日晚有一则声明，说一艘日本航空母舰被侦察到方位并在巴拿马运河附近的海面被击沉。当你听到这样的消息并被告知消息来自"权威人士"时，从现在起你可以确信的是，战时的"权威人士"绝不是什么权威的人士。

我们听到的很多谣言和报告都源自敌方。例如，今日日本声称珍珠港事件使日本在太平洋上完全占据了主动权。这种宣传伎俩纳粹已经用过无数次了。当然，这种痴人说梦般的说法目的是散布恐惧情绪，在我们当中制造混乱，刺激我们泄露他们迫切想得到的军事情报。

我们的政府不会落入敌人的圈套，合众国人民也同样不会。

我们每个人都得牢记，以往我们自由快捷的沟通和交流在战时要受到严格的限制。不可能全面、迅速并准确地获悉远方的战报，当涉及海军的军事行动时尤其是这样。因为今日高度发达的无线电技术，各作战部队的指挥官们不可能通过无线电报告他们的作战行动。这样的话敌人就会得到情报，也会泄露我军的方位及防御或攻击计划。

不可避免地，官方确认或否认军事行动的报告会出现不及时的情况。但如果我们获得了确切的情况，即使敌人获得这些情况也不会有所帮助，我们是不会对国民掩盖这些情况的。

对所有的报纸和电台，那些所有关乎美国人视听的媒体，我要说的是：你们对国家、对战争持续的时间负有最为重大的责任。

如果你们觉得政府今天没有披露足够的事实真相，那么你们完全有权这样说。但是，没有来自官方渠道的事实依据，从爱国的角度出发，你们没有权利去散布那些未经确认的报告，从而让民众相信那些是事实。

来自各行各业的每一位公民都肩负着同样的责任。每一位士兵的生命，整个国家的命运，都取决于我们每一个人履行自己责任的方式。

现在我想说一说过去发生的事以及我们的未来。法国沦陷已一年半，这时全世界开始认识到这些年来轴心国国家苦心经营的摩托化部队的强大。美国充分运用了这一年半的时间。认识到纳粹可能很快对我们实施攻击，我们大幅度增强的工业生产能力已能满足现代战争的要求。

我们赢得了宝贵的时间，把大批的战略物资提供给所有正在抗击轴心国侵略、正在浴血奋战的国家。我们的政策是基于这样一个基本道理的：任何一个为了保卫自己的国家抗击希特勒和日本侵略的国家，从长远角度看都是在保卫美国。这种政策被实践证明是正确的。它给我们提供了宝贵的时间建起生产线。

某些生产线目前已投入生产。其他一些正在加紧完工。大量的坦克、飞机、战舰、枪支、炮弹以及其他军需品正源源不断生产出来。这就是这18个月的时间为我们提供的。

不过，这些仅仅是我们所要做的第一步。面对如此狡猾、强大的敌人，我们要做好打持久战的准备。像珍珠港这样的袭击完全会在任何一个地方重演——在整个西半球的任何海域或是美国的海岸线。

这不仅是一场持久战，还将是一场异常艰苦的战争。这将是我们制定一切计划的基础，也是衡量我们将来需要什么的标准：资金、原材料，两倍、四倍地增产。生产不能仅局限于供给美国的陆、海、空军，还必须支援整个美洲以及全世界与纳粹作战的陆、海、空军。

今天我一直在探讨关于生产的问题。政府已决定采取以下两项基本政策：

第一项政策是加强现有的生产能力。所有军需品的生产要不断加强，昼夜不停，包括原材料的生产。

第二项政策也正在付诸实施。通过建立新工厂、扩建老工厂，利用小型工厂，加大生产能力以适应战时需要。

在过去的十几个月当中，我们遇到过阻碍和困难，有过分歧和争执，有些人甚至是漠不关心、麻木不仁的。我相信所有这些都已经过去，都将被我们抛诸脑后。

我们已经在华盛顿成立了一个由各行各业的专家组成的机构。我想国家清醒地认识到了把各行各业的专家整合到一起，形成前所未有的团队的好处。

前方的路更加艰辛：要做大量艰苦的工作，日日夜夜，每时每刻。

我还要补充的是，在不远的将来，我们每个人都要做出牺牲。

但是，用"牺牲"这个词并不准确。当国家在为生存和未来美好的生活而战的时候，美国人从不认为为国家所做的一切是牺牲。

任何一位美国公民，能够从军为国而战，这不是牺牲，而是一种荣幸。

任何一家工业企业，任何一位靠薪水度日的公民：农民或是店主，列车员或是医生，缴纳更多的税，购买更多的国债，放弃额外的利润，在适合自己工作的岗位上加班加点地辛勤工作，这不是牺牲，而是一种荣幸。

响应国家的号召为了国家的抗战需要而放弃我们习以为常的某些东西，这也不是牺牲。

今天上午经过反复思考，我得出这样的结论，目前我们不必削减正常的食品消费。我们有足够的粮食供给，同时还有富余粮食供给那些站在我们一边的与敌人作战的人们。

不过，有一点很明确，供民用的金属会很短缺。原因很简单，过去用于民用产品生产的一半以上的主要金属要转为军用，因为战争的需要要加大军需品的生产。是的，我们必须完全放弃某些东西。

我相信美国的每一位公民都在各自的生活中为打赢这场战争做好了准备。我相信随着战争的进行，美国公民会愿意倾其所有为美国的抗战做出贡献。当国家发出号召之时，我相信他们会愿意放弃那些物质上的东西。

英雄的美国人民会保持昂扬的斗志。没有精神的力量，我们将无法获胜。

我重申，美国一定能够取得最后全面的胜利。不仅要洗刷日本人给我们带来的耻辱，还一定要最终彻底铲除世界上一切野蛮行径的根源。

昨天我在致国会的咨文中说："我们一定要确保这种背信弃义的行为永远不再危及我们的安全。"为了确保这一点，我们必须马上着手应对眼前的局面，彻底摒弃这样的幻想：认为美国可以孤立于世界上所有其他的民族而存在。

过去的几年里，尤其是过去的三天，我们吸取了惨痛的教训。

这是我们对死者的责任，这是我们对死者的后代及我们的后代负有的责任，我们永远也不能忘记这些教训。这是我们神圣的职责。

以下是我们吸取的教训：

强盗逻辑统治下的世界，任何个人、任何国家都没有安全可言。

当强大的敌人采取突然袭击的方式发起攻击，任何的防御都不会是坚不可摧的。

我们已经认识到，虽然远隔重洋，西半球并非高枕无忧，也同样会受到纳粹的攻击。我们不能再用地理上的距离来衡量我们的安全程度。

我们应该承认，我们的敌人已经采取了十分高超的欺骗战术——精心地筹划发起攻击的时间和战术。这是一种彻头彻尾的无耻行径，但我们必须要面对这样的现实：现代战争中，纳粹的作战方式本身就是肮脏的。我们不喜欢这样的方式，也不想参与其中，但是我们已经参与其中了，并且我们将倾尽所有与之战斗到底。

我不认为某位美国人会怀疑我们有能力给这些战犯以应有的惩罚。

你们的政府已经得知，几个星期以来，德国一直在告诫日本：日本如不攻击美国，当和平到来之时日本将不能与德国一道分享胜利的果实。德国承诺日本：如果日本参与其中，日本将可以完全并永久性地控制整个太平洋地区：不仅是远东和所有太平洋上的岛屿，还将控制北美、中美和南美的西海岸。

我们还知道，德国和日本正按共同的计划实施军事行动。这项计划把一切与轴心国作对的民族和国家都视作每一个轴心国成员的共同敌人。

这就是他们简单而又野心勃勃的战略思想。这也就是为什么我们也认识到我们也要制定同样的战略。例如，我们必须认识到，在太平洋上日本打败美国就是在帮助德国针对利比亚的军事行动；德国在高加索山区军事上的胜利必然是对日本在东印度的军事行动的援助；进攻阿尔及尔和摩洛哥，就为德国进攻南美和巴拿马运河打开了通道。

另外，我们必须学会去理解，针对德国的游击战争对我们有极大的帮助，比如塞尔维亚和挪威的游击战争；苏联抗击德国对我们是极大的帮助；英国在任何一个地方（陆地或海上）的胜利也是对我们极大的帮助。

让我们牢记，无论正式宣战与否，当德国和意大利与英国和苏联处于战争状态之时，就已经与泛美联盟处于战争状态了。德国也就将所有泛美联盟的加盟共和国纳入敌人的范畴。西半球所有盟国的人们应当以此为荣。

我们所追求的真正目标绝不仅仅停留在丑恶的战场上。当我们诉诸武力的时候，就像现在我们必须要做的这样，我们就已下定决心，武力是针对眼前的和最终的邪恶。我们美国人不是破坏者，我们是建设者。

我们已卷入战争。不是为了征服，也不是为了报复，而是为了重建一个新世界。美国及美国所主张的一切对我们的后代都是安全的。我们期望清除来自日本的威胁。但如果我们做到了这一点，却发现希特勒和墨索里尼主宰了世界的其他地区，我们将依然身处威胁之中。

我们将赢得这场战争，也将拥有随之而来的和平。

在目前以及在日后的艰苦岁月中，我们知道全世界大多数人都站在我们一边。他们当中的许多人正与我们并肩战斗。所有的人都在为我们祈祷。因为我们的事业是共同的——按上帝的旨意实现自由的希望。

注释：

[1] 这里的突然袭击即众所周知的日本偷袭珍珠港。

[2] 这里的"造访"指 1853—1854 年时美国海军准将佩里率舰队抵达日本，迫使日本改变政策而与西方建立贸易和外交关系。佩里为美国海军军官，在美墨战争中曾指挥海军立功。海军准将的军衔已于 1899 年废止，第二次世界大战期间暂时恢复后又被废除。

[3] "日本特使的造访"指 1941 年 12 月 7 日（华盛顿时间，星期日）日本偷袭珍珠港后，下午 2 时 21 分，两名日本使节来到美国国务院，向国务卿赫尔递交了日本与美国断绝外交关系的声明。

[4] 这三个岛屿是夏威夷与美国本土之间的太平洋岛屿，战略地位显著。第二次世界大战期间，美日在中途岛曾发生激烈海战。

1941 年 12 月 11 日，罗斯福总统签署对德宣战书，标志着美国全面介入第二次世界大战。参议员汤姆·康纳利手持怀表记录下精确的宣战时间。

20. 谈战争的进程（1942 年 2 月 23 日）

1940 年 2 月 23 日是美国开国总统华盛顿诞辰 209 年纪念日，罗斯福选在这个日子进行"炉边谈话"，也许意在以当年华盛顿领导独立战争的坚忍不拔来激励民众。这次谈话中，罗斯福使用了道具——地图，详尽地概括、剖析了战争形势，尤其是亚洲太平洋地区的战况。他还呼吁民众抛开流言蜚语，相信政府。接着，他提出了对大后方民众一如既往的要求——保证完成战时的特殊生产任务。篇中这样的句子同样成了格言："在国家危在旦夕之时，我们应该懂得并牢记这样一个道理：国家对我们来说意味着什么，我们应该为国家做些什么。"

美国同胞们：

华盛顿总统的生日是一个非常恰当的时机，让我们可以探讨一下今天以及将来我们要面对的事情。

在长达八年的时间里，乔治·华盛顿和他的大陆军[1]都一直面临着难以克服的困难及无数次的失败。补给和军需匮乏。在某种意义上，每个冬季都有一个熔炉谷。[2] 所有十三个州当中都有"第五纵队"。还有自私者、妒忌者、胆小害怕者。他们都声称华盛顿的事业毫无希望，只有通过妥协谈判实现和平。

打那时起，华盛顿艰苦岁月中的行为就为所有的美国人树立了在精神上坚忍不拔的典范。他坚持自己的方针路线，这在《独立宣言》中有明确的表述。他和与他并肩战斗的勇士们深知，没有自由及国家的独立，个人的生命及财富也就没有了保障。

目前的这场战争越来越让我们认识到，个人的自由和财产的安全要取决于全世界是否都得到了民主和正义。

这场战争是史无前例的。它与以往任何一次战争都有所不同，不仅仅是在作战方式和武器装备方面，还在于战争波及范围之广。这场战争波及每一个大陆、每一个岛屿、每一片海域以及每一条空中航线。

所以我才要你们拿出并摊开一张世界地图，跟随我来看看这场波及全球的战争战线之长。恐怕许多问题今晚找不到答案。但我清楚，你们能够理解我不可能在每一次简短的报告中涵盖一切。

浩瀚的海洋一直被看作保护我们的天然屏障，而实际上它已经变成一个巨大的战场。我们正不断地受到敌人的挑战。

我们必须看清并面对这样一个严酷的现实：我们必须要在全球范围内与敌交战。

我们要在遥远的地方与敌交战，因为我们的敌人在那里。源源不断的补给使我们占有绝对优势，无论何时何地我们都要坚持打击敌人，即使在某一段时间内我们被迫放弃。实际上，敌人每一天都要付出惨重的代价。

为了保护我们的补给线以及与盟军之间的交通线，我们要在遥远的地方与敌交战。敌人正在竭尽全力，争分夺秒地想切断它们。纳粹德国和日本的目标是将美国、英国、中国和苏联分割开来，各个包围并切断补给和增援。这就是轴心国的"分而歼之"的惯用伎俩。

有些人仍在考虑近海防御。他们建议把所有的战舰、飞机和商船都安排在我们自己的水域或领空，集中精力做最后的防御。如果真是遵循这样愚蠢的建议行事，我来告诉你们将会发生什么。

请看你们的地图。请看辽阔的中国，那里有数以百万计的军民正在浴血奋战。请看辽阔的苏联，他们拥有强大的军事力量。请看英伦三岛、澳大利亚、新西兰、印度、近东及非洲大陆，那里蕴藏着丰富的自然资源和原材料，那里的人们决心抗击轴心国的侵略。再来看看北美、中美和南美，也同样如此。

无论是敌人所为还是我们自己所为，如果所有这些蕴含大量人力、物力和财力的地区都被分割将会发生什么是显而易见的。

第一，我们将无法再为中国提供任何的援助。五年来，勇敢的中国人民抗击着日本的侵略，歼灭无数日军并摧毁大量的日本物资。援助中国进行英勇的抗战并最终发起反击是非常必要的，因为中国的抗战是最终战胜日本的重要因素。

第二，如果我们与西南太平洋的通道被切断，该地区所有的地方，包括澳大利亚和新西兰，都将落入日本人手中。以这些地方为基地，日本就能够派遣大量的舰船和飞机对西半球海岸发起大规模的攻击，南美、中美、北美，包括阿拉斯加都将成为目标。同时，日本会立即出兵印度，穿过印度洋到达非洲及近东，并尽力与德国和意大利合兵一处。

第三，如果我们停止在地中海地区、波斯湾和红海地区为英军和苏军运送军火，我们就是在帮助纳粹，让纳粹的祸水在土耳其、叙利亚、伊拉克、伊朗、苏伊士运河泛滥，当然还有整个西非海岸。这样，德国便有了落脚点，能轻易攻击南美，而西非距南美只有区区1 500英里。

第四，如果实施这样愚蠢的政策，我们将不再能保护英国和苏联的北大西洋补给线，这将严重影响并削弱苏联对纳粹的反击，也将使英国失去了食品和军火的补给。

那些心存幻想、认为美国可以孤立生存的人们是想让美国之鹰效仿鸵鸟的做法。很多这样的人担心我们可能会引火烧身，他们想使美国这只雄鹰变成乌龟。但我们还是要做雄鹰，在蓝天上翱翔并对猎物发起猛烈的攻击。

我知道，当我谈到我们拒绝执行缩头乌龟政策时，我是在代表广大美国民众的意愿。我们将继续推行既定的战争政策，在遥远的战场与敌交战——尽量远离美国本土。

我们现在有四条主要的海上运输线：北大西洋、南大西洋、印度洋和南太平洋。这些航线有以下用途：运出部队和军火，运回我们急需的原材料。

维护这些海上生命线是一项艰巨的任务，需要巨大的勇气、大量的物力和财力。最重要的是，生产大量的飞机、坦克和枪支，当然还有运输船只来运送这些军火。我再次代表美国民众做出承诺，我们能够并将完成这个任务。

保住这些世界范围内的运输线要求我们确保沿这些运输线的海域和空中的安全，这反过来又取决于我们能否控制沿这些运输线的战略基地。

取得制空权要求我们同时拥有两类飞机。首先是远程重型轰炸机；其次是轻型轰炸机、俯冲轰炸机、鱼雷飞机和短程驱逐机。所有这些在对基地的保护和对轰炸机自身的保护中都是必不可少的。

远程重型轰炸机从这里起飞可直达西南太平洋，但轻型轰炸机做不到。因此，轻型轰炸机只能用航空母舰运载。再来看一下地图，你将看到航线相当长，许多地方都十分危险：无论是穿过南大西洋一直绕过南非和好望角，或从加利福尼亚一直到中印度地区。任何一条航线往返一次都要将近四个月，一年也只能往返三次。

尽管路途遥远，运输难度大，但在这两个半月时间里，我们生产了大量的轰炸机和驱逐机，如今正在西南太平洋地区与敌人每日交战。成千上万的美军参加了太平洋战争。

在太平洋战场上，最初日军占有明显的优势。因为最初日军的近程飞机可以利用太平洋上的许多岛屿基地直接起飞攻击目标，还包括中国沿海、印度沿海，以及泰国和马来西亚沿海的许多基地。日本可以从中国或日本本土穿过狭窄的中国海向南部运送部队，全程都处于日军飞机的保护之中。

请你们再看一下地图，特别是夏威夷以西的整个太平洋地区。战争开始前，菲律宾群岛已被日军三面包围。西面，中国这一边，日军已经占领了中国沿海和印度沿海。北面，日本本土列岛已几乎延伸到吕宋岛。东部，是托管的岛屿——日军已完全独占这些岛屿并驻有重兵，完全违背了日本的书面承诺。

夏威夷和菲律宾之间的这些岛屿有数百个，在地图上这些岛屿就是一些星罗棋布的小点，但是它们却具有重要的战略地位。关岛位于这些岛屿的正中央，是一个孤零零的海上基地，岛上有日军重兵把守。

根据1921年的《华盛顿条约》[3]，美国郑重承诺不再向菲律宾增兵。在那里我们已经没有安全的海军基地，所以我们不能利用这些岛屿进行大规模的海上军事行动。

战争爆发之后，日军马上进军菲律宾的两翼，占领了菲律宾以南无数岛屿，从东西南北四个方面完全包围了菲律宾。

正是这种完全的包围，让日军陆基空军拥有绝对的制空权，阻止了我们向菲律宾运送援兵和战略物资。40年来这一直是我们的战略：倘若日本对菲律宾群岛发动大规模的进攻，我们不应当立刻发起反击。我们应逐步退至巴丹半岛和科雷吉多尔岛。[4]

我们深知，总体上我们应当同日军展开旷日持久的消耗战并最终取得胜利。我们深知，随着战争进程的发展，凭借我们深厚的国力，我们比日本有更强的生产能力，并最终将在海上、陆地和空中占据压倒性优势。我们深知，为了达到我们的目的，我们要在更多的地区采取各种军事行动，而不应仅仅局限在菲律宾群岛。

过去的两年中所发生的一切使我们更加坚定了我们的基本战略。麦克阿瑟[5]将军指挥的防御战之顽强远超出了我们先前的估计，他和他所率领的勇士们的英名将流芳百世。

麦克阿瑟率领的菲律宾军队、美国军队以及驻扎在中国、缅甸、荷属东印度群岛的联合国军队，都在执行同样重要的战斗任务。他们要让日本为建立"大东亚共荣圈"的狂妄野心付出惨重的代价。每一艘在爪哇岛附近海域被击沉的运输船都削弱了日本对该地区正在同麦克阿瑟交战日军的增援。

有人说日军夺取了菲律宾群岛，是因为日军采取了与偷袭珍珠港一样的突然袭击。我想告诉你们，原因未必如此。

即使日军没有发起突然袭击，当所有的太平洋岛屿都处在日军的掌控之中时，跨越数千英里将舰队派往该地区也是不可能的。

美军在珍珠港事件中的损失被日军肆意夸大了，尽管损失十分惨重。这些夸大之词都源自轴心国的宣传机构。但我很遗憾地说，这些夸大的言辞被美国的民众一遍一遍地重复。

我和你们一样为这样的美国人感到羞耻。自珍珠港事件以来，他们在私下里谈论或非正式地宣称美国的太平洋舰队已不复存在；在12月7日，所有的舰只都被击沉或摧毁；1 000多架飞机还没起飞就被炸毁。这些人含糊其词地暗示民众，政府隐瞒了真实的伤亡数字，说什么有1.1万人或1.2万人在珍珠港事件中遇难，而并非政府所公开的数字。他们甚至充当纳粹的宣传员，到处散布捕风捉影的消息，说一船一船的美国士兵的尸体即将运抵纽约港，集体埋在公墓里。

几乎所有的轴心国的宣传广播——无论是柏林、罗马还是东京——都在引用美国人自己的这类口头的或是通过媒体传播的错误报道。

美国人应该懂得，在很多情况下，军事行动的细节是不能透露的，除非我们确定公开这些细节不会给敌人提供他们还没有掌握的情报。

政府对美国的民众完全有这样的信心：即使听到最坏的消息，也不会畏惧、不会丧失信心。反之，民众应当对政府充满信心，相信政府不会对公众隐瞒真相，除非公开的信息有利于敌人打击我们。在民主的国度里，政府和国民之间应当始终以诚相见。然而，在很多事情的处理上，我们一定要慎之又慎。这一点对那些政府的批评者们来说也是同样的。

这就是战争。美国民众想知道，也将会得知战争发展的总趋势。但他们同我们的前线士兵一样不会愿意去帮助敌人。对于我们当中那些流言蜚语和小道消息的散布者，我们大可以不予理会。

抛开那些流言，让我们来看看事实真相。12月7日珍珠港事件中死亡的美军官兵的人数是2 340人，受伤946人。所有停泊在珍珠港的战船中，包括战列舰、重型巡洋舰、轻型巡洋舰、航空母舰、驱逐舰以及潜艇，只有3艘完全丧失了战斗能力。

太平洋舰队大部分舰只并没有停泊在珍珠港。某些停泊在珍珠港的舰只也只是遭到轻微的破坏。其他一些受损的舰只要么已重返战场，要么正在维修。当这些战舰维修完工之后，它们将拥有更加强大的战斗力。

有报告说我们在珍珠港损失了1 000余架飞机，这像其他的谣言一样是毫无根据的。日本人并不清楚珍珠港事件爆发当天他们究竟摧毁了我们多少架飞机，我也不会告诉他们。但我可以告诉你们，迄今为止我们击毁日机的数量远远超出我们被击毁飞机的数量，这其中包括在珍珠港事件中损失的飞机。

我们当然也遭受了巨大的损失。这些损失不仅来自太平洋上的日本人，还来自大西洋上德国的潜艇。在战争的初期，我们所遭受的损失还会更多。但是，我代表美国向全世界的人们承诺：我们美国虽已被迫做出了让步，但我们定会收复失地。美国以及其他同盟国发誓要彻底消灭日本和德国军国主义。我们的实力在日益壮大。用不了多久，我们将发起反击。我们，而不是他们，将获得最终的胜利。我们，而不是他们，将赢得最终的和平。

欧洲被占领的国家都深知何为纳粹的统治。朝鲜和中国东北的人们也亲身体会到了日本的暴政。所有亚洲的人民都深知，如果想要拥有一个美好的未来，拥有作为人的体面和尊严，这种未来就要取决于盟军的胜利，这样才能挣脱纳粹的统治和奴役。

要想获得真正的、持久的和平，或即使仅仅要保全自己，我们每一位公民要牢固树立这样一个信念：保证完成战时特殊的生产任务。

德国、意大利和日本生产飞机、坦克、舰船和枪支的能力已几乎达到了极限。而同盟国还远没有达到，尤其是美利坚合众国。

我们的首要工作是加大生产力度，日以继夜地生产，以确保美军能拥有海上优势并拥有制空权——不是略占优势，而是要占绝对优势。

今年的1月6日，我确定了所要生产的飞机、坦克、舰船和枪支的确切目标。轴心国说这些目标是异想天开。今晚，也就是两个月后，经过唐纳德·尼尔森和其他负责生产的官员的仔细调查，我可以告诉你们，这些目标即将实现。

在我们国家的每一个角落，专家和工人们都在为了国家而忘我地工作，夜以继日地生产。除极个别情况，劳动者、投资者和农场工人都意识到现在不是谋取超额利润的时候，也不是彼此之间互相竞争的时候。

我们需要建立新工厂，扩充原有的工厂。我们需要工厂转产以适应战争的需要。我们正需要更多的人来运营这些工厂。我们正夜以继日地工作。我们意识到，多生产出一架飞机、一辆坦克、一艘军舰、一支枪或许就能在几个月后改变远方战场的战局，就可能会让美军的官兵少流血、少牺牲。我们深知，如果我们战败，将需要几代人、几个世纪才会让民主的理念重生。除非我们不做更多的努力，除非我们把军火都浪费在互相的摩擦上，否则我们是不会战败的。

对每一位美国人来说，这里有三个崇高目标：

第一，我们应该不分昼夜地生产。如果我们中间产生分歧，我们应搁置分歧，坚持生产，直到我们打赢这场战争。这些分歧可以通过调解或仲裁来解决。

第二，我们不应为某个团体或某个职业谋求利润、特权或利益。

第三，如果国家向我们发出呼吁，我们应当放弃某些便利并调整我们的生活习惯。我们应当欣然为之。我们不能忘记我们共同的敌人正蓄意破坏我们的家园和我们的自由。

这一代美国人已经认识到，有些东西比个人的生命和某些团体的生存更重要。个人有时候必须做出牺牲并乐于做出牺牲，不仅仅是个人的享乐、私人的财物、与挚爱亲人的交往，甚至还包括个人的生命。在危及时刻，在国家危在旦夕之时，我们应该懂得并牢记这样一个道理：国家对我们来说意味着什么，我们应为国家做些什么。

轴心国的宣传机构曾费尽心机想瓦解我们的意志和士气。由于收效甚微，他们正想方设法消除我们对盟国的信心。他们宣称英国已经战败，苏联和中国也即将投降。有爱国心、有头脑的美国人是不会相信这些荒唐之言的。不要去听信纳粹的宣传，它们将会让我们回忆起纳粹德国和日本曾经说过，现在仍然在说的一些话。

自从美国为一切为民主而战的国家提供军火，自从美国颁布了《租借法案》，所有轴心国的宣传就有了一个永恒的主题。

这个主题便是：美国很富有，是个经济强国，但是美国人很软弱也很颓废，他们是不会也不愿意联合起来并肩工作和战斗的。

从柏林、罗马到东京，我们美国人一直被描述成一个意志薄弱的民族——一群"花花公子"，这个国家只会雇用英国士兵、苏联士兵和中国士兵为其冲锋陷阵。

现在让他们重复这样的说法！

让他们把这样的话告诉麦克阿瑟将军和他率领的勇士们。

让他们把这种说法重复给那些正在遥远的太平洋上与敌人浴血奋战的美军官兵们。

让他们把这种说法告诉那些正驾驶"空中堡垒"执行任务的空军战士们。

让他们把这样的话告诉我们的海军陆战队队员们。

联盟国家之间的关系十分友好。这些国家各自独立，彼此尊重，彼此平等。同盟国致力于共同的事业。他们共同分享并承担一切：共同的热情、悲痛和战争带来的巨大创伤。在这场我们已结为盟友的战争中，我们必须按统一的计划行动，并扮演不同的角色。同盟国的每一个国家都是平等的、不可或缺的，并且是互相依赖的。

我们有统一的指挥，我们团结协作，同仇敌忾。

我们美国人将拧成一股绳，愿意付出牺牲，愿意做出努力。这意味着举国上下空前的团结：不分种族、宗教和政治观点。美国人希望看到这一天。美国人将用自己的方式和途径向敌人表明我们决心，其中包括日军海军大将[6]——此人曾狂妄地说，他将在白宫以战胜国代表的身份，以强硬的姿态单独裁决和平条件。

我们与盟国就我们共同追求的和平达成了广泛的共识。《大西洋宪章》[7]不仅适用于环大西洋地区的国家，也适用于整个世界。解除侵略者的武装，民族自决，还有四项自由：言论自由、信仰自由、不虞匮乏的自由和免于恐惧的自由。

英国人民和苏联人民已亲身感受到了纳粹攻击之凶猛。伦敦和莫斯科的命运几度危在旦夕。但毋庸置疑的是，英国和苏联都永远不会妥协投降。今天，在伟大的苏联红军庆祝其建军 24 周年之际，所有同盟国国家都向他们表示敬意。

尽管国土沦陷，荷兰人民仍然在海外不屈不挠地战斗。

伟大的中国人民遭受了巨大的损失。重庆几乎被夷为平地，但作为不可战胜的中国人民的首都，重庆依然屹立在战火中。

在这场战争中，所有的同盟国国家都始终秉持着这种不屈不挠的精神。

目前美国所面临的任务最大限度地考验着我们，从未像现在这样要求我们付出如此巨大的努力，从未像现在这样要求我们在这样短的时间内完成如此多的任务。

"考验人们意志的时刻到了。"托马斯·潘恩[8]在营火旁将这句话写在鼓面上。这就是当时华盛顿率领的衣衫褴褛但意志坚定的一支小部队穿越新泽西时的写照：寡不敌众，屡败屡战。

华盛顿将军将托马斯·潘恩写的这句豪言壮语读给大陆军的每一位官兵。这些话语给了美国第一支军队以坚定的信念和勇气。

在这样的危急时刻，只能打胜仗的士兵和只能共欢乐的爱国者，都有可能因为目前的逆境而畏缩不前。能坚持到最后的人将得到人民的感激和爱戴。暴政就如同地狱，是不会轻易就被推翻的。然而，我们都应这样抚慰自己："做出的牺牲越大，赢得的胜利就越辉煌。"

美国人民在 1776 年如是说。

今日的美国人民仍如是说。

注释：

[1] 大陆军是美国独立前美洲殖民地反抗英国殖民统治的军事力量，由第二次大陆会议决定组建，华盛顿被任命为总司令。

[2] 熔炉谷，也译福吉谷、瓦利福奇等，在宾夕法尼亚州境内。1777—1778 年，大陆军以此作为冬季营地。当时的大陆军缺衣少食，处境极为艰难。

[3]《华盛顿条约》即前文提到的《九国公约》等文件。

[4] 巴丹半岛位于菲律宾吕宋岛西部，是第二次世界大战战场之一。科雷吉多尔岛位于菲律宾西北部（马尼拉河入口处），1942 年 5 月日军曾在此击败美军。

〔5〕麦克阿瑟，美国五星上将。1936 年起任驻菲律宾美军总司令，次年退役。1941 年恢复军籍，任远东军总司令、西南太平洋盟军总司令，参与指挥了远东对日地面作战。

〔6〕指日本联合舰队司令官山本五十六。他参与了 1941—1943 年日本海军太平洋作战计划的制定，指挥了偷袭珍珠港。

〔7〕《大西洋宪章》是罗斯福和英国首相丘吉尔于 1941 年 8 月 14 日在大西洋纽芬兰海面"威尔士王子号"巡洋舰上会谈后签署的文件，声明两国不追求领土或其他方面的扩张、尊重民族自决、赞同摧毁纳粹暴政并解除其武装等。该宣言促进了反法西斯联盟的形成。

〔8〕托马斯·潘恩，美国政论家和启蒙学者，独立战争时任大陆会议外交事务委员会秘书，1776 年发表小册子《常识》，号召殖民地反抗英国统治。

21. 论我国的经济政策 （1942 年 4 月 28 日）

这次谈话仍然与战事有关，谈的是战时的经济政策。美国正式参战以后，被卷入战争的不仅有前线的战士，还包括后方的人们；不仅有军事机构，势必也包括其他部门。为了尽可能早地赢得战争的胜利，后方的经济社会必须成为战争机器，后方的人们必须为战争牺牲一些个人利益。罗斯福在谈话中涉及的战时经济政策的七大原则就是在这种背景下提出来的。为了得到大众的理解和支持，罗斯福先谈了前方战况，阐明了政策的必要性；接着通过与被占领国人民的生活的对比，阐明美国人民的付出算不上巨大的牺牲；最后，不厌其烦地列举前线将士的英勇牺牲精神，以此来激励民众。谈话中既有强硬的警告，又有和缓的劝说；既晓之以理，又动之以情。

我的美国同胞们：

珍珠港事件已过去近五个月了。珍珠港事件爆发之前的两年里，我们一直在调整经济政策，军火的生产已达到相当高的水平。不过，我们为战争所做的努力并未影响到绝大多数人的正常生活。

自珍珠港事件爆发以来，我们已经向数千英里之外的军事基地和前线派遣了强大的海空军，以及数千名美军士兵。我们已增加了军需品的生产，这最大限度地考验我们的工业生产能力、工程方面专家的创造能力以及我们的经济结构。对这次战争我们不存在任何幻想，做好了长期、艰苦作战的准备。

美国海军正在北大西洋、南大西洋、北冰洋、地中海、印度洋、北太平洋和南太平洋地区与敌交战。美军现已驻扎在南美、格陵兰岛、冰岛、不列颠群岛、近东、中东、远东、澳大利亚大陆以及许多太平洋上的岛屿。美军的战机正在所有的大陆及海洋上空与敌机交战。

欧洲战场上，过去的一年中最重要的进展毫无疑问是伟大的苏联红军对纳粹德国发起的摧枯拉朽的反击。苏联红军已经摧毁并正在消灭更多的纳粹有生力量，其消灭的军队，击毁的飞机、坦克，收缴的枪支，比其他国家加在一起的总和还要多。

地中海地区的情况没有太大的变化，但这一地区的局势正得到越来越多的关注。

最近我们得到消息，法国政府发生了更迭。过去，我们一直称之为法兰西共和国——一个对热爱自由的人们来说十分亲切的名字。我们希望这个名字以及相应的政府机构将很快恢复，拥有主权国家的尊严。

在纳粹对法国的统治期间，我们一直希望保住法国政府，努力恢复法国的独立，重建"自由，平等，博爱"之原则，并恢复法国的历史与文化。从战争初始这就是我们一贯的政策。然而，我们现在非常担忧，担心那些新近执政法国的当权者们[1]试图迫使勇敢的法国人民屈服于纳粹的专制统治。

同盟国将采取必要的措施，阻止轴心国利用法国在全世界任何一个地方的领土从事军事活动。法国人民一定会理解盟军这样的行动。对同盟国来说，阻止一切对德国、意大利和日本的陆海空部队的军事援助是极其重要的。

绝大多数法国人们都懂得，盟军从根本上说也是为他们而战，盟军的胜利就意味着法国恢复自由和独立，也就意味着将法国从外敌及内部卖国贼的奴役枷锁中拯救出来。

我们理解法国人民的真实感受。我们懂得要有决心阻止轴心国的每一步计划：从占领法国，到建立维希政府[2]，一直到控制法国殖民地。

我们的飞机正在保卫法国的殖民地，不久美军的空中堡垒将为解放被战争阴霾笼罩下的欧洲而战。

在所有被占领的国家中，所有的人，甚至是儿童都没有停止过战斗，没有停止过抵抗，没有停止过向纳粹证明，纳粹所谓的"新秩序"将永远无法强加到自由人民的头上。

德国和意大利本国的民众越来越坚信纳粹和法西斯是没有希望的，他们的领导人将他们领上了一条痛苦之路：不是征服全世界，而是彻底的失败。他们的领导者今日狂乱的言辞与一年前或两年前狂妄的吹嘘形成鲜明的对比，让人不敢相信自己的耳朵。

在远东地区，盟军节节败退的阶段已经过去。

由于敌我力量对比悬殊，菲律宾群岛的大部分地区落入敌人的手中。全体美国人民都不会忘记那些长期坚持战斗在巴丹半岛的菲律宾和美国的官兵们；不会忘记那些坚守科雷吉多尔岛，让军旗始终高高飘扬的勇士们；不会忘记那些仍在棉兰老岛以及其他岛屿上痛击敌军的将士们。

马来半岛和新加坡已经沦陷；荷属东印度群岛已被完全占领，尽管还有零星的抵抗。许多其他岛屿已被日军占领。但是我们有理由相信，日军向南部的扩张已受到遏制。澳大利亚、新西兰以及很多其他国家都将成为反击的基地。我们已下定决心，失去的领土将一定会被夺回来。

日本正调集大军向北方的缅甸扩张，直逼印度和中国。在美国空军的支援下，小股英军以及中国军队正进行英勇的抵抗。

今晚从缅甸传来不好的消息。日军可能要封锁滇缅公路。但我想对英勇的中国人民说的是，无论日军推进至何处，我们一定设法将飞机和战略物资送到中国军队手中。

我们不能忘记，中国人民最先抵抗纳粹的侵略并与之浴血奋战。在未来的岁月中，不可战胜的中国人民将在维护东亚和全世界的和平与繁荣中起到应有的作用。

在其疯狂扩张的道路上，日本人每前进一步都要付出惨重的代价：舰只、运输、飞机的损失和人员的伤亡。日本已感受到这些损失所带来的影响。

来自日本的报道说，在东京，有人在军工企业的核心区域扔炸弹。如果真是这样，那么这是日本首次蒙受奇耻大辱。

日本人对珍珠港背信弃义的偷袭是导致我们参战的直接原因，珍珠港事件也让全世界了解到美国人民早就在精神上为在全球范围内参与这场战争做好了准备。我们直接上战场与纳粹战斗。我们认识到，我们为何而战。我们认识到，正如希特勒当初所叫嚣的那样，这场战争已经升级为一场世界大战。

不是每一个人都能亲临前线杀敌。

不是每一个人都有幸工作在军工厂、造船厂、农场、油田或矿山，生产部队急需的武器和原材料。

但有一个前线、一个战场，整个战争期间每一位美国人都可以参与其中，无论是男人、女人还是儿童。这个前线就是美国本土，就在我们的日常生活中，就是我们要从事的日常工作。在美国本土，每一个人都可以各尽所能，为我们前方的将士提供给养，巩固我们的经济结构，保障我们的经济在战时和战后平稳运行。

当然，这就要求放弃追求奢侈品和许多其他生活上的安逸享乐。

每一位爱国的美国人都应该意识到自己的责任。我听到有人说："美国人对别人的事漠不关心——美国人需要被唤醒。"我想让说这种话的人到白宫，到所有的政府部门读一读雪片般飞来的民众来函。在这成千上万封民众的来函中，有一个问题被反复提及："我能为美国赢得这场战争多做些什么？"

建工厂，购买原材料，雇劳动力，提供运输，为陆军、海军和海军陆战队士兵提供设备、食品和住房，去从事战时一切必要的事情。这一切都需要花费巨资，所需资金远远超出了世界历史上任何一个国家在任何一个时期的收入。

本周我们仅仅用于战争的费用就达到每天1亿美元。但是，到今年年底，用于战争的支出将再翻一番。如果要在有限的时间内生产大量急需的战略物资，这笔资金必须马上投入使用。但如此巨大的资金投入使我们的国民经济面临巨大的风险甚至是灾难。

当政府年复一年、日复一日地将大笔的资金投入到军火的生产中时，这些钱实际上是落入了美国民众的钱包和银行账户。同时，原材料和许多产品已经必然不再用于民用，机器设备和工厂正转产军需品。

如果人们抢购紧缺商品的话，这些商品的价格将攀升。这一点你不必是数学或经济学教授也能明白。

昨天我向国会递交了一份包括七点原则的报告。这些原则归结到一起可以称作国民经济政策，其目的是为了实现保持生活费用稳中有降的宏伟目标。

现在我大体上重复一下：

第一，通过高额税收，我们必须将个人以及企业的利润维持在一个合理的较低水平。

第二，限定最高物价和租金。

第三，必须限定工资水平。

第四，必须稳定农产品的价格。

第五，加大发行战争公债。

第六，必须对紧缺日常生活必需品实行配给制。

第七，不鼓励分期付款消费，鼓励还清债务和抵押借款。

昨日与国会商讨这些总的原则时我所说的话我觉得没有必要再次重复。

整个计划要想达到预期的效果，上述的每一点都要相对独立。这一点十分重要。

某些人会采取这样的立场，认为上述的七点每一点都是正确的，但前提是不触及个人的利益。少数人也同意个人利益应顾全大局，做出牺牲，但那总归是别人的事，与自己无关。唯一有效的做法是拿出一项涵盖物价、利润、工资、税收和债务的综合性计划，采取措施同时消除所有造成生活费用上涨的因素。

每一个美国人都将会受到这项计划的影响。某些人可能会感受到其中一两种限制性措施的直接影响，但所有的人都会感受到这些措施的间接影响。

你是一名商人吗？你拥有某家公司的股票吗？那么，由于高额的税收，你的利润和收益会被削减到一个合理的低水平。你将必须缴纳高额的所得税。的确，在战争阶段，每一美元都要用在刀刃上。我想任何一位美国公民在纳税之后的年纯收入都不会超过 25 000 美元。

你是一名零售商、批发商、制造商、农场主或房东吗？你出售的商品、出租的房产将被限定最高价格。

你是靠薪水为生吗？那么在战争期间你将不会领到高薪。

我们所有的人都曾花钱买过实际上并不是绝对需要的东西。我们所有的人都将必须放弃购买这类东西。因为我们必须把能节省下来的每一分钱都用来购买公债和债券，因为在战争期间要对稀缺的商品实行配给制，因为停止购买奢侈品能解放出大批的劳动力。这些劳动力正是战争所需要的。

正如我昨天在国会谈话中所提到的，用"牺牲"来概括自我约束、自我牺牲计划事实上并不是一个恰当的词汇。当战争结束之际，我们将重新回到原来生活的轨迹，我们将不必再做出"牺牲"。

文明的代价是辛勤的劳作，是悲伤，是鲜血。这个代价并非过高。如果你对此表示怀疑，去问问那些成千上万的正生活在纳粹专制统治下的人们。

问问那些在纳粹的皮鞭下辛苦劳作的法国、挪威和荷兰的工人们，限制工资算不算付出巨大的牺牲。

问问波兰、丹麦、捷克斯洛伐克和法国的农场主们。他们的牲畜被掠夺，庄稼被洗劫一空而忍饥挨饿，问问他们同等报酬算不算付出巨大的牺牲。

问问欧洲的实业家们，他们的企业被生生夺走，限定利润和个人的收入算不算付出巨大的牺牲。

问问希特勒统治下忍饥挨饿的妇女和儿童，对轮胎、汽油和糖实行配给制算不算付出巨大的牺牲。

我们不必去问他们。他们已经给出了极其痛苦的答案。

这场战争要坚持到底，迎来最终的胜利要靠全体美国民众不屈不挠的意志和决心。

绝不能优柔寡断、畏首畏尾。

绝不能让狭隘的个人利益高于国家的利益。

绝不能任由那些自诩为正直之士的人的毫无事实依据地肆意抨击。

绝不能任由某些自诩为经济方面或军事方面专家的人蛊惑民众。他们既不掌握准确的数字，也没有地理方面的常识。

绝不能任由一小撮以爱国者自居的人，以捍卫神圣的新闻自由为幌子，充当纳粹的传声筒。

最为重要的是，我们不能容许一小撮美国的叛徒卖国贼、基督教的叛逆者影响到我们的安危。他们也想成为独裁者。他们的内心和灵魂已经向纳粹妥协，并希望美国及美国民众也如此。

我将动用我职权范围内的一切权利来实施已经制定的政策。如果有必要动用其他的法律手段以遏制生活费用的飞涨，我一定会这样做。

我了解美国的农场主、工人和实业家们。我知道他们一定会欣然接受上述的一切牺牲。他们懂得，为了这场战争的胜利，在所有的人的生活中非常有必要采取这些至关重要的、强制性的措施。

在我们的记忆中，从来就没有这样一场战争，平民百姓的勇气、忍耐力和忠诚会对战争的胜败产生如此重要的作用。

全世界有成千上万的民众已经或正在遭受敌人的杀戮或摧残。的确，正是烈火中英国民众的坚忍与勇气才使得英国顶住了纳粹的进攻，并阻止了希特勒在 1940 年赢得战争的胜利。伦敦、考文垂以及其他城市的废墟是英国人民大无畏英雄主义的见证。

美国的民主相对要远离这样的灾难。从某种意义上说，是我们的陆军、海军和海军陆战队在遥远的前线浴血奋战才保卫了我们的家园。

我想跟你们讲讲发生在我们部队中的一两则故事。

其中一则故事的主人公是一位叫考莱顿·M. 瓦塞尔的医生。他是位传教士，在中国相当有名。他生活简单，为人谦逊，行将退休颐养天年。但他却参军服役，被授予海军上尉军衔。

瓦塞尔医生在爪哇接受了一项任务，照料在爪哇海域与敌激烈交战受伤的两艘驱逐舰上的伤员们。

但日军要穿越爪哇岛继续进军时，美军决定将尽可能多的伤员转移到澳大利亚。但是有 12 名士兵伤势过重不能转移，瓦塞尔医生深知有可能被日军俘虏，他还是与这些伤员一道留了下来，他决定作最后一搏，将所有的人撤离爪哇岛。他征求所有伤员的意见，是否愿意做一下尝试。所有的人都点头同意。

首先，他要将 12 人转移到 50 英里之外的海岸。为了做到这一点，他必须要为这次充满危险的旅程做好担架。这些伤员历尽艰辛，但瓦塞尔医生用自己的勇气激励着他们，并设法让他们活了下来。

正如官方的报告所阐述的，瓦塞尔医生是一名"牧羊人般的基督教徒，悉心地看护着自己的羊群"。

在海边，他把 12 名伤员弄上一条小船。途中，他们遭到日机的狂轰滥炸和疯狂扫射。瓦塞尔医生驾驶小船，熟练地在许多小港湾中避开日机的轰炸。

几天后，瓦塞尔医生和他的伤员们平安抵达澳大利亚。

今天，瓦塞尔医生身上佩戴着海军十字勋章。

另一则故事说的是一艘军舰而不是一个人。

你们一定不会忘记 1939 年夏天美国海军"弓鳍鱼号"潜艇被击沉的悲剧。一些艇上船员失踪，另一些被水面搜救人员及时营救。该潜艇被从海底打捞出海。

经过维修之后，"弓鳍鱼号"潜艇重返战场并被冠以新的名字——"旗鱼号"。今天，它是在西南太平洋上美军潜艇编队中极具战斗力的一员。

"旗鱼号"潜艇已在该水域巡航数千英里。它击沉一艘日军驱逐舰。它用鱼雷击沉一艘日军巡洋舰。它发射两颗鱼雷击中一艘日军航空母舰。

1939年随"弓鳍鱼号"潜艇沉没的士兵中有三位被营救，他们今天仍在同一艘潜艇——"旗鱼号"——上服役。

"弓鳍鱼号"潜艇一度沉入海底，又重新浮出水面，在危难之际又重新为国家而战。得知这样的消息我备受鼓舞。

还有一则故事是我今晨才听说的。

故事讲的是在西太平洋上执行战斗任务的一架美军空中堡垒轰炸机。飞机的驾驶员是一位谦虚的年轻人，这架轰炸机经历了最为惨烈的一次战斗，他为他的机组成员感到骄傲。

五架轰炸机从基地起飞，目标是攻击日本往菲律宾运兵的运输船，我要说的轰炸机是其中之一。在飞往目的地的中途，这架轰炸机的一个引擎熄火了，飞行员与其他轰炸机也失去了联系。然而，机组成员重新发动了引擎，独自继续前行执行任务。

当它飞临目标上空时，另外四架空中堡垒轰炸机已经投下炸弹飞走了。它们的攻击就像是捅了日本零式战机的马蜂窝，18架零式战机升空围堵攻击这架空中堡垒。尽管遭到猛烈的攻击，这架轰炸机仍继续完成自己的使命，向港口中排成一排的6艘日军运兵船投下炸弹。

在返航途中，一场追逐战在这架轰炸机和18架日本战机之间展开，一直持续了75英里。4架日本战机在这架轰炸机两侧同时发起攻击。共有4架日本战机被轰炸机侧翼的机关枪击落。战斗中，轰炸机上的无线电操作员牺牲了，机械师的右臂被打掉，一位炮手受重伤，只剩下一个人用飞机两侧的机关枪还击。尽管一只手受伤，这位炮手仍交替使用两侧的机关枪，击落3架日本零式战机。不久，轰炸机的一个引擎被击落，油箱被击中，无线电被击毁，氧气系统被完全破坏，飞机上所有的11条控制电缆只剩下4条正常工作。飞机的后轮被打掉，两个前轮的轮胎也被打爆。

这架轰炸机与敌机继续战斗，直到剩余的日本飞机打光了弹药返航。在两个引擎被击落，几乎完全失去控制的情况下，这架飞机于傍晚时分返回基地并紧急迫降，成功完成了任务。

飞机驾驶员的名字叫休伊特·T.惠利斯，合众国空军上尉。他来自得克萨斯州的梅纳德，该地人口只有2 375人。他被授予杰出贡献十字勋章。我希望他正在听我讲话。

我给你们讲述的这些故事绝不是个案，它们只是美军中英雄主义和骁勇善战的范例。当我们身在家中思考我们的职责和责任时，让我们认真地想一想那些前线的勇士们为我们树立的榜样。

我们的士兵和水手都是军纪严明的美军军人，但他们也是并且永远是有血有肉的个体——自由的个体。他们是农场主、工人、实业家、专业人士、艺术家还有职员。

他们是美利坚合众国的公民。

这就是他们浴血沙场的原因所在。

我们也是美利坚合众国的公民。

这就是为什么我们必须努力工作并做出牺牲的原因所在。

这样做是为了他们，为了我们，为了胜利。

注释：

[1] 1940 年 6 月 14 日，德军开进巴黎。6 月 16 日，雷诺政府倒台，贝当出任总理。这里的"当权者们"指贝当及其维希政府。

[2] 维希政府指第二次世界大战中维希政府时期的法国政府。贝当出任总理后，分别与德国和意大利签订了"停战协定"，将法国领土肢解为"占领区"和"自由区"。贝当在自由区选定法国中部城市维希为首都，建立了傀儡政府。

罗斯福时期的记者团队

22. 谈通货膨胀和战争进程（1942 年 9 月 7 日）

通货膨胀和战争进程是这次谈话的两个主题，但侧重点显然在前一个——这与上次谈话的重心相同。此前，罗斯福一再强调工农业产品平价制度和民众对战争的贡献，这次谈话谈得更为具体。一是由于通货膨胀将导致购买力下降、工资期望抬升的连锁反应，必将导致战争投入的减少，因此必须坚持平价制度，控制物价，稳定工资。一是通过政策手段乃至立法控制利润、增加税收，不仅针对每一个企业主，也针对每一个美国人。归结到一点：尽可能多地筹措资金，支持战争。一如既往的是，罗斯福讲了前线将士英勇作战的故事，在比较中阐述后方的"父老乡亲"做得还不够。而谈话即将结束时又与之呼应，指出军人不顾安危、民众甘于奉献才能赢得战争的胜利。

我希望所有的美国人都去读一读荣获各种勋章的美军士兵们的事迹。我现在从这些事迹中选出一则，讲述的是美国海军上尉约翰·詹姆斯·鲍尔斯在珊瑚海与日军三天激战中的英雄壮举。

在最初的两天战斗中，鲍尔斯上尉驾驶着俯冲轰炸机，冒着敌军猛烈的防空炮火，摧毁了一艘敌军大型战舰，使另一艘战舰运转失灵，重创一艘补给舰和一艘两万吨级的运输舰，并直接击中一艘航空母舰，使其起火后下沉。

官方的嘉奖令接着叙述了战斗进入到第三天早晨时发生的事。当他所在飞行中队的飞行员离开待命室，准备驾驶飞机投入战斗之时，鲍尔斯上尉对他们说："切记，家乡父老需要我们去保护。如果发起攻击，就一定要把炸弹直接投在（他们的）飞行甲板上。"

他驾驶的飞机穿越敌军层层的防空炮火和拦截机群，从 18 000 英尺高空俯冲直下，袭击目标。他几乎直接冲到了敌军航空母舰的甲板上，直到确信可以一举击中目标才投下炸弹。人们最后一次见到他时，他正从 200 英尺的超低空飞行中缓慢爬升，四周满是弹片、浓烟、火焰和受创军舰的碎片。他驾驶的飞机被自己投掷的炸弹所摧毁。但是他实践了"一定要把炸弹直接投在（他们的）飞行甲板上"的诺言。

海军部长已向我提议，授予来自纽约市的在战斗中失踪的海军上尉约翰·詹姆斯·鲍尔斯荣誉勋章。我在此同意授予他此枚勋章。

你们和我既是"家乡父老"，也是鲍尔斯上尉一次次冒着生命危险所保卫的人。他说过我们依靠他和他的飞行员去保护，他们很好地完成了我们托付的重任。可是他们难道不也应该依靠我们吗？我们这些后方的人应该为赢得这场战争做些什么呢？

答案是我们做得还很不够。

今天，我在向国会呈交的国情咨文中，指出我们正面临国内经济危机的严重威胁。一些人称之为"通货膨胀"，这是一种比较模糊的说法，另一些人则称之为"生活费用上涨"，这种说法倒是比较容易被大多数家庭所理解。

"生活费用"的大致意思是一美元能够买些什么商品。

从1941年1月1日到今年5月这一年半的时间里，生活费用上涨了15%。其实在去年5月我们就开始着手控制生活费用的上涨了。但是我们没有完成这项工作，因为当时国会决定不对很大一部分用于生产食品和衣服的农产品价格进行限制，使它们不在受控的范围之内，而在此之前的几周，我已经向国会提出申请，试图通过法案来稳定所有农产品的价格。

那时，我已告知国会，国民经济由七大要素组成，这些要素必须都加以控制；如果其中的任何一项被豁免在外，生活费用就不可能下降。

并且，我只要求国会对其中至关重要的两大要素立即采取行动，即税收和所有农产品价格保持稳定。

"平价制度"是平抑农产品价格的一个标准，1933年被确立为我们的基本国策。它的基本含义是，农民与城市工人的购买力应相应增加，差距不应拉得太大。他们的购买力水平就如同30年前一样。那时，农民具有相对较强的购买力。因此，农民认为100%的平价制度是公正的，是可以接受的。

但是，去年1月，国会通过了一项法案，规定如果某些农产品价格按照平价制度上涨不超过110%的话，就禁止对这些农产品的价格设定最高限度。而另一些农产品的上限价格还要更高。因此，现在农产品总体平均限价涨幅是116%。

这种对社会中某一特殊群体的优惠政策使所有人的食品消费成本上升——不仅对城市和军工厂的工人以及他们的家人如此，对农民们自己的家庭也是这样。

自从去年5月，除了部分农产品之外，几乎所有的商品、租赁费和服务费都被设立了最高限价。例如，分期付款购物已经得到了有效的控制。

以当前生活费用支出为基点，某些主要行业工人的工资已经得以稳定。

但是，我们大家都十分清楚，如果食品消费成本像现在一样持续上涨，劳动者，特别是低收入群体，就有权要求上调工资，而且我认为上调工资是公正而必要的。

从最近几个月我们试图控制其他价格的经验来看，一个事实再明显不过——不断上涨的生活费用是可以得到有效控制的，但前提是生活费用的各组成要素同时得到控制。我认为这也是公正而必要的。众所周知，如果我们现在不控制农产品价格，生活费用只会略微上涨，但是我们也深知如果食品和其他农产品的平均价格的上涨幅度超过116％——在我们能够控制所有农产品价格之前，《紧急价格管理法案》要求我们不得不这样做——将来的生活费用必会大大失控。今天我们就处于这种危险之中。让我们面对它并战胜它。

我知道你们会认为现在过分强调经济问题与当前的时局格格不入，因为此时，所有人密切关注的是遥远战场上的战况。但是我敢肯定的是，不解决后方的这个经济问题——而且不立刻解决的话——我们赢得这场战争的难度就会增加。

如果通货膨胀的恶性循环蔓延开来，整个经济体制都将受到影响。价格和工资都会飞速上涨，导致生产环节面临危险。来自纳税人的战争经费支出将大大超出目前的预算。这就意味着价格和工资的上涨将会失控，而生活费用的总成本将会再迅速增长 20%。那么你的薪水、银行账户，包括你的保险金和退休金，里面所有的钱都将贬值到只剩 80%。毋庸置疑，这将会对我们的人民，不论是士兵还是平民，都产生消极的影响。

价格、薪水和利润的总体稳定对飞机、坦克、船只和枪支的持续生产至关重要。

我在今天呈交给国会的国情咨文中，指出我们必须尽快这样做。如果我们再等下去，局面可能就无法挽回了。

我已经告知国会，政府无法在 10 月 1 日之后继续保持现有的食品和服装的成本，使其不再上涨。

因此，我已要求国会通过法案，明确规定总统有权稳定包括所有农产品在内的生活用品的价格。这样做的目的是保持农产品的价格相对其他商品不变，或者是使价格保持最近的水平。这样做也是为了使工资与当前的生活成本相符。这两项必须同时控制，缺一不可。

在农产品价格保持稳定的同时，我会设法稳定工资。

这样做是十分公正的——也是合情合理的。

因此我已请求国会在 10 月 1 日之前采取这项措施。现在，由于严峻的战争形势，付诸行动已经刻不容缓。

我已告知国会，如果他们在 10 月 1 日之前不采取行动，我将责无旁贷地担负起这个国家的人民交给我的责任，确保经济混乱不会抵消我们为赢得战争所做的努力。

正如我在国情咨文中所说的那样：

> 如果国会没有采取措施，或者采取措施不利，我将承担重任
> 并采取行动。
>
> 宪法和国会法令规定，总统有权采取必要措施，避免影响战
> 争取得胜利的灾难性事件发生。
>
> 我考虑再三，不想再把此事呈交国会。但是，鉴于问题关系
> 重大，最终我还是决定征求国会意见。

一些人会认为，如果形势的严重性真的如我所述，那么我应该立刻行使手中权力，采取行动。我只能说我已经全面考虑了这个问题，并自认为对此事的处理符合我作为一名战时总统所具有的神圣责任感和我对民主进程深深的、不可动摇的坚定信念。

战争期间，总统负有保卫国家的重大职责。随着我们的战线在全世界范围内展开，这场战争中的行政权力的使用比在以往的任何一场战争中都重要。

如有敌军来犯，我们国家的人民当然会希望总统尽其所能击退侵略者。

独立战争和美国内战均发生在美国本土。可是今天的这场战争将在遥远的异国领土与海域决出胜负。我无法预测为了赢得这场战争将要使用何种力量。

美国人民可以放心，我将凭着对宪法和祖国的神圣责任感，全力出击。美国人民还可以相信，我会毫不犹豫，倾力而为，为了我国人

民的安全去战胜世界上任何一个角落的敌人。

当战争取得胜利，我所行使的权力会自动回到美国人民手中——这些权力本就属于他们。

我自认为了解美国的农民。我知道他们与其他行业的人们一样忠心爱国。他们一直受到农产品价格波动的困扰。农产品价格偶尔会很高，更多的情况下是过低。他们最了解战时的通货膨胀、战后产品贬值的灾难性后果。

因此我今天在此建议国会采取措施，使我们的农业经济更加稳定。除了对所有的农产品价格设定最高限度外，我还建议从现在开始至整个战争期间，甚至到战后稳定形势所需的一段时间内，为农产品设定最低价格限度，这样我们就可避免上次战后所发生的农产品价格暴跌的局面。我们必须确保，在当前世界范围内对食品的大量需求状况结束之后，农民在随之而来的调整期内可以让他们的产品受到最低价格的保护。

如果我们想要既避免战后通货膨胀的灾难，又防止农产品价格和工资的暴跌，我们就必须像处理工资问题一样，为农产品价格设定最低限度。

今天，我还向国会指出，加速通过税收法案的进程十分重要。由于该法案还未获通过，联邦财政部每天要损失数百万美元。若想防止个人收入和公司利润过高，税收是唯一有效的途径。

我已向国会重申，所有人的纯收入在完税之后，还应当通过进一步的税收措施加以限制，将个人的纯收入控制在最高不超过 25 000 美元。并且，公司利润在任何情况下也不能超过一定的限度。

国家必须筹措更多的钱去进行这场战争。人们必须停止一切奢侈的消费。国家需要人们工资中更多的部分来分担战争消耗。

因为这是一场世界范围内的战争，我国将在 1943 年花费 1 000 亿美元用于战争。

这场世界大战有四个主战场，现在我将就此做个简述，谈论的顺序与它们的重要性无关，因为这四个战场全都至关重要，相互关联。

1. 苏联战场。在此，德军依然无法大获全胜，尽管在大约一年前，希特勒就曾宣称自己已经获胜。德军攫取了苏联大片重要领土。但是，希特勒无法摧毁任何一支苏联红军，而这一直是希特勒长期以来的主要目标，现在依然如此。看来，数以百万计的德军将不可避免地在苏联度过另一个严冬了。并且，与其他战区相比，苏军正在消灭更多的德军，摧毁更多的德军飞机和坦克。他们不仅英勇迎敌，而且战绩显赫。不论遇到任何艰难险阻，苏联人都会坚守阵地，并且在盟国的协助下，最终把纳粹军队赶出自己的领土。

2. 太平洋战场。本地区必须被看作一个整体，包括每一寸陆地和海域。我们已经有效阻挡了日军的一次大规模进攻，并重创了他们的海军。但是他们依然拥有强大实力，并处处寻找主动权。日军一定会再次大举进犯。尽管我们为所罗门群岛各胜利战役中我军显示出的娴熟军事技巧而骄傲，但绝不能掉以轻心。同时，我们还应当为我军在中途岛战役中所取得的胜利而欢欣鼓舞。我们在那里击退了敌人的大规模进攻。

3. 在地中海和中东战场，英国人与南非人、澳大利亚人、新西兰人、印度人和包括我们自己在内的盟国其他国家的军队一起，与德国和意大利军队展开了殊死搏斗。轴心国想控制这一地区，掌控地中海和印度洋，从而与日本海军取得联系。中东战场亦有多国军队参与。我们十分清楚所面临的危险，可是我们也怀有必胜的信心。

4.欧洲战场。这里的主要目标是进攻德军。我们可以从多处发动攻击。你们当然不会指望我透露未来作战计划的细节，不过我可以确保的是在我国和英国，为此而进行的准备工作已经展开。德军的实力必须在欧洲战场被削弱。

大家都敦促我们把军事力量集中于这四个战场之一，尽管没有人提出哪个战场应该被放弃。当然了，没有人会说我们应该停止对苏援助，或我们应该向日本交出太平洋地区，或向德军拱手让出地中海和中东，或停止向德军发起进攻。我向美国人民保证，我们不会忽视其中任何一个战场。

我们已经做出了重大军事决定。过不多久，你们就会知道这些决定是什么——敌军也会知晓。我现在能告诉大家的是，所有这些决定都是为了发动总攻。

从珍珠港事件发生到今天正好是九个月，在这期间，我们向海外所派的兵力比第一次世界大战爆发后九个月中我们向法国所派的兵力多三倍。尽管危险越来越大，运输船只越来越少，我们还是丝毫没有退却。每一周，战场上都可以看到越来越多的美国士兵和武器。这些兵力和军火上的补给在不断增加，并会持续下去。

在所有盟国海陆空部队协调一致，共同对敌作战的努力下，我们必将取得这场战争的胜利。

这将意味着在主要进攻点上我们需要大量的武器装备和部队。我们已经同盟国一起，为在武器装备方面取得优势而努力了若干年。我们毫不怀疑我们士兵的优势。我们为我们的三军将士和商船船员的英勇事迹感到骄傲。约翰·詹姆斯·鲍尔斯上尉就是这些人中的一员——在同盟国的军队中，还有数以千计像他这样的人。

数千名美国人已经在战斗中牺牲。还会有成千上万的美国士兵献出他们的生命。但依然有数以百万计的美国人整装待发，时刻准备开赴前线并献出自己的生命，因为他们知道敌人决心要消灭我们，摧毁我们家园，瓦解我们的社会制度——在这场战争中，不是我们消灭敌人，就是我们被敌人消灭。

如果军人们首先想到的是个人的安危，那么我们将无法取得的战斗的胜利。如果民众主要关心自身的安逸、自己的便利和个人的财产，我们也同样不会赢得战争的胜利。

今天的美国人肩负着重大责任。同盟国所有的成员国都共同肩负这一责任。

我们所有后方的人正面临考验——对我们的坚强毅力，以及我们对国家和事业的无私奉献的考验。

这是一场有史以来最严酷的战争。我们无须未来的历史学家评判我们是否足够坚强去迎接这前所未有的挑战。我们现在就可以予以回答：是的，我们能！

23. 关于大后方的报告（1942 年 10 月 12 日）

　　这篇谈话主要谈的是大后方的情况——罗斯福对工厂、军营的巡视所见以及由此引发的感想。谈话的核心不再是资金，而是人力。针对劳动力短缺的问题，罗斯福推出了相应的人力调配政策，也提到了相关的立法。他号召人们以暂时的牺牲换取永久的和平，由此在末尾部分自然而然地过渡到了后来概括为"四大自由"的内容。

我的美国同胞们：

　　你们都知道，我视察了军营、训练基地和兵工厂，刚刚返回。

　　我在这次视察中所观察到的情况确切地说不能算是新闻。一个明显的事实是，美国人民空前团结，一心一意地做好一件事。

　　这个由 1.3 亿人口组成的国家正在形成一种强大的力量。这其中有士兵或水兵，也有平民。这当中有人正驾机在欧洲大陆或太平洋诸岛屿上空与敌人激战，也有人正在宾夕法尼亚州或蒙大拿州的矿井里奋战。我们当中有少数人因战功卓著而在胸前佩戴着勋章，但是我们每一个人都有一种深深的、永恒的满足感。这种满足感来自我们自身潜质的充分发挥。我们每一个人都在争取民主和自由的战斗中发挥了自己的作用。我们感到无上光荣。

无论个人的境况如何，机遇怎样，我们都已参与其中。我们精神饱满。美国人民和其他盟国将赢得这场战争。无论面对何种谣言，我们都嗤之以鼻。

这就是我在全国视察的过程中所看到的——不可战胜的精神。如果德国和日本的头目能与我同行，看到我所看到的一切，相信他们也一定会赞同我的结论。遗憾的是，他们无法与我同行。这就是我们不惜一切代价在海外与他们交战的原因。

随着时间的推移，战争范围在扩大，激烈程度在加剧。在欧洲、非洲、亚洲以及所有的大洋上，情况都是如此。

同盟国的实力在不断增强，而轴心国的头目们清楚他们已经拼尽了全力。他们同样深知他们不断上升的人力和物资方面的需求已无法得到完全的补充。德国和日本早已经意识到，当同盟国倾尽全力反击，开辟第二战场的时候，结果会是什么。

我们的敌人以往的主要武器之一是"心理战"，到处散布谎言和恐怖，到处建立"第五纵队"，欺骗天真善良的人们，他们在邻国之间挑起怀疑和仇恨，他们资助和教唆其他国家内部的反对者，也包括美国国内的这样一些人。他们的言行在替柏林和东京进行宣传，证明我们内部的不团结。

当然，对这些宣传最有效的抵御是普通民众的常识。这已经在我们的民众中蔚然成风。

针对盟国的"心理战"并未取得应有的效果。破天荒地第一次，纳粹宣传机器处于守势。他们开始向自己的国民道歉，因为纳粹的主力在斯大林格勒被击溃并遭受巨大伤亡。[1]他们被迫乞求已超负荷劳动的国民重振已日渐疲软的生产。他们甚至公开承认，为了让德国人有饭吃，他们必须从欧洲其他国家掠夺粮食。

他们宣称盟军开辟第二战场是不可能的。但与此同时，他们却不顾一切地往所有的方向紧急调集部队，并在从芬兰和挪威海岸一直到地中海东部诸岛屿之间架设铁丝网。

同时，他们的战争暴行不断加剧。

同盟国已经决定确定那些犯下罄竹难书战争暴行的主要纳粹头目。每一起罪恶行径都将予以认真调查。他们的犯罪证据被毫不留情地收集起来以用于未来的审判。

有一点很清楚，同盟国绝不会对德国、意大利和日本的民众进行大规模的报复。但是那些战争元凶及其惨无人道的党羽的名字必须列入战犯名单，依据司法程序接受审判。

在陆军兵营里、海军基地里、工厂里、造船厂里有数以百万计的美国人。掌握国家的命运的这些人是些什么人？他们在想什么？他们的疑虑是什么？他们的希望是什么？工作是如何进行的？

身在华盛顿的统帅是无法给出所有这些问题的答案的。这就是我这次出行的原因所在。

一定会有人这样说，当总统进行全国巡视，与其他美国政坛要员一同出行时，都会有高音喇叭相随，会有大批的人们夹道欢迎，会有大批的记者和摄影师争相采访报道。

但是，因为有本次和上次战争的一些经验，可以简单地说，这种巡视可以让我专心致志地去做我必须做的工作，而不必花时间、精力去考虑政治宣传的需要。

我还可以补充一点，可以完全不用考虑政治宣传的一次巡视，对我来说是件尤为愉快的事情。

我期待着能以同样的方式，为类似的目的再次进行这种巡视。

在上次战争中，我巡视过大型的工厂[2]。但直到我最近看到这些新建的、现代化的工厂时，我才彻底意识到美国为战争做出了多么巨大的努力。

当然，我看到的只是所有工厂中的一小部分，但这一小部分也极具代表性，令人印象极为深刻。

美国参战仅仅 10 个月，一直致力于将部队扩充数倍这样艰巨的任务。我们根本还没有达到满负荷的生产状态。在这次巡视当中，我不禁自问：如果美国政府没有在两年前就开始兴建为数众多的新工厂的话，那么一年前，在珍珠港事件将战争强加于我们之后，美国会是什么样子？

我们还要面对运输的问题：在世界每个地方，敌人还在不断击沉我们的运输船。但是美国、加拿大和英国的造船厂所造运输船的总吨位正在日复一日地增长，而且增长速度如此之快，以至于我们在残酷的运输保卫战当中始终处于优势。

为了扩大我们的运输能力，我们招募了数千人来补充我们运输船的船员。他们的工作十分出色，每时每刻都在冒着生命危险，将枪支、坦克、飞机、弹药和食品输送给斯大林格勒英勇的防御者，输送给世界各地的盟军部队。

几天前，我将一枚"海运杰出贡献勋章"授予一位来自宾夕法尼亚州伊顿市的年轻人——爱德华·F.切尼。他们的运输船被鱼雷击中，他从油污的海水中救出了许多同伴，表现出大无畏的英雄气概。将来还会涌现出更多类似的英雄事迹。从某种意义上说，我此次巡视行色匆匆：从中西部启程，到西北部，再沿着漫长的太平洋沿岸到西南部，至南部返回。但此次巡视也很悠然自得，因为我有机会与正在工作岗位上的人们进行交谈——包括高层管理人员和工人们。这给我提供了一个非常好的机会去进行思考：在为战争做准备时，我们应优先考虑哪些因素。

正如我与三位随行记者说的那样，此行中我对如此大比例的女性劳动者印象十分深刻：她们能够熟练操作机器设备，从事繁重的体力劳动。随着时间的推移，会有更多的男性参军入伍，那么女性劳动者所占的比例还会增加。从现在起不到一年的时间内，兵工厂里的女性将与男性占同样的比例。

我有一些具有启发性的经历，和男人们常挂在嘴边的一句老话有关，女性有着更强的好奇心，凡事都好刨根问底。但事实是，我经常注意到，当我事先没有声张，驱车从满是工人和机器设备的工厂中经过的时候，最先从工作岗位上抬头张望的都是男性，而不是女性。男工人们会议论："那个戴草帽的家伙是不是总统？"

亲眼目睹了生产线上产品的质量和工人的素质，再将这些第一手观察结果和前线有关我们武器装备表现优异的报告结合起来，我可以告诉你们，在这场保障能力的较量中，我们领先于敌人。

对我们未来的生产极为重要的是，国会能否快速有效地解决生活费用急速、大幅上涨的问题。我们对这个问题的成功解决，正是战争期间民主程序运作的一个极佳的范例。

这一法案将在签署后的 12 小时内生效，它将通过法律手段帮助每位工厂或农场的员工解决生活费用的问题。

为了保持生产能力的持续提高，我们将增加数百万名工人补充我国的劳动力。随着新工厂的落成开工，我们必须招募到这数百万名工人。

这就在人力调集方面产生了一个难以解决的问题。

这并不是说我们国家没有这么多的人来从事这样的工作，问题在于在恰当的时间、恰当的地点能否招募到相当数量的合适的人。

在物资分配方面我们正在学会使用配给制，那么在人力的调配方面我们也要学会这样去做。

正确合理的人力调配政策目标是：第一，为军队选拔、训练具有较高军事素养的战士，以在战斗中打败敌人、获得胜利；第二，为我们的战时工农业培养、提供所需的人才，制造和生产战时急需的武器、弹药和食品，保障我们自己的需求，并提供给正在与纳粹激战的盟军以赢得这场战争。

为做到这些，在战争期间，我们将必须阻止工人们依其个人的喜好随意转岗，阻止雇主彼此暗中招募对方的员工。适龄的、身体健康的男性都已应征入伍。只要具有可能性和合理性，我们就必须启用老年人、残疾人和更多的妇女，甚至刚刚成年的孩子们来从事后勤保障生产。要培训新的人员去从事战时所必需的工作，防止人力的无端浪费。

我们能够、也必须马上做许多事情来解决人力的问题。

全美的学校都应制定计划，让学生抽出一定的时间——比如说暑假时间——来帮助农场主们种植和收割庄稼，或在兵工厂从事某种工作。这并不意味着要关闭学校和停止教育。这意味着给适龄的学生们提供机会，为战争做出自己应有的贡献。这类工作不会对学生产生任何的伤害。

人们工作的地点要能够尽量离家近些。如果某个地方是可以就近招聘到员工的，我们不会特地将某个人送至某个工作场所。这样做得不偿失。

在某些地方，雇主们不喜欢雇用妇女，有些地方不愿意雇用黑人，还有的地方不愿意雇用老年人。我们再也不能有这样的就业歧视和偏见。

每一位公民都想知道他所能够做的最好的、最急需的战时工作是什么。关于这个问题，可以从美国就业服务办公室得到答案。全美有4 500处这样的办公室，已形成如同街角杂货店般的人力资源体系。就业办公室的网络系统将时刻告知市民哪里最需要其技能和劳动，将其推荐给相应的雇主，以期能在战时生产中最大限度地发挥他们的作用。

或许在人力方面最棘手的问题是许多地方农场劳动力的短缺。然而，我已看到人们正在尽可能地解决这一问题。

我巡视过这样一个地方，中学生全体出动，用三四天的时间帮助收割一种易腐烂的作物。

在我巡视的另外一个水果种植区，已雇不到以往的日裔劳动力。

但是当水果成熟之时，银行家、屠户、律师、机修工、药剂师、本地的编辑，实际上是镇上所有体格健壮的人都放下了手里的工作帮助采摘果实并送往市场。

每一位农民都必须意识到他所从事的生产是整个战时生产的一部分。国家把他们当中的每一个都看作赢得胜利必不可少的组成部分。美国人民希望他能够保持生产，甚至能够增产。我们将竭尽全力帮助他找到劳动力。但与此同时，他和其他当地的农民必须开动脑筋，团结协作生产粮食、饲养牲畜、多产奶制品。

或许我们付出了所有的努力，我们无私奉献，然而无论目的多么明确，管理多么到位，仍然无法彻底解决这一问题。这样的话，我将不得不才采取法律手段。如果确有必要，我想美国人民是不会畏缩的。

从某种意义上讲，每一个美国公民，因为他拥有美国国籍，都是选拔征兵制度的一部分。

选拔征兵制度使国家受益匪浅。由于选拔征兵制度的成功运作，这种方式被广大民众所普遍接受，使我们信心倍增。同样的做法也可以用来解决任何的人力问题。

我还要赞美和感谢全国 1 000 多万同胞，他们自愿参加全民抗战并为此付出了艰苦的努力。在单调乏味、默默无闻的工作岗位上，他们无私奉献，任劳任怨。从事这样重要的、互利合作的工作既增强了民族团结，也使我们深刻领会到这是一场全民抗战。

当然，巡视过程中我亲眼目睹了部队的演习。对此我十分感兴趣。

我们所有赴海外参战的部队均由体格健壮的年轻男性组成。一个由平均年龄23～24岁的士兵组成的陆军师，其战斗力要强于平均年龄为33～34岁的陆军师。在战场上我们拥有越多的这样的部队，就会越快地赢得战场战争，伤亡的代价就会越小。

因此，我认为有必要将选拔征兵制目前的最低年龄限制由20岁降到18岁。我们已经认识到这种做法的必要性以及早日赢得胜利的重要性。

我非常理解孩子已应征入伍的家长们的感受。我与我的夫人对此感同身受。

我想让那些儿子在军中服役的父母们都知道——再次声明，它们源自我亲眼所见——在陆军、海军以及海军陆战队服役的官兵们正在进行最好的训练，配备最好的装备，拥有最好的医疗设施。这是我的亲眼所见。而且，我们有军中牧师，部队官兵的精神需求将永远可以得到满足。

良好的训练可以在战斗中挽救许许多多人的生命。部队训练不足总是会遭受巨大的伤亡代价。

我们确信我们的陆军和海军陆战队兵员齐整、装备精良、训练有素。他们的战绩如何将取决于指挥水平，取决于英明的军事计划。英明的军事计划是所有成功军事行动的基础。

我可以谈一谈我们的战略计划。我们的战略计划不是由那些在报纸或广播上纸上谈兵的战略家们制定的。

美军最优秀的士兵之一，罗伯特·E. 李将军[3]，讲述过这样一个悲剧性的事实。在他们那个时代的战争中，所有优秀的将军都在钻研报纸而不是深入部队。在所有的战争中情况大致如此。

纸上谈兵的战略家的问题在于，尽管他们满腹经纶，可他们既无法获得有关战局形势的大量情报，也没有弄清相关军事行动所面临的问题。

因此，我们将继续将制定军事计划的重任交予军方将领来完成。

美国的陆军和海军的作战计划一直由驻扎在华盛顿的陆海军联合指挥部制定。他们经常在一起商讨作战计划。联合指挥部领导层由莱希[4]、马歇尔[5]、金[6]和阿诺德[7]几位将军组成。他们定期地与英国联合参谋部的代表，苏联、中国、荷兰、波兰、挪威、英属领地以及其他盟国的代表会晤商谈。

自从去年1月这种联合制定作战计划的做法实施以来，参与者在许多方面都达成了共识。他们当中所有的人都在早年受过陆海空等方面的军事训练。作为总司令，我的看法总是与他们的看法出奇地一致。

我以前曾说过，我们已经制定出很多重大的战略计划。我们已就其中之一达成共识：通过向德日发起新的攻势迫使其从苏联和中国分兵至其他战场。这十分必要。这些新攻势将于何时何地发起现在还不能公布。

今天我们祭奠并赞颂一位勇敢、富于冒险精神的意大利人——克里斯托弗·哥伦布——的丰功伟业。在西班牙的资助下，他开辟了新世界。在这个新世界中，有自由和宽容，尊重人权和人的尊严，为那些在旧世界中受压迫的人们提供了避难所。

今天，新世界的后代们在远离自己祖国的土地上浴血奋战。他们是在为拯救全人类而战——包括我们自己，是在为捍卫新世界的自由而战。

我们时刻牢记，千百万人民未来的自由，包括生命都取决于同盟国的永久性胜利。

当轴心国开始崩溃时，美国国内有少数人会告诉国民，我们又一次转危为安；我们可以让其他国家都明白一个道理：自作要自受；我们再也不会帮助他人"火中取栗"；就我们而言，文明本身会有其自身发展的轨迹，如此等等。

打赢了战争却失去了为之而战的事业是毫无用途的。除非永保胜利，否则仅仅赢得一场战争是毫无作用的。

因此，我们是为了恢复并永保信念、希望和世界的和平而战。

我们今天的目标清楚明了又十分现实，那就是彻底消灭德、意、日的军事力量。其目的是让纳粹对我们及对我们的后代的威胁不会死灰复燃。我们正团结一心去赢得胜利，保证我们的子孙后代能够在上帝的呵护下成长，过一种属于自己的生活：没有侵略，没有毁灭，没有奴役，也没有杀戮。

注释：

[1] 这里指德军在斯大林格勒会战中的失败。1942 年 7 月 17 日，德军开始猛攻斯大林格勒，先后动用兵力 150 万人以上，企图占领该地区以北攻莫斯科。苏军先后以三个方面军的兵力同广大人民一起艰苦奋战，并在 1943 年 2 月 2 日歼灭敌军 3 万人，迫使德军中止战略进攻。这次会战是苏德战争和整个第二次世界大战的转折点。

〔2〕第一次世界大战期间，罗斯福任助理海军部长，负责海军的商务工作，视察了许多相关工厂。

〔3〕罗伯特·E. 李，美国军人，美国南北战争时期任南方联盟军总司令。英勇善战，颇著声誉。

〔4〕威廉·丹尼尔·莱希，海军五星上将，曾任武装部队总司令（总统）的参谋长。

〔5〕乔治·马歇尔，五星上将，曾任陆军参谋长、总司令，第二次世界大战期间是美国军界的最高决策人物。

〔6〕欧内斯特·约瑟夫·金，海军五星上将，曾任海军总司令等，第二次世界大战时全面指挥太平洋战区的美国海军作战。

〔7〕亨利·H. 阿诺德，空军五星上将，曾任陆军航空兵总司令，第二次世界大战中组织领导空军参加太平洋战争，指挥了对日本本土的战略轰炸。

24. 论煤炭危机（1943年5月2日）

这篇谈话是罗斯福针对矿工联合会组织的罢工所讲的，宣布政府已接管了矿区。罗斯福希望在战时状态下，每位矿工都能唤起自己的爱国精神和责任感，并呼吁他们尽快复工。谈话中罗斯福讲前线将士的故事和希望，以理服人，以情动人。这篇谈话舒缓了政府与矿工联合会长期以来的对立关系，该组织领导人约翰·刘易斯之后便站在了总统一边。

今晚，我对全体美国同胞发表讲话，尤其是那些煤矿工人们。

今天，美国正面临着一场严重的危机。我们正在打一场战争。我们国家的未来将取决于这场战争的结果。这场战争已经进入到一个关键阶段。经过数年的准备，我们已进入主动反击阶段。这个阶段将持续下去。在这场世界范围的冲突当中，我们倾注了我们的一切：我们的年轻一代以及大量的资源。

我刚刚结束为期两周的视察回来。视察中我看到兵员正在训练，军需物资正在抓紧生产。此次巡察我走了20个州。我看到成千上万的人忙碌在生产线上，生产飞机、枪支和弹药。

随处都可感受到人们努力满足战时所需的迫切心情。人们长时间地在艰苦的岗位上工作，任劳任怨。

在数千英里的旅途中，我看到成片成片一眼望不到边的新近犁过的田野。农民们正在耕种，以为我们的军队、我们的人民以及我们的盟国提供粮食。这些作物将喜获丰收。

此次行程中，我也看到了成千上万的士兵。去年秋季应征入伍的新兵已蜕变成充满自信的坚强战士。他们体格健壮，并渐渐熟悉新型武器的使用。

美国人民已经创造了奇迹。

然而，我们聚集的所有力量仍不足以满足战争的需要。我们仍需调集我们以及我们的盟国的一切力量，在未来的战斗中打败欧洲大陆的法西斯主义者，打败亚洲大陆和太平洋诸岛上的日本人。

敌人阻挡不了美国和盟国的前进步伐。

同样，美国国内任何个人以及任何组织的领导人也无法阻挡我们前进的步伐。

有一点我要说清楚，每一位已停止采煤的矿工，无论出于什么样的动机，无论他感到多么委屈，都是在直接或间接地阻挠我们为战争所做的一切。我们尚未赢得这场战争。只有竭尽全力投入到陆战和海战前线当中，我们才能打赢这场战争。这要求我们国内坚持不懈地努力，加班加点地生产。

停止煤炭的供应，哪怕是短暂的时间，也是在拿我们士兵的生命以及全体人民的未来的安危做赌注。这是毫无根据、毫无必要并且十分危险的赌博，这是拿我们的胜利做赌注。

因此，我想对所有的矿工，对国内外所有的美国人说：煤炭的生产决不能停止。

今晚，我要跟矿工以及矿工的家属谈一谈爱国主义。我想就我所知，对当前的真实情况做一下简单的陈述。

珍珠港事件之后，美国三大劳工组织：美国劳工联合会、美国产业工会联合会[1]和铁路同盟会（兄弟会），都明确地承诺只要战争持续就绝不罢工。矿工联合会主席也做出了同样的承诺。

对这样的承诺举国上下一致表示赞赏。这样的承诺是在用一种强有力的方式向全世界宣告，1.3亿美国同胞将团结一心、众志成城，用我们的意志和全部的力量来打赢这场战争。

应雇主、有组织的矿工——包括矿工联合会——的要求，成立了战时劳工局[2]以解决通过集体谈判无法解决的争端。战时劳工局是一个平等地对待工人、雇主和广大民众的机构。

在目前的煤炭危机中，调节和斡旋的各种努力都无济于事。

依照法律，此案被移交给战时劳工局处理。此机构是经工人组织同意为此特殊目的而设立的，该局成员遵循一些通常的做法，这些做法在处理以往的争端中证明是行之有效的。他们行动迅速，着手从矿工以及经营方两方收集此案的所有事实。

战时劳工局已经准备针对此案召开公开公正的听证会。我已经做出保证，如果该局做出任何提高薪酬的决定，一定从4月起补发。但是矿工联合会的领导者们在上周一被邀请参加听证会时却拒绝出席。

上周三，当该局正在处理该案的时候，某些煤矿开始停工。周四上午我给矿工联合会的官员们去电，要求矿工们周四上午恢复生产。然而，周五晚上就开始了全国的总罢工。

矿工联合会的官员们应对此次危机承担主要责任，而不是美国政府。但这种武断行为的后果将威胁到我们所有的人。

昨天上午 10 点，政府接管了煤矿。我呼吁矿工们重返工作岗位为政府工作。政府需要陆军士兵、水兵和海军陆战队队员在前线杀敌，需要成千上万的民众生产军火，也需要矿工多采煤。

有的矿工的儿子可能在陆军、海军和陆战队中服役。你们的儿子此刻可能正战斗在新几内亚、阿留申群岛、瓜达尔卡纳岛、突尼斯或中国，也可能在公海上巡航，保卫运兵船和运输船免受敌方潜艇的袭击。我们已经收到了正在海外作战的勇士们的电报。我希望他们能够告诉你们，对煤矿停工的问题他们是如何想的。

你们当中某些人的儿子因负伤已从前线返回。他们当中有很多人正在华盛顿陆军医院接受治疗。他们当中有几位已受到政府嘉奖。

我可以给你们讲一个来自宾夕法尼亚州的战士的故事。他入伍前是一名矿工，他的父亲也是。当他驾驶"空中堡垒"在欧洲上空执行轰炸任务时被纳粹的重机枪击中，负了重伤。

另一个小伙子，来自肯塔基州，也是一位矿工的儿子，六个月前随部队首次登陆北非时受伤。

还有一位年轻人，来自伊利诺伊州。他以前是名矿工，他的父亲和两个兄弟也都是矿工。他在突尼斯试图营救两位战友时身受重伤，当时战友乘坐的吉普车被纳粹的地雷炸上了天。

这些战士并不认为自己是英雄。如果我通过广播提到他们的名字，他们可能会觉得难为情。他们是在前线履行自己的使命时受伤的。他们懂得将最好的武器装备及时、快速地交到前线作战部队的手中，这对成千上万的美国人来说是多么重要。

我们这些浴血杀敌的勇士们的父母、兄弟姐妹和朋友们，还包括我们其他所有人，都是在履行我们的使命：在生产线上。任何生产上的停滞都会造成战场上的惨败。

没有一个人，没有一种势力能阻挡我们迈向胜利的步伐。

矿工们完全应该知道我们国家所倡导的几项基本的权利，这些权利值得我们为之奋斗甚至是献出生命。这就是为什么要将自己的儿子和兄弟从全国各地的矿山小镇送到国外去参加这场伟大的战争的原因。这就是为什么你们会慷慨解囊，心甘情愿地认购战时公债，向很多基金捐款，以援助那些饱受战争蹂躏的外国盟友们。

这就是为什么自1939年战争爆发以来，你们生产的原煤每年递增2亿吨的原因所在。

你们在军中服役的儿子们所表现出的坚忍不拔的精神丝毫不令人吃惊，他们都是钢铁战士。矿工们也一样可以承受艰难困苦。减少艰难困苦、提高矿工们以及为国家做出贡献的所有的人的生活水平，一直是本届政府的目标。

我很清楚生活费用问题正困扰着矿工们的家庭，也困扰着全国成千上万的其他工人家庭。

一年前我们的态度就很明确，政府决心要采取措施解决生活成本问题。政府已下定决心绝不会让生活费用像第一次世界大战时那样持续上涨。

政府决心要保持物价和工资的稳定，尽可能让一美元能够在长期购买数量相同的生活必需品。我说的是日常生活必需品，不是奢侈品，不是时尚品。战争期间没有这类东西，我们也要学会生活。

迄今为止，我们没有能够将日常生活必需品的价格控制在我们预期的较低水平上。矿区如此，其他地方也一样。

无论是什么地方，只要是发现日常生活必需品的价格过高，就一定要降下来。无论是什么地方，只要发现有违反价格封顶政策的现象，触犯者就一定要受到处罚。

在全国的大多数地方，房租的价格已固定。在许多城市，房租已降低至我们参战之前的水平。服装的价格也总体上保持平稳。

这两项支出占工人家庭总预算的1/3—还要多。

至于占家庭平均花费大约1/3的食品，我要重申：政府将继续采取必要的措施消除不合理的以及可以避免的物价上涨。我们正在采取措施使肉类价格回落。

战争将继续。无论个人的看法如何，煤炭的生产不能停止。工厂、电站、铁路都不能停止运转。军火必须源源不断地送到前线部队的手中。

因此，在目前的情况下，任何一位有爱国心的矿工不下井采煤而在做其他事情都是令人难以想象的。

国家绝不允许任何一座煤矿发生暴力行为。我已授权一位内务部部长来主抓恢复煤炭生产事宜。任何一位矿工出于爱国热情要复工采煤，他及他的家人将一定会得到全面、充分的保护。如果有必要的话，我们将派部队镇守矿井入口以及整个矿山，以保护那些已复工的矿工以及他们的家人。这些部队将行使警察的职责，这样做是为了整个国家，尤其是为了我们正在前线作战的将士们。这其中有你们的儿子，也有我的儿子，他们正在世界各地与我们共同的敌人浴血奋战。

我十分理解矿工们对自己工会的忠诚，我了解他们为建立工会所做出的牺牲。我一直都坚信工人们有权加入并捍卫工会组织。本届政府不会做任何削弱矿工们权利的事情，这一点毋庸置疑。

矿工生活状况的每一次改善都得到我由衷的支持，今天也如此。但是我也绝不会不顾我作为美国总统和武装部队总司令的责任和义务。

煤矿复工生产是当务之急，内务部部长将遵循原先合同的条款。如果是战时劳工局所做出的工资调整，或经营方与矿工之间通过协议做出的工资调整，又经过了战时劳工局的批准，那么这类工资调整可回溯至 4 月 1 日生效。

四个月前在我递交给国会的报告中，我表明了我的看法。我坚信美国的民众有着良好的精神状态。

自那时起，我看望了驻守在加勒比地区、在我们的盟国巴西和北非海岸线的美军。最近，我再一次看望了我们无数的同胞——包括军人还有平民——从大西洋之滨到墨西哥边境，再到洛基山脉。

今晚，在煤炭产业大面积遭遇危机的时刻，我还要重申，美国民众的精神状态是好的。我知道美国人民不会容许任何人威胁自己的政府。我相信矿工们不会继续进行针对政府的罢工。我坚信作为美国人，矿工们将一定会听从政府的号召，像所有其他优秀的美国人一样，与我们的前方将士肩并肩去赢得胜利。

明天，星条旗就会飘扬在煤矿上空，我希望每一位矿工都会在星条旗下工作。

注释：

［1］美国劳工联合会、美国产业工会联合会是美国的全国性工会组织。

［2］战时劳工局，美国在第二次世界大战期间建立的劳动力资源管理机构，旨在解决劳资纠纷等问题，集中资源为战争服务。

扫码收听录音

25. 谈战争进程与和平计划（1943 年 7 月 28 日）

在做这篇谈话时，战争的形式已经有了根本性的转折，北非、欧洲、苏联以及远东各个战场，同盟国已组织反攻并取得了一系列胜利。当然，罗斯福没有忘记战争的持久性、艰巨性，他强调了"前线"与"后方"的同一性，呼吁民众支持战争，"不获全胜绝不收兵"。在这样的战争形势下，谈论和平也就理所当然。罗斯福揭示了和平的总目标：恢复被占领国家人民的尊严，让他们成为自己国家的主人，享有言论自由，宗教信仰自由，消除贫困和恐惧。

美国同胞们：

一年半以前我曾经对国会说："柏林和东京的军国主义者们发动了这场战争。但是，全人类愤怒的力量将终结这场战争。"

今天，这个预言正在一步一步实现。全人类愤怒的力量正在向前挺进——在苏联前线，在广阔的太平洋上，在欧洲——直捣他们的最终目标：柏林和东京。

轴心国已开始分崩离析。臭名昭著的法西斯在意大利的统治正在瓦解。[1]

法西斯主义者和纳粹分子的强盗逻辑是不会得逞的，盟军在陆、海、空的军事优势正在恰当的时间和恰当的地点体现出来。

希特勒拒绝增兵援救墨索里尼。实际上，希特勒驻西西里的军队窃走了意大利军队的机械化设备，使意大利军队束手无策只能投降。德国人再一次背叛了其意大利盟友。他们的所作所为同他们从苏联、埃及、利比亚的的黎波里和突尼斯撤退时一样。[2]

所以墨索里尼得出一个不情愿的结论：一切都完了。他可能看到了正义之神的影子。

但是，因为对整个人类所犯下的滔天罪行，他以及法西斯追随者们将受到审判和惩罚。绝不允许任何一名罪犯以辞职作为权宜之计逃脱审判。

所以我们对意大利提出的条件跟针对德国和日本的一样——无条件投降。

我们绝不会以任何形式，用任何方式单独与纳粹缔结停战协定或和约。我们绝不允许留下任何法西斯主义的残余。

最终，意大利将会重建。重建工作将由意大利人民自己来完成，依据自由和平等的基本民主原则选择自己的政府。同时，对被占领的国家，同盟国将不会效仿墨索里尼、希特勒和日本的模式：掠夺和饥饿。

我们已经在西西里帮助意大利人民。在他们的友好合作下，我们正在建立并维护社会治安和秩序。我们正在解散一些组织，这些组织使意大利军队处于纳粹的暴政统治之下。我们正在为他们提供日常生活必需品，直到他们能够完全自给为止。

的确，西西里人民为今天的一切而兴高采烈。多少年来他们第一次能够享受自己的劳动果实。他们能够吃上自己种植的粮食，而不是被法西斯分子和纳粹分子抢走。

在每一个被纳粹和法西斯分子或日本军国主义征服的国家，当地的人们都沦为奴隶。

恢复被占领国家人民做人的尊严，做自己命运的主人，享有言论自由、宗教信仰自由，消除贫困和恐惧是我们的决心。

我们已经开始履行我们的承诺。

如果我冒犯了那些搞党派之争的人，那些称我们的政策是"疯狂的利他主义"和做"不切实际的白日梦"的人，我深表歉意。

同时，西西里和意大利的战争仍在继续，也必须继续，直到意大利军队认识到这场战争再打下去是徒劳无益的。意大利人民也从未全心全意地支持和赞成这场战争。

从我们制定北非战役计划至今已一年有余。制定西西里战役计划也已经六个月了。[3]我承认我性情急躁。但我想我明白，而且大多数人也明白，准备大规模的军事行动需要大量的时间。我们不能拿起电话就下令下周发动一次新的战役。

譬如，在进攻北非的部队以及北非之外的部队的背后有成千上万的舰只和飞机在守卫漫长的，充满危险的海上运输线，把兵员、设备和给养送往前线。在这些背后是国内的铁路线和高速公路，将兵员和军火运到港口；国内还有为数众多的工厂、矿山和农场生产加工出这些物资；还有众多的新兵训练营，训练新兵掌握如何在海滩上、沙漠中和山区中执行陌生、艰苦、危险的任务。

所以这一切都要不断地重复。先是在北非，然后是在西西里的进攻中。在西西里，我们增加了空中打击力度。因为我们可以利用北非为基地，削弱西西里登陆地区敌人的防线，破坏敌人的补给线。

我们发现，每架"空中堡垒"轰炸机从北非基地起飞轰炸那不勒斯的港口设施时，每次任务需要 1 110 加仑汽油，这相当于 375 张"A"级汽油定量供给票，足够你驾车横跨北美大陆 5 次。如果你将这乘上海外战场上成千上万的飞机、吉普、卡车和坦克的话，你将能更好地理解你在战争中的作用，更加理解汽油配给制的意义。

当我告诉你们攻击西西里的先头部队包括 3 000 艘舰船运送 16 万名士兵（其中有美国、英国、加拿大和法国的士兵）、14 000 辆汽车、600 辆坦克和 1 800 门大炮时，我觉得个人以及家庭的便利便显得不那么重要了。紧随先头部队之后，每天每夜都要增加数千名援兵。

对西西里战役的精心策划已收到成效。人员伤亡、舰船和物资损失方面已远远低于我们事先的估计。

我们所有的人都为这次战役中参战官兵的骁勇善战而感到自豪。英军第 8 军（其中包括一些加拿大士兵）遇到了最为顽强的抵抗，但对这支久经战火考验的部队来说，这算不了什么。德军每抵抗一小时都要付出惨重的代价。美军第 7 军在西西里南部开阔的海滩强行登陆后，横扫该岛，直插其首府巴勒莫。对我们部队中的很多人来说，这是他们首次参加实战，但他们都表现得像久经沙场的老兵一样。

这归功于战场上盟军各部队的协调作战，归功于整个战役的精心策划，归功于艾森豪威尔将军[4]的运筹帷幄。坎宁安海军上将、亚历山大上将和特德皇家空军中将[5]都身经百战，善于应对海、陆、空军事行动中各种复杂的情况。

你们可能听人说过，英国人和美国人永远不能和睦共处；你们可能听到有人说，陆、海、空军永远不可能协同作战。突尼斯和西西里战役让那些心胸狭窄之人的偏见不攻自破。

这次战争中英国人民大无畏的战斗精神通过温斯顿·丘吉尔的演讲和行动彰显无疑。全世界的人们都知道美国人民对丘吉尔的深厚感情。

更加艰苦的战斗摆在我们面前。在今后的战斗中，我们和我们的盟国将像在西西里战役中表现出的那样协同作战。我们将共同坚持到底。

今天，我们的造船能力达到了令人难以置信的程度。今年我们建造的商船的总吨位超过了1 900万吨，明年将超过2 100万吨。我必须清醒地认识到，本次战争中，除了横跨大西洋的运输，在阿留申群岛[6]、西南太平洋、印度以及在南美沿海地区都有军事行动。

几个月来，我们被击沉的船只越来越少，而敌人被击沉的潜艇却越来越多。希望这种局面能持续下去，但我们没有太大的把握。我们一刻都不能放松警惕。

商运迅猛增加的一个直观的成果便是我们能够中止咖啡配给制了，这对国内的民众来说是个好消息。我们同样期望能在短时间内大幅增加食糖的供给。

那些总是抱怨国内生活有诸多不便的少数美国人应该从我们盟国

的广大民众——英国、中国、苏联以及所有被我们共同敌人占领国家的人民——那里学到些什么。

最艰苦也最具有决定性的战斗正在苏联进行。我很高兴我们和英国已经能够在某种程度上给予苏军帮助。

1941—1942 年，苏联虽退却，但并没有崩溃瓦解。许多兵工厂被从苏联西部地区迁到内陆地区。苏联人民能够团结一心保卫自己的祖国。

苏军的胜利已经表明对他们妄加断言是危险的，那位神秘的战略大师希特勒也感受到了这一点。

本月初德国发起的短暂反攻，是企图鼓舞德国民众士气的垂死挣扎。苏联人并没有上当。他们在继续实施反攻计划——与整个盟军战略反攻协调一致的反攻计划。

在约瑟夫·斯大林元帅的领导下，苏联人们和军队表现出了前所未有的奉献精神、坚定的决心和自我牺牲精神。

一个国家在挽救自身的同时帮助全世界免受纳粹的威胁，我们愿意将来同这样的国家做好邻居，成为真挚的朋友。

在太平洋地区，从阿留申群岛一直到新几内亚，我们打得日本人节节败退。我们已经掌握了主动权，我们不会放弃。

形势变得越来越明朗。消耗战，也就是逐渐消耗日本人的实力的做法，已初见成效。日本已损失了越来越多的飞机和船只而无法补充。

持续强有力的消耗战，将迫使日本从缅甸、泰国、荷属东印度群岛到新圭亚那东部和所罗门群岛漫长的战线退缩回去。我们完全有理由相信他们的海上、空中运输保障能力支撑不了这样漫长的战线。

我们在太平洋地区的军事力量正在不断增强。如果日本人从长远的角度来制定他们太平洋地区的规划，使自己能够站稳脚跟，并开发已征服地区的资源的话，他们最好现在就修改计划。我只是给他们一个建设性的建议。

我们正在向蒋介石先生统率的中国军队提供飞机和至关重要的军需物资。我们要不惜一切代价继续下去。

尽管敌人企图阻挠，从印度穿越敌占区的空中补给线从未间断过。在缅甸上空我们夺取了主动权并已拥有空中优势。我们正在轰炸中国、印度和缅甸境内的日军交通设施、军需库和军事基地。

但是我们还远没有达到对日作战的主要目标。让我们回忆一下，一年前在欧洲战场上我们距我们的目标有多远。我们正向前推进占领战略要地，使我们能够从四面八方向日本列岛发起攻击。

你们可能有所耳闻，我们在前方取得了重大胜利，但在国内却惨遭失败。一些虚假的宣传说得很轻巧但却不是事实。我认为这是一种不成熟的表现。

战争持续得越久，有一点就越加明了：没有人能简单地用铅笔把一张纸一分为二，称一边是"前线"，另一边是"后方"。因为这两边是密不可分地联系在一起的。

每一个陆军师、每一支海军特遣部队、每一个战斗机中队，都要依赖设备、弹药、燃料和食品，当然还要依靠人力，依靠那些工作在办公室、工厂和农场里的普通美国民众。

如果我们要取得最后的胜利并谋求世界的和平，以此证明我们所付出的牺牲是值得的，那么我们必须像赢得北非战役和西西里战役那样精心制定作战计划。

同盟国已就战后的总体目标达成共识。各国一致同意，现在就所有的和平条款和未来的一切细节展开讨论还为时尚早。让我们先赢得战争。我们一刻也不会放松对敌人的进攻。我们不能把时间花在确定每一条边境线及解决世界上每一个地区的政治纠纷上。现在最重要的是将战争进行下去直至取得最终的胜利。

专注于军事胜利的同时，我们并没有忽视对未来的筹划。这就是自由——在全世界为人们带来更多的尊严和正义。

在种种别的事情之外，我们今天已经在为军人退役返乡、回归平民生活进行规划。这些军人转业回乡，不能让他们面对的是通货膨胀和失业，不能让他们沦落到排队领取救济食品为生，或靠在街角卖水果度日。我们必须现在就制定好计划，而不是要等到最后的时刻仓促应对、效率低下、考虑不周全。

我已向我们的军中将士们保证，当战争胜利的时候，美国人民不会让他们失望。

我希望国会协助我履行我的承诺，因为很明显这一目标仅靠政府职能部门是无法做到的。希望国会在这一点上能尽心尽职，美国人民将坚持对为我们打赢这场战争的将士们履行自己的义务。

当然，安置好归国的将士们只是问题的冰山一角。自 1941 年以来，有数百万美国人工作、生活在战时经济当中，要解决好这些人的安置问题。更大的挑战是战时状态向和平时期的过渡。政府正在拟定计划，并递交国会予以实施。

但是，比起其他人，军人一定要做出更大的牺牲，无论是在经济方面还是其他方面。军人有权要求采取明确的行动来解决他们的特殊问题。

在我看来，他们至少有权要求下列事宜：

第一，每位军人和每位商船船员光荣转业或退伍时得到一笔安置费。针对每个人的实际情况发给足够的安置费，使其能够维持自退伍转业到找到一份新工作这段时间的生活。

第二，万一努力之后仍未找到工作，如果在联邦就业服务署登记注册，就可以领取失业救济金。

第三，为军人提供进一步教育或贸易培训的机会，所需经费由政府承担。

第四，依照其服役期限，抵减所有的参战士兵失业保险金和养老保险金。为此，所有的参战士兵均被视同一直在私营企业工作。

第五，改进并放宽残疾军人和商船船员在就医、休息疗养及医疗保健方面的条款。

第六，给残疾军人发放足够的抚恤金。

政府正在拟定其他重大的，具有建设性意义的计划以解决某些迫在眉睫的问题，涉及食品、人力以及其他与军人密切相关的问题。

几周之内，我将就政府职能部门将要采取的确切行动以及国会在新的立法方面具体的建议和举措再次发表讲话。

然而，我们对未来所有的筹划都要基于对所面对问题的清醒认识和理解。筹划只能靠真正的思考，而不是靠猜测臆断，也不能靠政治上的操纵。

我承认我自己有时候都被报纸上相互矛盾的言论弄得晕头转向。一天我看到一则"权威性"声明，声称我们将于今年，也就是 1943 年赢得战争胜利。接下来第二天又出现一则同样"权威性"声明，声称战争将持续至 1949 年。

当然了，两种极端：乐观主义和悲观主义，都是错误的。

战争持续的长短将取决于前方和后方的全力以赴和坚持不懈，而且这些努力都是为了一个共同的目的。

任何一名美国士兵都是不喜欢战争的。然而，如果他停止战斗哪怕是短短的一瞬间，他自己以及他的战友可能就会丧命。

同样，国内的工人也可能不会喜欢战时条件下艰苦的工作、生活状况。但是如果他对待工作漠不关心、消极怠工的话，同样可能造成美国士兵血染疆场及一次重大战役的失败。

下一次如果有人对你说这场战争已"稳操胜券"，或者说"胜负已定"，你应该问他下面这些问题：

"你在满负荷地工作吗？"

"你在全身心地种植粮食吗？"

"你在尽自己所能购买战时公债吗？"

"在防止通货膨胀、打击囤货居奇牟取暴利方面，在公正地执行配给制政策吗？你是真诚、愉快地配合政府的工作吗？"

"因为，如果你的回答是'不'，那么战争将持续比你想象的更长的时间。"

我们推翻墨索里尼及其走狗的计划已取得了巨大的成功。但是，我们还要打倒希特勒及其帮凶、东条英机及其军国主义分子。没有人能说这将是轻而易举的事。

我们必须打到希特勒和东条英机的老巢。这要求我们倾注更多的精力，需要更多计谋和精心的筹划。

我们要将所有的力量、智慧和意志力倾注到这场战争中。这样说并不为过。美国是一个伟大的国家，是一个富裕的国家，但这种伟大和富裕不足以让我们有丝毫的懈怠去浪费资源或牺牲将士们的生命。

不获全胜决不收兵。这是前方每一位将士的决心，也必将是每一位美国后方民众的决心。

注释：

[1] 1943 年 7 月盟军的西西里岛登陆战役打响，因战事失利和反法西斯运动高涨，意大利独裁统治者墨索里尼被赶下了台。

[2] 这里指德意军队在北非战场的溃败和投降。

[3] 北非战役计划即北非登陆战役的作战计划，代号"火炬"，于 1942 年 7 月中制定完成。西西里战役计划即西西里岛登陆战役的作战计划，于 1943 年 1 月间在卡萨布兰卡制定完成。

[4] 德怀特·D. 艾森豪威尔，美国将军、第 34 任总统，五星上将军衔。第二次世界大战期间曾任盟军总司令，指挥北非、西西里和诺曼底诸次重大战役。

[5] 这里的坎宁安、亚历山大和特德都是英国军人，担任艾森豪威尔的副手。当时艾森豪威尔的军衔是三星中将（也是临时的，实际军衔只是中校），这三人的军衔都高于他。

[6] 阿留申群岛，北美洲阿拉斯加西南的火山群岛，隶属于阿拉斯加州。

26. 发起第三次战争筹款运动（1943 年 9 月 8 日）

这篇谈话是在意大利与英美签署投降协定（9 月 3 日）数天后进行的。罗斯福在这篇谈话中宣布了意大利战场的停战，但同时警告国人战争远没有结束，号召盟军将德军赶出意大利，并打赢地中海战役，明确了战争的终极目标，即打到柏林，打到东京。为了配合战争的物资需求，罗斯福发起了第三次认购战时公债的全民运动。

美国同胞们：

几年前，美国中西部有一座城市遭遇了洪水的威胁，整座城市危在旦夕。洪水即将漫过堤坝，全城所有的男女老少都被调动起来填运沙袋以抵御不断上涨的洪水。多少个日日夜夜，毁灭和死亡近在咫尺。

最终，全体民众众志成城，万众一心，保住了家园。所有的人，不分种族与职业：商人、工人、农民、医生和传教士，都参与了这场与洪水的殊死较量。

今天，同样需要全体民众众志成城、万众一心，只是规模更大，使盟国及其民众能够保住文明的大堤不被侵略、野蛮和大屠杀的洪水所吞噬。这场洪水已肆虐四年之久，我们终于开始遏制住它。但洪水尚未完全退却，我们不能有丝毫的放松与懈怠，要持续不断地装填沙袋严阵以待。这次发行战时公债的活动，我们就是在装填沙袋以抵御洪水。如果我们要阻挡住这污水洪流，不被它席卷而去，这些沙袋就是必不可少且至关重要的。

今天，意大利境内已进入停战状态。[1]

对盟军来说，这是一个重大的胜利。而对意大利人民来说也同样是一个重大的胜利。遭受了常年的战乱和屈辱的生活，意大利人民终于迎来了这一天，从纳粹的魔爪下解脱出来。

但我们切不能误认为这局部的停战就意味着地中海地区战争的结束。我们必须将德国人赶出意大利，就像当初我们将他们赶出突尼斯和西西里一样。我们必须将他们驱逐出法国以及其他所有的被占领的国家。我们还必须从四面八方向他们的本土发起进攻。

这场战争的最终目标是一直打到柏林和东京。

请你们时刻牢记我们的目标。不要忘记要实现这些目标还有很长的路要走。

今天从艾森豪威尔将军那儿传来了好消息。然而，大家绝不能飘飘然地说："好了，终于大功告成了。我们已经打得敌人望风而逃，一败涂地。现在我们可以好好地庆祝一番了。"

现在就庆祝还为时尚早。而且我怀疑当胜利来临时，我们是否还会有庆祝的想法。我想到时候我们共同的想法会是决心不让战争的悲剧重演。

过去的几周里，我与丘吉尔首相及盟军的统帅们一直在召开会议，并一直与我们的盟友苏联和中国保持联系，他们正在远东前线与敌人进行不屈不挠的战斗，并取得了辉煌的战绩。在这样一个生死攸关的时刻，我和丘吉尔在华盛顿进行了会晤。

我们看到，去年1月在卡萨布兰卡、5月在华盛顿制定的计划[2]成效显著，令人满意。近来我们已针对未来制定了新的全面计划。但在整个会议期间，我们时刻保持着清醒的头脑，在即将到来的几个月漫长的时间里，战争规模会更大，也会更加残酷。

这场战争一刻也不会停歇，也不能停歇。前方的将士知道这一点。那些正在穿越丛林与日军激战的将士们，那些在破晓时分乘登陆艇冲向敌人海岸的将士们，那些驾驶轰炸机超低空飞行将炸弹投向目标的勇士们，他们每一个人都知道，战争每一分每一秒都在继续，直至取得彻底的胜利。

同样，盟军的每一位统帅正在一刻不停地思考着。每耽搁一天都可能付出惨重的代价——战争就可能多持续数月。

我们计划及发动的每一次战役，每一次战役中的每一次战斗，都会带来数量惊人的物质消耗。任何资源的运用都决不能吝啬，因为我们需要这一切资源去完成我们的使命。

在世界各地的每一块战场，无论是陆地、空中还是海上，美军将士们已经表现得十分出色。现在该是你们来证明自己的时候了，证明你们也正在做出贡献，甚至超越那些前方的将士。仅仅将我们的日常积蓄用于购买战时公债是不够的，我们必须节衣缩食剩下钱来购买战时公债。只有这样我们才对得起自己的良知。现在就看你们的了，美国国内的同胞们。我们的儿女正在为捍卫我们的家园而工作、战斗甚至牺牲。

当谈到我们美国人是不会乐于把劣质的装备送到我们前线部队手中的时候，我知道我是说给每一位美国人听的。我们也不会满足于将与敌人旗鼓相当的装备交予部队手中。我们一定要为我们的部队提供每一种他们所急需的武器装备。这些武器装备无论在数量上还是在质量上都要占有压倒性优势。

那么我们的这种压倒性优势又从何而来呢？这只能来自每一位美国民众的支持。你们借给政府的钱，你们所缴纳的税，都要用于购买那些致命的，同时又是挽救生命的武器装备。这些武器装备是赢得胜利所必需的。这是一场代价昂贵的战争，要花大量的钱。作为美国公民，你们可以维持最低的生活支出，以支持政府渡过难关。

美国人民永远都不会去计较为了挽救文明所付出的代价。他们知道，如果没有了自由，金钱将会失去意义。

可以确信，敌人正在盯着我们的一举一动。他们知道，此次筹款如获成功，战争进程将会缩短。他们知道，美国民众筹的钱款越多，战场上美军将愈加强大和果敢。他们知道，只有美国民众团结一心、意志坚定才能够募集到这 150 亿美元的巨额资金。

4 月第二次战争筹款的巨大成功表明，我们这个民主国家的民众是前方将士的坚强后盾。

今晚行将举行的第三次战争筹款也将取得巨大的成功，因为美国人民是不会坐视不理的。

我无法说清在这第三次战争筹款过程中将会有多少钱购买战时公债。没有人能说得清。这全靠你们凭自己的良知来决定。

然而，我还要补充说一点。因为国家的需求比以往的任何时候都要大，我们也要做出比以往任何时候都要大的牺牲。

没人知道全面的胜利会何时到来。但是我们知道，对敌人的攻击越猛烈，我们的力量越强大，战争的进程就会越短，所付出的牺牲也就越小。

第三次战争筹款的成功将表明，美国并不打算安于现状。我们知道前面的任务更艰难。我们不会停下前进的脚步直至最终完成我们的任务。

考验你们的时候到了。

你们用于购买战时公债的每一美元都表明你们对我们的共同敌人——野蛮残暴的德国人和日本人——的蔑视，都表达了你对盟国以及前方所有将士的信心，也是对他们士气的极大鼓舞。上帝保佑他们！

注释：

[1] 1943 年 7 月 25 日墨索里尼下台后，原意军总参谋长巴多里奥组建新政府，并宣布停战。9 月 3 日，新政府与美英签订无条件投降协定。

[2] 这里的计划分别指北非战役和西西里战役的作战计划。下文的"新的全面计划"则指代号"霸王"的诺曼底登陆计划。

扫码收听录音

27. 关于德黑兰会议和开罗会议（1943 年 12 月 24 日）

　　开罗会议和德黑兰会议是 1943 年 11 月下旬同盟国首脑连续举行的两次推进战争进程和进行战后规划的重要会议，由此确立了开辟欧洲第二战场和远东联合作战的计划，开始了对轴心国的全面反攻，并确立了战争目标和战后和平原则。此时，胜利的曙光似乎已经显露，和平安宁已经不再遥远，"终于可以满怀信心地憧憬未来了"。缘于此，罗斯福意味深长地选择在平安夜做了这次"炉边谈话"。显然主题是两次会议，但平安、圣诞的气氛贯穿整个谈话，"世界和平，人类友善"的圣诞精神给人以极大的温馨和鼓舞。

朋友们：

　　我刚刚结束对地中海地区以及苏联边境地区的巡访返回。就目前的军事问题，尤其是就从各个方向加快对敌作战计划制定方面，我与英国、苏联和中国的领导人进行了会晤。

　　今年圣诞节，光是美国的兵力就达到了 1 000 万人。一年前，我们在海外作战的兵力是 170 万人。今天，这个数字翻了一番还要多，海外兵力总数达到了 380 万人。到明年 7 月 1 日，海外兵力的总人数将增加到 500 万人。

今天，当对外广播机构为我安排时间对我们的三军将士以及商船船员发表讲话之际，我才真切地感受到这是一场真正意义上的世界大战。此时此刻，美国、加勒比海、南美的北部海岸正是下午；阿拉斯加、夏威夷和太平洋中部地区还是早晨；冰岛、英国、北非、意大利和中东地区已是夜晚。考虑到这些情况，我们确定了此次广播的时间。

西南太平洋、澳大利亚、中国、缅甸和印度现在已是圣诞节了。所以，可以这样说，此刻对在远东地区作战的美军官兵来说，已经是 25 日了。

但是，在世界的每一个角落，在这场世界大战的每一时刻，一种特殊精神一直在激励着我们。这种精神使我们贴近我们的家园，使我们与朋友和邻居的关系更加亲密。这就是"世界和平，人类友善"的圣诞精神。这种精神生生不息。

过去的几年中，霸权主义和野蛮的侵略行径在欧洲和亚洲横行，圣诞狂欢也由于对未来的忧虑被蒙上了阴影。我们曾互致问候说："圣诞快乐！新年快乐！"但我们清楚，笼罩在世界上空的乌云使我们难以诚挚地、满怀信心地互致祝福。

今年，我们仍将历经更多的磨难，面对更多的牺牲和个人的悲剧。经历了所罗门群岛、吉尔伯特群岛、突尼斯和意大利的血战，以及对现代战争的体验和了解，我们的将士们知道仍然有许多大仗要打，代价也将更大。

但是，今年的平安夜，我们终于可以满怀信心地憧憬未来了。也就是说，无论代价多么巨大，"世界和平，人类友善"能够并终将得以实现和保障。今年我可以说这样的话了。去年，我只能表达一种希望。今天，我对此十分有把握，尽管代价可能很大，所需时间也可能较长。

过去的几年、过去的几周已经创造了历史。比起整个人类历经的任何一个历史阶段，比起历史上动荡岁月中人类所大胆奢望的一切，我们所创造的历史都要辉煌灿烂得多。

今年10月的莫斯科会议，莫洛托夫、艾登先生和美方的赫尔先生开创了先河[1]，为后续的诸多会议铺平了道路。

在开罗会议和德黑兰会议[2]上，我们不仅专注于军事问题，还专门考虑了对世界未来的规划，以告慰在这场战争中死去的亡灵。

当然，大家都知道，我和丘吉尔先生以前曾愉快地会晤过多次。我们之间彼此熟悉，彼此理解。的确，丘吉尔先生在美国早已名闻遐迩，受到美国民众的爱戴。最近在他身患重病期间，所有的人都发自内心地为这位伟人祈祷。

在开罗和德黑兰会议上，我第一次有幸与蒋介石先生和斯大林元帅坐下来面对面交谈。在开罗和德黑兰，我们原打算隔桌交谈，但很快我们就发现我们坐到了同一边。怀着对彼此的信任我们来参加这场会议。但我们需要个人之间的接触。如今我们彼此之间的信任在加深。

跋涉数千英里的会晤是非常值得的。其间，我们收获了令人振奋的保证：我们在多个主要的目标上的主张完全一致，包括实现这些目标的军事手段。

在开罗会议期间，我和丘吉尔先生和蒋介石先生共同度过了四天时光，我们第一次有机会在一起共同审视分析远东地区的复杂局面。我们不仅敲定了明确的军事战略方针，而且还商讨了某些长远的原则。相信这些原则能为远东地区的未来带来和平。

这都是一些简单、基本的原则。其中包括：将掠夺的财产归还给其法定拥有者；承认远东地区的人们有权按照自己的意愿建立自治政府。永远消除日本帝国主义，消除其成为侵略者的后患，以确保太平洋地区和世界其他地区的和平与安宁。这一点至关重要。美国以及其他国家的将士们，将永远不必再像今天这样与敌人逐岛争夺，浴血奋战。

不断强大的美军正在一条巨大弧线的许多点上狠狠打击日本人。这条弧线穿过整个太平洋，从阿留申群岛一直到缅甸的丛林。美国、澳大利亚、新西兰、荷兰以及英国的军队汇集在一起，形成一条钢铁洪流，缓缓地向前推进，形成对日本的包围。

亚洲大陆上，在美国空军的支援下，蒋介石先生正指挥中国军队发起反攻，将侵略者赶入大海。

按照在开罗制定的军事计划，马歇尔将军已与麦克阿瑟将军和尼米兹将军[3]召开多次会议。这些会议的内容在不远的将来对日本人来说将是噩耗。

在与蒋介石先生的会晤当中，我看出他是一位有远见卓识、英勇无畏、对目前及将来的诸多问题有独到见解之人。我们就对日本从各个方向发起攻击的方方面面的军事问题展开了讨论。可以这样说，他是带着我们要战胜共同敌人的坚定信念返回重庆的。今天，我们之间比以往任何时候都紧密团结、情深谊厚、目标一致。

开罗会议之后，我和丘吉尔先生乘飞机前往德黑兰。[4]在那里我们与斯大林元帅会晤，就我们能够想到的每一个有关在战后建立持久和平的问题开诚布公地展开了讨论。

经过整整三天紧张友好的商讨，我们就对德国发起大规模进攻的每一个细节达成了共识。

苏军将在东部继续向德军发起坚决的反击；意大利和非洲的盟军将在南部对德军施压。如今，随着美军和英军在其他地方对德军发起攻击，对德军的包围将最终完成。

这次从其他地方对德军发起联合进攻的司令官是艾森豪威尔将军。艾森豪威尔将军在非洲、西西里和意大利战功卓著，屡建奇功。他深谙如何指挥陆海空三军协同作战，并有过成功的战例。卡尔·A. 斯帕茨[5]中将将指挥所有美国战略轰炸机群对德国实施轰炸。

艾森豪威尔将军将把他在地中海地区的军事指挥权移交给一位英军将领，这位将领将由丘吉尔先生来任命。我们现在向这位即将到任的指挥官郑重承诺，驻地中海地区的美军将听从他的指挥，直至实现该地区的每一个目标。

来自美军和英军的众多下属军官将辅佐这位新上任的指挥官，其人选将于近期公布。

过去的两天里，我和斯大林元帅、丘吉尔先生在德黑兰对德国战败之后的事宜做了前瞻。我们一致决定必须铲除德国所有的军事力量，并且不允许其在可以预见的未来重新发展军备。

盟军无意奴役德国人民。我们希望德国人们能够作为欧洲大家庭当中有益的、受尊敬的一分子而有机会在和平的环境中发展。但我们要特地强调"受尊敬"这一字眼。因为我们要彻底地消除纳粹和普鲁士军国主义；彻底地清除那种认为日耳曼民族是优等民族的荒唐理念，它给整个人类都带来了灾难。

我们从宏观上粗略地探讨了有关国际关系方面的事宜，并未涉及细节。基于我们讨论的内容，我今天可以说苏联、英国和美国之间不会产生任何无法解决的分歧。

在这些会议上，我们着重探讨了一些基本的原则问题，其中包括了世界上所有国家的安全问题和生活水平方面的问题。

借用一句不太符合语法规则的美国俗语，可以说我和斯大林之间能够"处得来"。他这个人既意志坚定，又非常幽默。我认为他的确是苏联人民的主心骨。而且我也认为我们与斯大林之间，与苏联人民之间会和睦相处。

英国、苏联、中国、美国以及其他盟国的人口占了世界总人口的3/4还要多。只要这四个军事力量强大的国家团结一心，坚定地维护世界和平，就不会有哪个国家能够再次挑起世界大战。

但这四个大国必须与其他欧洲、亚洲、非洲和美洲所有热爱自由的人民合作。国家无论大小，其主权都要受到尊重和保护，就如同我们每一个共和国的主权一样。

弱肉强食是敌人的信条，我们是不会接受的。

但与此同时，只要有必要，我们绝不放弃使用武力维护世界和平。

这是我们一贯的政策，也是一项常识性的政策：每一个向往自由的国家，其主权也必须由其为自由而战的意愿所决定。今天，我们要向那些被占领国家中看不见的盟友——地下抵抗组织和解放力量——致敬。当大反攻之日到来之时，他们将会是强有力的力量。

科学的发展使世界变得越来越小，地理距离正在被淡化。例如，历史上大西洋和太平洋曾被看作美国的天然屏障。例如，凭借这样的天然屏障，对我们美国以及其他美洲的共和国来说，抵御强敌的入侵并保持独立在过去完全不成问题。最近，几乎没有人会认为我们能够在太平洋沿岸抵御日本人的入侵。

第一次世界大战爆发的时候，很少有人会认为我们的船只会在公海上受到德军潜艇的威胁，没有人会认为德国军国主义会企图主宰中欧之外的国家。

1918年停战之后，我们认为并希望德国军国主义的思想体系已瓦解。怀着人类相互友好的善意，之后的20年当中我们一直在裁军。受德国人凄楚哀鸣的假象的蒙蔽，其他的国家允许他们，甚至是资助他们发展军备。

多少年以来我们一直满怀虔诚地期望侵略者和好战国家能够学会、理解并信守维护世界和平的信条。

过去的几年中，我们善意的尝试并未奏效，还给我们带来了灾难。反对者希望我们不要再枉费心机。不，这样说是不是过于软弱了。我的决心是，作为美国总统和三军统帅，我要尽我所能确保类似的悲剧不再重演。

美国国内总是有那么一些喜欢瞎起哄的蠢人，他们认为只要每一位美国人都返回各自的家园然后大门紧锁就不会有战争了。自以为自己动机很高尚，但所发生一切却已经表明他们并不愿意去面对现实。

全世界绝大多数的人民是热爱和平的。他们中的大多数人正在为赢得和平而战斗。不是为了休战，也不是只为了停战，而是为了和平，为了人类稳固的、永久的和平。如果我们今天愿意为和平而战，那么将来为了维护永久的和平在必要的情况下动用武力就是不合逻辑的吗？

我相信并且我认为正在为赢得和平而战斗的另外三个大国也会与我们达成共识：随时准备动用武力维护和平。如果能让德国和日本的民众认识到全世界的人民再也不会允许他们再次挑起战争，他们就完全有可能抛弃侵略的哲学——相信他们会称霸全世界，甚至不惜出卖自己的灵魂。这也是我的希望。

在两周之后我准备递交给国会的报告中，我将就开罗和德黑兰会议做详细的说明。届时我还要详谈有关美国国内的情况。

但今天我想说的是，在我整个的行程中，无论是在国内还是在国外，目睹我们的将士所取得的辉煌战绩，使我倍感鼓舞和振奋。

我想对我们的将士及他们的家人们郑重声明，我们对正在全球各地指挥作战的马歇尔将军和金将军有绝对的信任。他们身兼重任，负责制定战略计划并决定于何时何地发起进攻。这两位将军已经在美国历史中占有了一席之地，获得了崇高的威望。历史将记录下他们的军事才华，今天在这里不便详述。

某些驻扎在海外的美军官兵正在异国他乡过第三个圣诞节。对他们，对所有身在海外以及那些即将奔赴海外战场的官兵们，我做出保证：打赢这场战争并让你们尽早归国还乡是政府的目标。

美国的民众可以确信，当我们的将士凯旋归来的时候，在自由的体制之下，美国将会给他们提供接受教育、疗养等待遇；为他们提供社会保障、就业及开办公司创业的一切机会。他们将会享有充分的选举权，投票选出美国人民自己的政府。

美国人们完全有理由相信，这是一场艰苦的，颇具毁灭性的战争。在这次国外的行程中，我和那些与敌人在战场上有过交锋的将士们交谈。这些将士们对战况的如实讲述再一次印证了敌军将领和士兵们的强悍、骁勇和诡计多端。一定要历经浴血奋战才能赢得最终的胜利。战争已进入到这样一个阶段：我们必须预见到更大的伤亡——阵亡、受伤以及失踪。

有战争就必定会有死亡。胜利的道路不会平坦。战争何时结束现在还无法预测。

我回到国内刚刚一周。我应当把我一路的印象告诉你们。我看到一些人存在这样一种倾向，认为战争很快就会结束；认为我们已经取得了胜利。由于这种错误的认识，我察觉到有人试图重新挑起并鼓动党派之间在思想上和言论上的纷争与矛盾。我希望是我看错了。因为，摆在我们面前第一位也是最重要的任务是打赢这场战争，为我们的子孙后代争取持久的正义与和平。

在欧洲和远东地区正在酝酿大规模的反击。这需要我们、我们的盟国，无论是前线的将士还是在国内的生产一线的工人，都能够倾尽自己的全力并表现出坚韧与勇气。正如我先前所谈到的，我们无法在下周一便制定出大规模的作战计划，在周六就发起攻击。

将近一个月之前，我乘一架大型运输机飞抵巴勒斯坦小镇伯利恒[6]。

今晚，平安夜，世界上所有的基督教徒都在思念这座小镇，思念那颗 1 900 多年前在那里闪烁的宗教之星。

今天，美国的将士们正战斗在白雪皑皑的山脉；战斗在疟疾肆虐的丛林和烈日炎炎的沙漠；战斗在绵延的海岸线和云霄之巅。他们在为他们的梦想而战。我想，他们的英雄事迹正代表了来自伯利恒的信息。

代表美国人民及你们本国的人民，我向我们的军中将士们传达圣诞节的信息：你们正在为铲除世界上的邪恶而战斗。我们在内心深处为你们及与你们并肩战斗的战友们祈祷。

愿上帝保佑你们、你们的家人及你们家乡所有的亲人们。

愿上帝保佑那些伤病员们，保佑那些落入敌手，正等待重新获得自由的战俘们。

愿上帝收留并悉心呵护那些不幸身亡的将士们。他们的同胞将会永远缅怀他们。

愿上帝保佑那些平安夜还在前线杀敌的勇士们。

愿上帝保佑我们所有的人。让我们坚信我们是在为人类美好的明天而战——在这里，在世界的每一个角落。

注释：

[1] 莫洛托夫、艾登、赫尔分别是当时苏、英、美三国的外交部部长（大臣），他们在莫斯科的会晤为后来三国元首的会议打下了基础。

[2] 开罗会议是美、英、中三国首脑于 1943 年 11 月 22—26 日在埃及首

都开罗举行的会议，会议商讨了联合对日作战计划以及击败日本后如何处置它的问题，12 月 1 日发表《开罗宣言》。《开罗宣言》的主要内容是：剥夺日本在一次大战开始后在太平洋占领的一切岛屿，归还日本侵占的中国领土，把日本从其攫取的所有土地上驱逐，坚持日本无条件投降。德黑兰会议是美、英、苏三国首脑于 1943 年 11 月 28 日—12 月 1 日在伊朗首都德黑兰举行的会议，会议讨论了三国对德作战中的一致行动和战后和平问题，缔结了《德黑兰协定》（当时未发表），规定美英等于 1944 年 5 月发动诺曼底登陆（实际上在 6 月 5 日），开辟第二战场。会后发表的《德黑兰宣言》宣布三国就消灭德军的计划取得完全的协议，并将协力在战后创造和平。

[3] 切斯特·尼米兹，美国海军五星上将，曾任太平洋舰队总司令兼太平洋战区最高司令，指挥中途岛海战以及诸多在太平洋夺取日占岛屿的行动。

[4] 开罗和德黑兰会议原本应是四国首脑的国际会议，由于当时苏联对太平洋战争保持"中立"，所以斯大林不愿出席有蒋介石参加的会议，故一个会议分成了两个：斯大林不参加开罗会议，蒋介石不参加德黑兰会议。

[5] 卡尔·A. 斯帕茨，美国空军四星上将，曾任战略航空兵司令、空军参谋长，曾指挥 1942 年对欧洲德占区的轰炸和 1945 年的对日原子弹投掷。

[6] 伯利恒是基督教和犹太教的圣地，位于巴勒斯坦中部犹太山地的顶端，耶稣诞生教堂是其最著名的古迹。山洞教堂正中的大理石上缀有一颗银制五角星，上镌拉丁文："童贞女玛利亚之子耶稣基督在此降生"。

1943 年 12 月 24 日，罗斯福总统炉边谈话

28. 致国会的国情咨文 （1944 年 1 月 11 日）

这原本是罗斯福要向国会宣讲的国情咨文，但因身患流感，未能前往，因此采取了炉边谈话的方式。谈话中不但阐述了当时国内外的时政情况，更主要的是唤起人们的奋斗精神，以信心十足的精神面貌彻底打赢战争。之后，罗斯福又展望了战后的世界和任务，希望战胜国能在战后携起手来，为建立一个永久和平的世界找到一个造福千秋万代的公平架构。这篇咨文也表露出罗斯福日后创建联合国的初步想法，同时流露出后来《联合国宪章》的精神，即"维护国际和平与安全""促成全球人民经济及社会之进展"的思想雏形。

女士们、先生们：

今天，按照宪法的要求，我向国会递交年度咨文。由我本人来宣读这些年度咨文已成为惯例，同时这些咨文已向全国广播。今年我还要遵循此惯例。但是，和许多美国同胞一样，我也染上了流感。尽管我已基本痊愈，我的医生还是不允许我离开白宫前往国会大厦。

只有少数几家国内报纸全文刊登了国情咨文。在这历史上具有重大意义的一年，我十分迫切地想让美国民众听到我向国会提出的建议以及我提出这些建议的理由。以下便是我的讲话。

在过去的两年中，美国已积极参与到这场反对奴役全人类的伟大战争。

当今世界已受到强盗统治的严重威胁。我们已经与那些志同道合的人们联合起来捍卫我们自己。

但那时我认为，任何一位美国人都不能仅仅满足于能够生存。我们和我们的盟国所付出的巨大牺牲赋予我们一项神圣的责任：确保我们的子孙后代有一个更加美好的未来，而不仅仅是生存。

我们正联合起来，下定决心绝不允许出现这样的局面：这场战争结束之后，经过短暂的过渡又降临一场新的灾难。我们决心绝不重复"鸵鸟孤立主义"的悲剧性错误。

赫尔先生在 10 月前往莫斯科，我在 11 月前往开罗和德黑兰的时候，我们就知道我们已与盟国达成共识，共同决心战斗到底打赢这场战争。但是，仍然存在诸多有关未来和平的至关重要的问题摆在我们面前。在和谐友好的气氛中，我们开诚布公地商讨了这些问题。

在上一次世界大战中，直到战争结束，各代表团围坐在谈判桌前之时才开始类似的商谈和会晤。此前，根本就没有面对面协商的机会以达成共识。结果，和平并非真正意义上的和平。在此，我要对某些心存疑虑的人说上几句。这些人担心我或者是赫尔先生已经做出承诺：美国保证未来将信守秘密条约，或扮演世界圣诞老人的角色。对于这种多疑的人——这是客气的称呼——我希望说明，丘吉尔先生、斯大林元帅和蒋介石先生都很了解我国宪法的规定，赫尔先生也是如此，我也是如此。当然，我们是做出了一些承诺。我们确实做出了承诺要制定大规模的、具体的军事计划，调动所有的军事力量，尽可能早日打败我们的敌人。

但是，根本就没有什么秘密条约以及政治、经济方面的承诺。

经过与每个国家单独协商及全体盟国成员国的共同讨论，未来最高的目标可以归结为一个词：安全。

这不仅仅意味着不受外敌侵略的有形的安全，这还意味着在国际大家庭当中，拥有经济安全、社会安全和道德安全。

在与蒋介石先生、斯大林元帅和丘吉尔先生的开诚布公的交谈中，有一点十分清楚：他们对让本国人民和平发展——奔向更美好的生活非常感兴趣。所以，我们的盟国都希望得到开发本土资源、建设工业、发展教育以及个人发展方面的机会，也希望得到提高生活水平的自由。

所有的盟国都已经从自身的经历——那些痛苦经历——中体会到如果被不断的战争，抑或是战争的威胁转移注意力的话，那么实现真正的发展是不可能的。

对以下重要现实的认识上，中国、苏联、英国、美国的观点完全一致。

每一个国家，无论大小，其最高利益均要求所有热爱和平的国家加入到一个公正、持久的和平体系中来。在目前的国际形势下，德、意、日法西斯的行径已经表明，我们只能动用武力对待那些和平的破坏者，就如同国家要用暴力来对待某些不守法的公民是一样的。这一点毋庸置疑。与世界永久性和平同样重要的是，各国人民较高的生活水平。没有恐惧与消除贫困是永远联系在一起的。

有些人就像视力极差、到处挖洞的鼹鼠一样，他们到处造谣惑众，说什么如果其他国家的生活水平提高了，美国人自己的生活水平就会下降。

实际情况却恰恰相反。如果一个国家的生活水平提高了，其国民的购买力就会提高。这样，与之贸易的邻国的生活水平也会相应提高。这是一个浅显易懂的常识。正是这种浅显易懂的常识，为莫斯科、开罗和德黑兰的会谈打下了基础。

当我结束旅程返回国内之后，我发现华盛顿这里的人们有很多错误的认识。我承认我感到很失望。这些错误的认识在于过分强调次要的问题，对首要的和重大的问题却不够重视。

绝大多数美国民众都能适应战争的要求，表现出非凡的勇气和极大的理解。他们已经接受了战争带来的诸多不便、艰难困苦甚至是牺牲，而且他们准备并乐于为尽快赢得战争做出任何进一步的贡献，只要让他们了解自己该做什么。

然而，当大多数人在毫无怨言地继续工作的时候，有少数人一直在喧嚣骚动，为某些特殊团体谋取特殊的利益。总有些讨厌的人蜂拥在国会大厅和华盛顿的鸡尾酒吧，代表那些特殊的团体对抗国家的根本利益。以牺牲他人利益为代价，他们已逐渐把这场战争看作一个为自己谋求利益的机会——金钱的利益或是仕途的升迁。

这种自私的喧嚣骚动在战争期间是极为危险的。它会造成困惑，影响士气，妨碍举国上下的齐心协力并延缓战争的进程。

如果我们客观分析美国的历史，我们就无法回避这样的事实：在过去，我们并不总是能够在战时舍弃个人和党派的利益——我们也并不总是能够在目的和方向上保持统一。我们不能忽视，在我们的独立战争、1812 年战争或者各州间的战争中，在合众国处于生死存亡的危急时刻，都曾存在严重的分歧，都曾缺乏足够的团结。

在第一次世界大战中，我们比以往任何战争中都更接近于全国的统一。但是，那次战争仅持续了一年半，而且在最后几个月里我们的不团结已经开始日益严重。

这场战争使我们被迫体会到，所有的团体、所有的民众是多么唇齿相依。

举个例子，食品价格上涨将会使所有生产军需品的工人们要求增加薪水。由此带来所有的物资价格上涨，其中包括农民必须购买的东西。工资和物价的上涨将会造成同样的结果。这样会对固定工资的群体造成灾难性的结果。

我希望你们记住，所有在政府供职的人，其中包括我在内，都属于拿固定工资的群体。这一群体包括：企业负责人、工人和农民。这个群体还包括：教师、牧师、警察、消防队员和靠固定收入生活的寡妇和未成年人、军人的家眷以及领取养老金的老年人。他们及其家人的总数超过了美国总人口的 1/4。国会大厦里几乎没有人能代表他们施加影响。在严重通货膨胀时期，他们会是最大的受害者。

如果说有这样一段时期，个人以及团体的私利要服从于国家的利益，那就是现在。大后方一盘散沙，互相争斗，谋求私利，停工怠工，通货膨胀，商界一如既往，政界一如既往，奢华一如既往——这些都造成了极坏的影响，削弱了前方将士的士气——而他们在前方随时准备为我们牺牲自己的生命。

我并不认为那些牢骚满腹的人是在蓄意破坏我们的全民抗战。他们完全是被一种错觉所困扰，认为我们必须付出巨大牺牲的阶段已经过去——我们已经打赢了这场战争，可以开始放松了。然而，目前我们的部队距他们的最终目标——柏林和东京——仍路途遥远，横亘其间的是数不尽的艰难险阻。由此，我们可以看出，上述观点愚蠢到了危险的程度。

过度自信与沾沾自喜是我们最致命的敌人。去年春季——在斯大林格勒战役、突尼斯战役以及在公海上对潜艇取得明显胜利之后——过度自信的表现突出，以致军工生产水平有所下降。在 1943 年 6 月和 7 月，本来可以而且应该生产出来的 1 000 多架飞机却没有完成。没有造出这些飞机的人并不是在罢工，他们只不过是在谈论："战争已经十拿九稳——咱们可以放松放松。"

政府、管理方和普通员工，任何一方有这样的态度都会延缓战争的进程，都将会给我们的士兵造成更大的伤亡。

让我们回忆一下 1918 年的教训。那年夏天，战争正向有利于协约国[1]的方向发展，但当时美国政府和美国人民并没有丝毫的松懈。实际上，我们的国家为打赢这场战争做出了更大的努力。1918 年 8 月，征兵年限从 21～31 岁放宽至 18～45 岁。总统号召"全力以赴"并得到了全民的相应。11 月，即三个月后，德国投降了。

这才是打赢战争的真谛——全力以赴，倾其所有，而不是只用一只眼睛关注海外的战事，另一只眼睛盯着一己私利或党派的利益。

因此，为倾举国之力和资源打赢这场战争，也为了维持国内经济健康稳定地发展，我向国会提出如下建议：

1. 采用一套实际的、简化的税法对个人及公司的不合理收益征税，以此降低由我们的子孙后代承担的战争最终成本。国会目前考虑的税法提案并未考虑上述的目的。

2. 有关战时合同重新谈判的法律要延续，此法律将防止产生高额利润并确保价格公平。两年里，我一直恳请国会考虑控制发战争财的问题。

3. 颁布《食品成本法》。它将会使政府能够：（1）设定农民对其产品预期价格的合理低价；（2）设定消费者购买的必需食品的最高价格。正如我以前所提过的，这只适用于生活必需品，而且需要动用公共基金来实施，其数额相当于目前年战争支出的 1%。

4. 早日重新修订 1942 年 10 月颁布的《价格稳定法》。此项法规将于 1944 年 6 月 30 日到期失效，如不能提前修订并延续此法案，预计到夏季会出现价格混乱。靠凭空想象是不能稳定价格的。我们必须采取积极的行动来维护美元的坚挺。

5. 颁布《全民义务法》。战争期间，此法案将禁止罢工；依据此法案，将允许为了战时生产或其他非常重要的事务在全国征调每一位身体健康的成年人。特殊情况例外。

上述五项措施综合起来，可以构建起一个公正、公平的社会。除非颁布其他法律能够降低生活费用支出，保证平等纳税，稳定物价，防止牟取暴利，否则我建议实施《全民义务法》。

在给予公平补偿的前提下，联邦政府有权为了战争的目的征用所有的资本和财产。

正如大家所了解的，三年来我一直为是否实施《全民义务法》而犹豫不决。然而，今天，基于我们过去和目前的经验，我确信颁布实施这项法案是必要的。尽管我相信没有这项法案，盟国也能打赢这场战争，但我更相信，没有什么能比人力物力资源的总动员更能确保战争的胜利，更能减少伤亡损失，减少悲伤和流血牺牲。

我从陆军部、海军部和海运部委员会负责人那里收到了一份相关的法律建议。他们都是对武器装备和现场作战指挥负有责任的人。他们建议说：

> 当国家处于危难之时，所有的人都要承担责任和义务。国难当头，前方的将士与国内的民众是没有区别的。将士们在前线奋勇杀敌，保家卫国；后方的民众抓紧生产军需物资，这些物资对保证前方的胜利也是至关重要的。迅速颁布一部《全民义务法》会唤醒美国民众：国家有难，匹夫有责。

我相信美国民众都会认为这些说法确有道理。

《全民义务法》是进行战争的最民主的方式。就如同选拔征兵制度一样，《全民义务法》要求每一位公民都有责任和义务，在其最胜任的岗位上尽自己最大的努力报效国家。

这并不意味着要降低工资；退休人员和老年人不会丧失自己的权益；任何一位在兵工厂工作的工人目前的工作都不会受到影响。我们必须明确这些事实。

其他参战的民主国家——英国、加拿大、澳大利亚和新西兰，它们的经验表明：有全民义务制度存在，强制权力的广泛使用就没有必要。全民义务制度已被证明是一种促进团结的精神力量——它建立在参战国家全体人民平等的和全面的合法义务之上。

成千上万的美国人还没有参与到这场战争中来。这并不是因为他们不想报效国家，而是因为他们并不知道自己能为国家做些什么。《全民义务法》将为他们指明方向。它将使所有男女因为对胜利做出了最充分的贡献而心满意足。

我知道，所有在兵工厂内为战争做出过贡献的美国民众都会在若干年后对自己的后代们说："是啊。我也为这场伟大的战争出过力。我在飞机制造厂工作，我参与制造过数以百计的战斗机。政府告诉我说，在我的工作岗位上尽心尽职，我就是在做最有意义的工作来报效国家。"

有人会提出异议，认为最艰苦的战争阶段已经过去，现在颁布《全民义务法》已没有必要。但我们前方的将士们知道这种说法是错误的。我们正行进在一条漫长艰苦的道路上。在所有的征途上，最后一段路是最艰难的。正是为了这最后的努力，为了彻底打败我们的敌人，我们才必须调动我们所有的资源。比起1943年，战争规划要求国家在1944年征调更多的人力。

我深信美国人民会接受这一争取早日胜利的举措。此项举措是基于"个人公道，人人公道"的永久公正原则。

这项措施将使我们前方的将士相信美国民众正坚定不移地支持着他们；这项措施也会让敌人丧失斗志，士气低落，相信美国人民同仇敌忾——1.3亿美国人民正在向罗马、柏林和东京进军。

我希望国会能意识到，虽然今年是大选之年，但《全民义务法》确实是一个超越政治的问题。伟大的目的需要全民总动员的伟大力量。

至于这项举措的运作机构问题，国会应视具体情况做出决定。在其成员构成方面应该是完全不分党派的。

我们的军队正在为我们的国家和人民英勇地履行自己的职责。在我国参加的最大战争的这一最为关键的阶段，国会面临着采取上述事关国家安全措施的职责。

一些原因已经妨碍了维护我国军人的基本公民权——选举权——的立法。不论怎样玩弄法律辞藻，都不可能在这1 000万美国公民面前掩盖真相。当年宪法的签署者们并未想过以任何借口——即使是国家处于战争时期——剥夺那些正在为捍卫宪法而战的将士们的选举权。

我们的将士们深知，如果投票的机制完全取决于美国各州现行的法律的话，他们当中的绝大多数人将会失去投票的机会。他们也清楚，这些法律不大可能及时修订使他们能够参加下一届选举投票。陆军和海军的报告说不可能高效地执行48种不同的士兵投票法。国会有责任消除对美国军人的这种不合理歧视，而且是越快越好。

我们现在的责任是开始制定计划并确定战略。不仅仅是要打赢这场战争，我们要着手制定计划并确定战略以赢得持久的和平，确立高过以往任何时期的美国生活标准。不论这一普遍的生活水准有多高，如果我们人民中的一小部分——不管是不是1/3——吃不好、穿不好、住不好、不太平，我们都不能满足。

我们的国家从建国一直发展壮大至今，一直都在倡导某些不可分割的政治权利，其中包括：言论自由、新闻自由、宗教自由、陪审团审判制度、禁止不合理的搜查和拘禁。这些都是我们生存和自由的权利。

但是，事实证明，随着我们国家人口日益增长和成就日益辉煌——随着我们工业经济的发展——这些政治权利不足以保证我们在追求幸福方面的平等。

我们已逐渐清醒地认识到，没有经济上的安全和独立就不会有真正的个人自由。"贫穷的人不是自由的人。"独裁让人们忍饥挨饿，使人们失去工作，生活无以为继。

如今，这些经济上的道理已不言而喻，被人们所接受。我们已经采纳了的可以说是第二个《权利法案》。这个《权利法案》为所有的人重新奠定了安全和成功的基础——不分社会地位，不分种族和信仰。

这些权利包括：在所有的行业中得到有益的、有报酬的工作的权利，无论是店铺、农场抑或是矿山；赚取丰厚的收入以购买食品、服装并休闲娱乐的权利；农民销售自家产品以获得收入，从而保证自己和自己的家人过上美好的生活的权利；每位商人都有自由从事国内外贸易的权利。没有不公平竞争，也没有垄断操纵；家家户户拥有像样住房的权利；享有充分的医疗保障，拥有健康身体的权利；老年人、身患疾病的人、遭遇事故和失业的人得到充分的保障，无经济方面后顾之忧的权利；最后是享受优等教育的权利。

所有的这些权利都意味着安全。打赢这场战争之后，我们必须进一步贯彻实施这些权利，实现人人幸福安康的新目标。

美国能否在世界上取得应有的地位，将在很大程度上取决于如何完全彻底地贯彻实施上述的以及类似的权利。

除非美国的民众有安全感，否则就不会有持久的和平。当代美国最伟大的实业家——一位在这场危机中做出巨大贡献的人——最近强调，美国正面临着"右倾"[2]的危险。任何一位头脑清醒的人都会有这样的担忧。的确，如果任由这种反弹发展下去，让历史倒退，我们重新回归到19世纪20年代所谓的"正常状态"，那么可以确定，即使我们在国外战场上征服了敌人，我们在国内也将屈服于纳粹的阴魂。

我请求国会探索实施这一经济上的《权利法案》的途径，因为人人皆知这确确实实是国会的责任。很多有关这类问题的提案已经递交给了国会相关的委员会。针对这些问题以及进一步的建议，我将经常与国会沟通。万一这项提案没有实质的进展，我肯定所有的美国民众都将会得知这一事实。

在国外浴血奋战的美军将士——还有在大后方他们的家人——都期待这样一项法案。他们有权坚持这样的要求。政府应该认真考虑他们的要求，而不是总去迁就那些给政府施压的利益集团——他们牢骚满腹，只谋求私利，却置前线流血牺牲的年轻将士于不顾。

我们一贯遵循的外交政策——在莫斯科、开罗和德黑兰所遵循的方针——基于普通常识的原则，本杰明·富兰克林曾在1776年7月4日对这项原则进行过经典表述："我们都必须摽在一起，否则我们肯定会被一个个分别吊死。"

我已经常提到,对美国来说,这场战争中不存在两条战线,而是只有一条。这条统一的战线一直从后方民众延伸至前方冲锋陷阵的美军官兵。当我们说起万众一心、全力以赴时,不仅指前方的战场,还指工厂、农田和矿山。

在这国难当头的时刻,上帝赋予我们每个人神圣的职责报效我们的国家,让我们的国家在一个更加美好的世界中屹立于强国之林。

注释:

[1] 协约国是第一次世界大战期间,俄、法、英、美、日组成的共同对德、奥作战的军事联盟。战后解散。

[2] "右倾"指以政客联盟、利益集团和托拉斯为代表的极端主义者反对"新政"的言行,他们主张回到 20 世纪 20 年代的自由经济阶段,并称那时是"正常状态"。

29. 谈攻克罗马（1944 年 6 月 5 日）

　　这是罗斯福在诺曼底登陆前夜的一篇谈话，其中他激动地宣布盟军部队攻克罗马的振奋人心的消息，以及盟军在意大利的进展。随后提醒国人在兴奋之余保持头脑清醒，告诫国人战争还在继续，同盟国军队和轴心国军队还会有更惨烈的战斗。他还充满敬意地概括了罗马城的历史地位，以解放这样的"永恒之城"来激励斗志，宣示正义战争的道德力量。

朋友们：

　　昨天，也就是 1944 年 6 月 4 日，美国和盟军部队攻克了罗马。这是第一个落入我们手中的轴心国首都，一个被攻克了，另外两个也指日可待。

　　第一个被攻克的首都历史最悠久，这具有重大的意义。罗马的历史可以追溯至西方文明的起源阶段。至今我们还能看到当时罗马和罗马人统治整个西方世界的三个遗迹，这同样具有非凡的意义。因为盟军已下定决心，未来任何一座城市、任何一个民族都不能统治整个世界。

除了那些古迹，我们在罗马还见到一些基督教的标志性建筑，这种基督教标志性的建筑几乎遍及世界的每一个角落。很多地方都有有关宗教的庙宇和教堂，但是罗马的教堂和神庙最明显地表明了早期先贤圣人和殉道者的信念和决心：基督教将永世长存，传遍四海。今晚，由盟军来保障主教和梵蒂冈城[1]的自由，我们深感欣慰。

同样具有非凡意义的是，盟军部队已解放了罗马。美军和英军担任了主攻任务。其他盟国部队以及英勇的加拿大部队与他们并肩战斗。骁勇善战的来自南太平洋的新西兰人、勇敢的法国人和法属摩洛哥人、南非人、波兰人和东印度群岛人，所有的人与我们一道，浴血杀敌，直扑罗马城。

意大利人民从未心甘情愿地加入轴心国。此刻，他们调转枪口，在自己的国土上与我们并肩打击德国侵略者。

罗马的解放，对希特勒和他的将军们来说无异于雪上加霜。在行将崩溃的东线和西线战场，德国将以巨大的物质损失和人员伤亡为代价做最后一搏。德国人曾毁掉了那不勒斯和其他一些意大利城市。罗马能够幸免于被完全摧毁，绝不是纳粹的初衷。盟军将领运筹帷幄，纳粹若想彻底毁掉罗马，只能冒全军覆没的危险。

但是，罗马绝不仅仅是一个军事目标。

从恺撒大帝时代起至今，罗马就一直是权力的象征。罗马曾是共和国，也曾是帝国。从某种意义上讲，罗马曾是天主教会的标志，也是统一之后意大利的首都。[2]遗憾的是，在这之后，即25年前，罗马成为法西斯主义滋生泛滥的温床，成为轴心国三个老巢之一。

25 年里，意大利人民遭到奴役，在墨索里尼的统治下受尽屈辱。意大利人民一定会为意大利的解放欢呼雀跃。在意大利北部地区，当地人民仍在遭受纳粹以及纳粹傀儡的统治和威胁。

我们的胜利恰逢这样一个美妙的时刻：盟军正准备在西欧开辟第二战场，而纳粹的部队只能战战兢兢地防备我们的进攻。与此同时，英勇的苏联红军正日渐壮大，愈战愈勇。

从严格的军事意义上讲，我们早已实现了意大利战役的某些主要目标：控制主要的岛屿；控制地中海上的航线以缩短我们的运输线；占领罗马南部福贾[3]的所有飞机场，并以这些机场为基地对欧洲大陆实施攻击——覆盖整个欧洲大陆一直到苏联前线。

我们头脑里那种肆意夸大攻克罗马的军事意义的想法是很不明智的，我们必将经过长时间的努力和更加残酷的战斗才能攻入德国本土。从开罗、利比亚、突尼斯到意大利南部，德军一溃千里。他们遭受了巨大的损失，但并未伤及元气，仍有可能做最后的抵抗。

德国尚未缴械投降，还未到山穷水尽的地步，还有可能在稍作喘息之后死灰复燃重新挑起争霸全球的战争。

因此，胜利离我们还很遥远。胜利的一天也终究会到来，这一点不用担心。但正如我无数次所谈到的，取得最终的胜利将十分艰难，并将付出巨大的代价。

意大利人民长期生活在墨索里尼的腐败统治之下。上层的生活腐化奢侈，其国民经济状况却每况愈下。盟军部队发现，当地人民忍饥挨饿，营养不良，遭受疾病的折磨，教育状况每况愈下，公共健康水平降低。所有这一切都是纳粹的暴政造成的结果。

盟军在占领地区的任务一直十分艰巨。我们不得不从最根本处着手，协助当地政府进行民主改革。德国人抢走了他们的粮食，我们必须为他们提供食品。我们得帮助他们耕种田地，以使他们能够自给自足。我们得帮助他们恢复本国的教育，从法西斯的影响下摆脱出来。

我认为全体美国人都会赞同对意大利人民的救援，他们正在自由的环境里开始新的生活。

某些人可能会由此想到财政支出方面的问题，实质上这可被视为一种救济。而与此同时，我们希望这种救济将是对未来的一笔投资。这笔投资的红利便是铲除法西斯主义，消除意大利再次发动侵略战争的任何欲望。这些红利表明这笔投资是划算的，因为有利于世界的和平。

意大利人民有能力组建自治政府，他们热爱自己的祖国，他们的种种美德一定会重新展现在我们的面前。

我们不会忘记，若干世纪以前，意大利人是艺术和科学的先驱，他们使全人类的生活更加丰富多彩。

我们不会忘记，意大利人民的优秀代表伽利略和马可尼，米开朗基罗和但丁。[4]我们更不会忘却那位英勇无畏的意大利探险者——克里斯托弗·哥伦布。

意大利曾试图通过建立一个军事帝国来提高自己的地位，这绝对行不通。意大利国内已人满为患，但他们大可不必试图去征服他国以谋求生存之路。没有任何一个民族是可以随意征服的。

过去，上百万的意大利人涌入美国。他们受到了欢迎，并在美国成功发迹，成为了优秀公民和政府的领导者。他们不是美国的意大利人。他们是意大利裔美国人。

成千上万的意大利人已迁往其他美洲国家：巴西和阿根廷。他们已经迁往世界上的许多其他国家，带去了产业和人才，在异国他乡取得了成功，过上了舒心的日子并成为优秀公民。

作为一个伟大的国家，意大利应该继续为全人类的文化与进步，为人类的美好愿望做出自己的贡献；发展其在艺术、手工业和科学方面的特殊才华；保护历史和文化遗产，为了自己也为了全人类。

我们需要并期待意大利为人类的长期和平做出自己的贡献。所有反对法西斯主义和纳粹主义的国家都应伸出手来援助意大利，给意大利一次机会。

德国统治罗马已多年，几近将这座"永恒之城"[5]的居民置于饥饿的边缘。美国和英国将竭尽全力予以他们救援。预计在攻陷罗马之时，我们将向这座城市提供食品。但是我们也应清醒地认识到，这座城市对食品的需求量是巨大的，部队的运输任务将十分繁重。供给的改善必须是逐步的，不能一蹴而就，但是我们拯救罗马市民的行动已启动。

我认为，这一切正说明了我们战争机制运行的高效率。生产粮食，造出商船，制造并集中军需物资，跨越重洋提供补给，未雨绸缪应对突发事件——所有的这一切都表明了我们美国人民的效率和活力——包括我们武装力量的每个部分，与部队协同作战的每个机构，还有美国的所有行业及其员工。

进行这样大规模的战争是不可能做到完美无瑕的。平均来看，我们所取得的战绩已经相当辉煌了。

因此，我代表美国人民向指挥整个意大利战役的亚历山大将军，向指挥美军第五集团军和第八集团军的克拉克将军和里斯将军[6]，向地中海战区盟军最高司令威尔逊将军及他的副官德弗斯将军[7]，向伊克将军[8]，向坎宁安和休伊特海军上将[9]，向所有的将士们表示祝贺和感谢。

上帝会祝福他们，保佑他们，保佑所有浴血奋战的勇士们。

注释：

[1] 梵蒂冈城坐落在罗马城的西北角，是天主教教廷所在地。罗马教皇是教廷和城国的首脑，亦有"罗马城主教"等称谓。

[2] 这里概括了罗马的历史。罗马在公元前 510 年王政时代结束后建立罗马共和国，公元前 1 世纪后半叶共和国为罗马帝国取代，一直持续到 476 年西罗马帝国灭亡（东罗马帝国存至 1453 年）。1870 年意大利统一后，罗马成为首都。由于 756—1870 年罗马曾是教皇国首都，此后又是梵蒂冈城国所在地，故罗马又有"天主教中心"之称，文中提到的"天主教教会"指的就是这个意思。

[3] 福贾，意大利南部的一座城市，位于普利西平原中心。

[4] 这里列举的四位都是意大利的历史名人。伽利略是物理学和天文学家，是近代实验科学的奠基者。马可尼是工程师，无线电的发明者。米开朗基罗是文艺复兴时期的雕塑家、画家。但丁是诗人，著有《神曲》等作品。

[5] 罗马城历史悠久（始建于公元前 753 年），长期以来居于欧洲政治、文化中心的地位，故有"永恒之城"的誉称。

[6] 克拉克，美国四星上将，曾任第五集团军司令等职，参与指挥了北非登陆、西西里登陆和进攻意大利的战役。里斯为美国第八集团军司令。

〔7〕威尔逊，英国将军，1944年1—11月担任地中海盟军最高司令官。战后晋升为陆军元帅。德弗斯，美国陆军上将。擅长指挥坦克部队作战，参与了欧洲战场的作战。

〔8〕伊克，美国空军中将，曾参与北非、欧洲战场的空军作战。

〔9〕休伊特，美国海军上将，曾参与北非、欧洲战场的海军作战。

扫码收听录音

30. 发起第五次战争筹款运动（1944 年 6 月 12 日）

　　此次谈话主题是第五次战争筹款运动。在盟军诺曼底登陆后不到一周，罗斯福总统通过电波号召全体美国人民再尽一份责任，全力认购战时公债，全力支持盟军的反攻军事行动。他分析了全面有利于同盟国的战争形势，强调了军事物资在取得胜利方面的重要作用。谈话中罗斯福把购买战时公债提升到了道德的高度，指出纳税"说到底，那是美国公民应尽的义务"，而认购战时公债却是"每一位公民在自己良知指引下做出的自由选择"。"不论我们每一个人能做什么，购买战时公债是所有人为赢得这场战争能够做到也应该做到的"。

　　今天，在遍布全球各地的战场上，所有海外作战的美军都驻扎在指定的驻地。在美国本土也一样。我们需要我们的勇士们，我们为他们感到骄傲和自豪。但是，在未来一段令人忧虑的时间里，我们不要忘记勇士们也需要我们。

　　毋庸置疑，我们必须继续制造出大量的、成千上万种大大小小的各种武器，这些武器对打赢这场战争是至关重要的。从战争一开始这就是我们的主要任务，现在仍然是。从事军需物资生产的工人想离开兵工厂从事民用商品的生产，但现在还不是时候。

不用说，我们还必须继续向政府提供战争所需的资金，不仅仅是通过纳税——说到底，那是美国公民应尽的义务，还要认购战时公债——这是一种自由的选择，每一位公民在自己良知的指引下做出的自由选择。

不论我们每一个人能做什么，购买战时公债是所有人为赢得这场战争能够做到也应该做到的。

今晚，我很高兴地看到这似乎是每个人正在做的事情。尽管说有某种形式收入的美国民众现在大约是 6 700 万人，却有 8 700 万人已经认购了战时公债。他们已经购买了 6 亿份的个人债券，所购买债券的总额已超过 320 亿美元。这些都是个人认购的债券。几年前，任何人都会认为完成上述的事情是异想天开。但是这样的异想天开却在美国人的身上变成了现实。

当然，我们当中总会有一些悲观主义者。我想起这样一件事。1940 年法国沦陷之后，我向国会提出申请追加经费每年生产 5 万架飞机。人人都说我疯了，说这个数目完全不切实际，是异想天开的，是办不到的。然而，今天我们正年产 10 万架飞机。

你们认购的战时公债与正在跨越英吉利海峡的千军万马以及源源不断的军需供应有着直接的联系。你们认购的战时公债与今天世界每一个角落的战争都密不可分。

因此，今晚，在第五次战争筹款运动启动之际，我们应该笼统地审视一下这次世界大战的全貌，因为本次筹款运动的成与败将在很大程度上将影响到我们能否取得这场战争的胜利，实现和平的进程。

尽管我知道，今晚人们关注的焦点是英吉利海峡和诺曼底海滩、农场和城市[1]，我们却不应当忽视这样的事实：我们的部队正在遍布全球的战场多线作战，每一个战场都不是孤立的，都与其他战场有着密不可分的联系。

因此，很有必要与过去做一下总体的比较。让我们拿今天与两年前即1942年6月进行比较。当时，德国实际上已控制了整个欧洲，并逐步推进，使苏军退至乌拉尔山脉地区。德国已控制了北非和地中海地区，正叩响进出苏伊士运河和通往印度的门户。意大利是一支重要的军事力量，是纳粹的帮凶，之后的战役也证明了这一点。

日本控制了阿留申群岛西部；威胁着到澳大利亚和新西兰的门户，同时也威胁着印度。日本已占领并控制了中太平洋的绝大多数地区。

美军无论在陆上、海上还是空中都处于全面防御状态，在逐渐积蓄力量。盟军正承受敌人不断的攻击，节节败退。

1942年，美国政府长出一口气。首次发行的战时公债被美国人民认购一空。回顾两年前的那些日子，我们经常听到来自"业余战略家"和"政治评论家"的鼓噪之词。其中一些言论更有益于希特勒而不是美国。这是两年前的事。

但是今天，我们在全世界对敌人展开了反攻。

在太平洋，通过潜艇和水面舰艇的打击，依靠两栖登陆作战和不断增强的空中优势，我们已在与日军的较量中占了上风，实力在不断增强，装备也越来越先进。我们已将日本的海上运力削减至300万吨；我们已重新占有了制空权；我们已切断了成千上万被困日军退守日本本土之路。日军要么饿死，要么最终投降。我们已削弱了日本的海军力量。数月以来日本海军一直在避免与我们的海军正面交锋。

的确，打到东京还有很长的路要走。但是，执行我们最初制定的战略计划，即先歼灭欧洲战场上的敌人，然后全力以赴转向太平洋战场，我们就能比预期更快地迫使日本无条件投降。若拒不投降，他们将遭受毁灭性的打击。

现在回过头来看看，我们首先要消灭的敌人——德国——已穷途末路。实际上德国已被三面包围！

在南线，我们已经突破了德国在意大利中部的防线。5月4日，罗马被盟军攻克。为不给敌人以喘息之机，当德军仓皇北撤之时，盟军正对其一路穷追猛打。

在东线，英勇的苏联红军已将德军赶出三年前被其占领的领土。伟大的苏联红军正在发起毁灭性的打击。

在空中，大批盟军轰炸机和战斗机正在德国和西欧上空对敌人发起攻击。他们有两个主要目标：摧毁德国赖以支撑其武装力量的军事工业；彻底消灭德国空军。结果，德国的工业生产被持续削弱，德国的军事实力已大不如以前。

无论是战略上还是战术上，这种规模空前的空中打击都将继续，打击力度也将不断增强。

在西线，不到一周前，也就是上周二早上，盟军在法国海岸强行登陆。此次登陆作战经过了数月精心的策划和艰苦的努力。

集结在苏格兰的无数的武器装备和军需物资及成千上万的盟军将

士，将投入这场规模空前的战役中。

在敌人看来，我们的所做的一切是不可能做到的。我们已突破了法国北部他们自诩固若金汤的防线。但此次战役我们也伤亡惨重，损失巨大。我们的某些登陆作战本身就是冒险一搏。但从目前的战报来看，损失比盟军指挥官们预先估计的要小得多。我们已经站稳了脚跟，正充满信心准备痛击德军的反扑。所有的人都期盼我们能尽快拥有更多的立足点。

美国人正万众一心，使这一天早日到来。

动用了成千上万的飞机和舰只，坦克和重炮，盟军正跨越英吉利海峡，登上滩涂阵地，穿过法国的田野和深林。在这场危险艰巨的战役中，盟军使用了大量的军需物资。[2] 盟军现在是兵精粮足。这种情况一定要保持下去。

自 1940 年法国沦陷之时起，美国在扩充军备，调集军队，为战争生产武器弹药及提供后勤补给方面所做的一切简直就是奇迹。这在很大程度上归因于美国人民的团结协作：资本、劳动力和农业的协作，军方与民用企业的协作——实际上是所有人、所有行业间的协作。

每一个人——男人、女人和孩子——每一位认购了战时公债的美国人都起到了重要的作用！

在合众国，仍然还有许多人没有认购战时公债，或者说没有倾尽全力认购战时公债。每个人心里都清楚自己属于哪一类人。某些情况下，他的邻居也会知道。为唤起这些人的良知，作为美国总统，我有必要发出呼吁。

这次战争中我们所使用的一切以及提供给盟国的一切都要花钱——花很多的钱。对每一个男人、女人还有孩子来说，告慰那些已经献出生命或正在流血牺牲的勇士们的最佳方式，就是拿出你手中那些赢得最后的胜利所需要的钱。

我呼吁所有的美国人都踊跃认购战时公债。让我们众志成城，从胜利走向更大的胜利。

注释：

[1] 这次谈话是在诺曼底登陆战役打响（1944 年 6 月 6 日）一周后进行的，至谈话当天，盟军 12 个登陆场已连成一片，但战事仍在激烈进行，故有此说。

[2] 在整个诺曼底登陆战役中，6 月 6 日—7 月 5 日的一个月间，盟军登陆人员达 100 万，车辆约 17.2 万辆，其他物资达 56.7 万吨。

附：其他重要演讲

1. 我保证为美国人民实施新政（1932年7月2日）

1932年6月，民主党在芝加哥举行全国大会。经过四轮投票，罗斯福胜出，成为民主党总统候选人。按惯例，被提名人要装作不知结果而等几个星期接受正式通知。为表示变革决心，远在纽约的罗斯福打破惯例，乘飞机到芝加哥主动接受提名，发表了此篇演说。

诸位经受了六天折腾仍愿意留下[1]，我对此深表感谢。我深知，诸位和我都曾夜不能寐。我来迟了，我很懊悔，但我无法呼风唤雨，我只能庆幸自己曾在海军中受过训练。[2]

一个竞争总统提名的人在党的全国大会上露面，并被正式告知他已获得提名，这一举动不但史无前例，而且异乎寻常。但目前正是史无前例和异乎寻常的时刻。因此，我愿打破陋习来投身我所面临的任务。这个陋习就是，候选人应当假装对事态进展一无所知，直到过几个星期，接到正式通知为止。

朋友们，但愿此举表达了我的一个心愿：我要以诚待人，绝不虚情假意，绝不愚蠢地对这次竞选运动的真相闭目塞听。我知道诸位已提名我为总统候选人，我来到这里，就是为了感谢大家给了我这份殊荣。

但愿这也象征着打破了传统。但愿从今以后，打破传统能成为本党的任务。我们要打破愚蠢的传统，而让共和党领导人去打破自己的诺言，他们在这方面有着高超的技艺。

让我们在此时此地下定决心，恢复我国中断的征程，使我国重新沿着真正的进步、公正、平等之路，沿着对所有公民不论其伟大或渺小都一律平等之路前进。在那次中断的征程上，一位不屈不挠的领袖已经离开人世，但今天他的精神仍然活着。[3]感谢上帝！他的许多助手仍然同我们在一起，仍然在给我们提出明确的建议。让我们相信，无论我们做什么，伍德罗·威尔逊总统不屈不挠、一往无前、不断变革的伟大精神仍然与我们同在。

在这次竞选活动中，对于很多问题，我要尽早澄清自己的立场。对于那份备受赞赏的文献[4]，即大家已通过的、观点鲜明的政纲，我百分之百予以赞同。

我可以向大家保证，在这次竞选中，我对任何重大问题都将毫不含糊地阐述自己的立场。

在投入新的战斗之际，让我们大家永远牢记党的理想：无论从传统来说，还是从历史发展的逻辑来说，民主党在过去和现在都既是自由主义和进步的旗手，同时又是维护我国制度安全的保证。如果我党失去了这种号召力，朋友们请记住，由于共和党领导人的失败而引起的怨恨就会变成丧失理智的激进主义。

与前几次经济萧条不同，本次萧条中有一个重要的社会现象，那就是以往司空见惯的骚乱情况这次并不多见。

野蛮的激进主义只赢得了少数信徒。在当前物资奇缺的日子里，我国千百万人民尽管备受折磨，却始终秩序井然，满怀希望。我想向同胞们表示最崇高的敬意。我们如果不能为他们提供新的转机，那不仅是辜负他们的希望，而且是辜负他们的耐心。

以保守应对激进主义只会导致灾难。保守并不能阻止激进主义，它是一种挑战、一种挑衅。避免激进主义的危险只有一条路，即提出一种可行的方案，并且应由诚实的政党提出这个方案。

只有这样，才能正确地避免做出盲目反应，而又不致堕入想入非非的、漫不经心的、不负责任的乐观主义。

对于政府在影响经济和社会生活方面的职责，存在着两种观点。一种观点认为应帮助有天赋的少数人，并希望他们的发展会在某种程度上使劳工、农民和小业主受益。这种理论属于托利党人，而我希望，大多数托利分子早已在1776年就离开我国了。[5]

但这不是，永远也不是民主党的理论。现在不是恐惧的时候，不是内部对抗的时候，不是怯懦的时候。此时此地，我邀请所有名义上的共和党人同我携起手来，因为他们从良心上对自己的党的领袖的失败感到不安；同样，我也对徒有虚名的民主党人提出警告，因为他们对未来半信半疑，墨守成规，对新时代赋予的责任浑然不觉，他们的步调已不能与本党保持一致。

是的，美国人民今年要的是真正的选择，而不是在两个名称之间的选择。我们的党必须具有自由主义思想，必须采取有计划的行动，必须用开明的国际观点，为我国绝大多数公民谋取最大利益。

当然，萧条状况极其严重，在现代上史上闻所未闻。因此，这次竞选活动的关键应该是提出应对这一明确事实的方法。这是时代的决定。仅仅说全世界都发生了萧条是无济于事的——共和党领导人在解释自己屡屡违背诺言、长期毫无行动时正是这样说的。但他们对1928年的经济繁荣却另有一番解释。人民不会忘记，他们当时声称，繁荣是由共和党人控制的国会所带来的国内产物。假如他们能声称自己是繁荣的开拓者，就不能否认他们也是萧条的始作俑者。

今天，我无法阐述所有问题，而只谈几个重要问题。让我们稍微看一看最近的历史和一种简单的经济学——诸位和我以及普通人所谈论的经济学。

我们知道，在1929年以前的若干年，我国经历了一个发展和通货膨胀的周期。整整10年，我们根据弥补战争损耗的理论发展生产。但实际上远远超出了这一限度，并超出了我们的自然发展和正常发展的限度。现在，值得回忆的是——冷酷的金融数据证实了这一点——在那段时期，尽管数字表明生产成本已极大下降，但消费者必须支付的价格却只微微下降或没有下降。公司获得了丰厚的利润，却很少用于降低价格——消费者被遗忘了；公司很少增加工资——工人被遗忘了；根本谈不上把盈余的部分用于支付红利——持股人被遗忘了。

顺便说一句，在那些年，政府极少通过征税把上述利润用于慈善事业。

结果如何呢？公司获得了巨额盈余——史无前例的巨额盈余。那么，在疯狂投机的符咒的支配下，这些盈余到哪里去了呢？让我们用数字所证实的和我们所能懂的经济学来谈一谈。瞧，这些盈余主要有两大流向：其一，流向现在已徒有躯壳的不必要的新工厂；其二，直接通过公司，或间接通过银行，流向华尔街的活期借贷市场。这些都是事实。为什么要视而不见？

接着便发生了崩溃。诸位都知道崩溃的过程。对不必要的工厂所进行的投资变得不值分文。人们失去了工作，购买力枯竭了，银行害怕了，开始索债，有钱人怕失去金钱，信贷业萎缩了，工业停顿了，商业衰退了，失业率直线上升。

于是，轮到我们站出来了。

换成简单易懂的言辞，来看看过去三年发生的事情让人们终于明白了什么：一是依靠工业谋生的群体；二是依靠农业谋生的群体；三是由上述两个群体的大部分成员组成的群体，就是所谓的"小投资商和小储户"。事实上，前两个群体之间最强的纽带，是前两者的存款以及最大程度上的安全保障在第三个群体中体现起来。这就是国家的信用结构。

在历史上，全体人民的利益从未像今天这样在同一个经济问题上如此紧密地联系起来。比如，诸位可以想象，我国千百万民众拥有大批财产，这些财产都以证券和抵押贷款形式体现于信用层面，包括联邦政府、州政府、市政府和县政府所发行的各种证券；工业公司和公共事业公司的证券；农场和城市的房地产抵押；最后，还有国家对铁路的巨额投资。我们应如何看待上述各个信贷团体的安全问题呢？我们深知，在我们复杂的、互为关联的信贷结构中，任何一个信贷团体的垮台，都会导致整个结构的垮台。一个团体的危险，就是全体民众的危险。

我要问，华盛顿当局是如何看待上述信贷团体之间的相互关系的呢？答案非常清楚，它根本没有认识到存在着那种相互关系。我国人民要问，华盛顿当局为什么不理解应该把所有这些团体——每一个团体，无论它处于金字塔顶层还是底层——都统一起来考虑呢？每一个团体都与其他团体休戚相关，都会对整个金融结构产生影响。

朋友们，无论从治国的才能还是从治国的目标而言，都要求我们同时救济所有的人。

让我简单地谈谈税收问题——由我们大家掏腰包供各级政府开支的税收问题。

我对税收略知一二。三年来，我在美国东奔西跑进行宣传，说政府的开支——无论联邦政府、州政府还是地方政府的开支——都太大了。我不会停止宣传。作为一项紧急行动计划，我们必须废除不起作用的官职。我们必须取消不必要的政府职能，取消那些对保持政府的连续性实际上无足轻重的职能。我们必须合并政府的下属部门，并且像每个公民那样，放弃再也无力承担的奢侈。

我们要在华盛顿做出榜样，以便为地方政府指明节俭之路。让我们牢记：在各州向联邦交纳的每一美元税收中，有 40 美分纳入了华盛顿特区的财政开支，只有 10 或 12 美分汇入州的资本，而其余 48 美分则被地方政府，即城市、镇和县政府花掉了。

朋友们，我要向你们并通过你们建议，各级政府不分大小都不可借债度日，合众国总统及其内阁必须树立榜样。

说到明确地树立榜样，我要祝贺大会勇敢地、大无畏地把绝大多数与会者对第 18 条修正案[6]的真实想法写入了原则宣言。本次大会要求取消该条修正案；你们的候选人要求取消该条修正案；我坚信，美利坚合众国也要求取消该条修正案。

两年前，我据以再次竞选州长的纲领实际上包含了同样的规定。我知道，正如当年的投票情况所显示的，我州人民排山倒海般的情感感染了许多其他州的人民。我现在要对大家说的是，宪法第18条修正案注定要被废除。一旦发生这种事情，我们作为民主党人必须而且必将从道义和精神上允许禁止进口酒类的各州保护自己的权利，我们一定要从道义和精神上阻止沙龙的死灰复燃。

让我们回到金融危机这个干巴巴的话题上，因为这个话题与别的问题完全交织在一起——第18条修正案也同金融问题有些联系。在一项旨在重建这一庞大信贷体系（包括联邦政府信用）的综合规划中，我着重讲到了透明原则声明，呼吁企业在国内及海外发行股票时，要对大众投资者增加透明度。

朋友们，你我都是普通公民，我们都知道，这有助于使我们的存款不会因为骗子们的欺诈行为或某些身居金融高位却不知道羞耻的人的行为而遭受损失。公开是欺诈行为的克星。

现在谈一谈失业问题，顺便提一提农业问题。我赞成兴建某种公共工程，作为刺激就业的另一项应急措施，也作为支付此种工程费用的债券的担保；但我已经指出，如果我们并非为了必要目的而建设，那么任何经济手段也无济于事。当然，如果通过发行债券来筹集资金，这种工程就应尽可能做到自给自足。为了尽可能扩大受益面，我们必须采取坚决的步骤来压缩所需的施工时间。

让我们运用我们的常识和企业意识吧。仅举一个例子[7]，我们知道，通过植树造林，把成千上万公顷荒地改造成林地，这个宏伟计划，无论对于解决失业问题还是农业问题，都是一个大有希望的应急救济措施。仅在密西西比河以东，在那些杂草丛生的被废弃的农场和林地，就有上千万公顷土地。欧洲各国都有明确的土地政策，而且这些政策已持续了几代人之久。而美国却没有。正因为如此，我们才面对着土壤侵蚀和森林消失的问题。显而易见，经济上的远见卓识和眼前的就业问题都要求我们在这一大片土地上植树造林。

这样做就能解决 100 万人的就业问题。这种公共工程是自给自足的，能通过发行债券来筹集资金，因为大批农作物的成长为投资者提供了足够的安全感。

不错，我有一个非常明确的、用这种方法提供就业机会的例子。我用过这个方法，我正在纽约州使用这个方法。我知道，民主党能在全国卓有成效地采用这个方法。它将使人们重新行动起来，它也是我们将来采取行动的一个范例。

作为救济农业的另一项措施，我们完全知道——可我们也许还未如此明确地说过——应该立即废除那些为减少农产品剩余，而迫使联邦政府进入农产品购销和投机市场的法律条文。坚持这些条文的人正是那些要求政府不干预企业的人。切实可行地帮助农民的办法是，一方面要减轻压在他们肩上的、使他们穷困的负担；另一方面采取措施减少市场上的剩余农产品。我们的目标是根据世界农作物价格，采取合理的关税保护措施，使农业也得到工业那样的保护。

我能肯定，我国农民将可以立即受益，而作为一种交换条件，他们最终也会同意妥善地安排生产，以减少农产品剩余，而且今后不必依赖向国外倾销来维持国内价格。别的国家已取得那样的成果，美国为什么不能呢？

总的来说，农场主和农业经济学家都已经认同根据这个原则制定的计划，它是复兴农业的第一步。它本身并不是一个完整的计划，但从长远来看，它将有助于驱除农产品生产的阴影，避免世界性倾销的持久威胁。农民最终能自愿地减少农产品生产是我们的目标之一。但是，长期存在的农产品剩余和目前的压力，使我们有必要采取措施来医治目前的创伤。

这样一个计划，我的朋友们，不需要政府花钱，也不会使政府干预企业或从事投机。

至于这个法案[8]内容的具体措词，我相信民主党已做好准备，按照负责的农场团体所同意的任何意见办理。这是一个十分有效的原则，我再次要求大家行动起来。

关于农民我还要说几句。我知道，这个大厅里每一位住在城里的代表都明白我为什么要强调农民。因为我国有一半人口，即有 5 000 多万人依靠农业生活；而且，我的朋友们，如果这 5 000 万人没有钱——没有现金买城里生产的东西，城市也要蒙受同样的或更大的痛苦。

因此，我们今年打算使选民们懂得，这个国家不仅是独立的国家，而且，如果我们要存在下去，就一定要成为国民相互依存的国家——乡镇和城市、北方和南方、东部和西部。这就是我们的目标，这个目标将会被我国人民所理解，无论他们居住在哪里。

是的，我国那一半依靠农业的人口的购买力已经丧失殆尽。农场抵押今天已接近100亿美元，每年应付的利息多达5 600万美元。但事情还没有完。地方政府的奢侈和无效率，引起了额外的税收重负。我们最迫切的任务应该是减轻由抵押而产生的利息重负。

我们必须依据有效的限制措施对农场抵押进行重新折算，而且应该在将来依照利率下降的情况对之加以限定。在这场危机中，对抵押财产进行重新折算前应该延长其分期付款和到期债券的偿还时限。我的朋友们，这个方案既无须政府多支出，又能使政府运作正常，而避开投机行为。那么这个紧急救济方案只需更务实的行动力。

对于我国城乡的小企业主，我打算也这样做。我们能够减轻他们的重负，开发他们的购买力。朋友们，把高利率的幽灵赶走吧！把逾期未付的幽灵尽快赶走吧！我们要拯救家庭和人们的住宅，让成千上万个有自尊心的家庭安居乐业，把在我们脑际徘徊不去的危及安全的恐惧赶走。

纵观无数件印刷品、演说、反诘、辩论，以及华盛顿和各州随心所欲想出来的无数个计划，一个既重要又简单的事实就变得显而易见：在共和党人担任领导的过去10年间，通过关税手段，一个1.3亿人口的国家已在其边境周围建起了固若金汤的"铁丝网工事"，把自己同全世界人民隔离了开来。我完全赞同本次大会提出的政纲中有关关税的说明，它将对美国企业和劳工起到保护作用。我们过去的行为已招致外国的报复。我提议向这些国家发出邀请，大家捐弃前嫌，友好地进行谈判，为复兴世界贸易而制定计划。

到企业主的家里看看吧，他知道关税给自己带来了什么。到工厂工人的家里看看吧，他知道为什么货物积压滞销。到农民的家里看看吧，他知道关税如何使自己的生活毁于一旦。

我们终于睁大了眼睛。美国人民终于准备承认共和党领导人错了，而民主党是对的。

我的纲领——我只能谈及上述要点——建立在一个简单的道德原则之上。这就是：国家的福利和健全首先应以人民大众的意愿和需要为转移，使人民大众的意愿和需要得到满足。

美国人民最需要什么？我认为他们最需要两件东西：一是工作和随之而来的所有的道德和精神价值；二是合情合理的安全感——使自己和妻子儿女获得安全感。这两件东西比任何言词更重要，比任何事实更重要。它们是精神价值的体现，它们应该是我国重新建设的方向。实现这些价值是我的纲领和目标。我们在现任领导人的领导下未能实现这些价值。

共和党领导人告诫我们：经济规律是神圣的、不可侵犯的、不可逆转的——没有谁能够预防它引起的恐慌。不过，当他们滔滔不绝地奢谈经济规律时，人民却在忍饥挨饿。我们必须坚持一个事实：经济规律不是原本存在的，而是人类造就出来的。

是的，当——不是假如——我们得到机会，联邦政府就会勇敢地掌握领导权，开始救济工作。几年来，华盛顿一会儿把头埋入沙堆，说什么缺衣少食的贫民并不多，一会儿又说如果存在贫民，各州政府就应该关心。他们早在两年半以前就应该做现在想做的事，但他们一拖再拖，日复一日，周复一周，直到有良心的美国人要求采取行动为止。

我认为，地方政府虽应一如既往地负起主要责任，但对于广大人民的福利，联邦政府过去一直负有、现在仍然负有责任。联邦政府不久就要承担起那种责任。

现在，我想简单谈谈未来四个月的计划。我来到这里，而不是等候正式通知，这一举动已清楚表明，我们将废除开支昂贵的仪式。朋友们，我们将立即开动、今晚就开动所有必要的机器，向全国各地的选举团充分阐述各种问题。

作为一个伟大的州的州长，我本人还有重要的职责，在目前时刻，这些职责比以往任何时候都要更加光荣和艰巨。然而我相信，我将能够对我国若干地方进行几次短访，首要目的就是与各党派、各行业的人们开展对话，直接研究全国各地的实际状况和需要。

我再说一句：人类每经历一次危机、悲伤和灾难，都会共同获得更丰富的知识、更高尚的礼仪、更纯洁的目的。我们必将能度过一个思想涣散、道德败落的时期，必将度过一个在人际和国际关系方面自私自利的时代。我们不要只责备政府，我们同样也要责备自己。让我们坦率承认，许多人对金钱顶礼膜拜，而投机获利、好逸恶劳的思想已使我们误入歧途。为了重新确立高尚的标准，我们必须抛弃错误的预言家，寻找符合自己意愿的新领袖。

在我国现代史上，两大政党的根本区别从未像今天这样突出。共和党领导人不仅在物质方面失败了，而且在提出目标方面也失败了，因为他们在灾难时期不能展示希望，不能为人民指出一条可以返回安全场所的道路。

在过去几年被政府遗忘的、全国各地的人们正看着这里，看着我们，期待着我们能提供指导，提供更公平的机会来共享国家的财富。

在农场、大都会、小城市、乡村，千百万人民满怀希望，希望传统的生活标准和思想准则并没有一去不复返。他们的希望不能，也绝不会落空。

我向你们保证，也向自己保证，我要为美国人民实施新政。让所有聚集在这儿的人都献出自己的能力和勇气，做新秩序的倡导者。这不仅是一场政治运动，这也是战斗的号令。帮助我吧！不仅为了赢得选票，而且为了赢得这场使美国回到人民手中的改革运动。

注释：

[1] 1932 年 6 月 27 日开始的民主党全国大会上，围绕两位提名候选人的争锋十分激烈，7 月 1 日的投票多次出现僵局，罗斯福在第四轮投票中才胜出，成为民主党总统候选人。

[2] 指罗斯福乘小型飞机从纽约奥尔巴尼飞赴芝加哥会场时，受尽逆风飞行之苦，而且晚到了几个小时。其间大会所有演讲均告结束，民主党领导人只好求助乐队指挥和歌手们把疲惫不堪的代表留在座位上。飞机上的夫人和孩子或晕机、或受凉，而罗斯福准备完讲稿后竟然睡着了。

[3] 这里所说的领袖即下文提及的伍德罗·威尔逊。威尔逊是美国第二十八任总统，民主党人。他之后的三任总统——哈定、柯立芝、胡佛，均为共和党人，故罗斯福有"中断征程"之说，而"恢复"则是说自己作为民主党总统承接威尔逊。

[4] 这里的"文献"指民主的政纲，下文亦多次提及。

[5] 指 1776 年美国在独立战争后摆脱了英国的殖民统治，暗喻共和党的保守政策不得人心。托利党是形成于 17 世纪 70 年代的英国政党，代表土

地贵族和高级教士的利益，19世纪成为保守党的建党基础。美国的一些保守党也用过这一名称。

〔6〕即美国宪法第18条修正案，长期名存实亡，1933年被废除。该条修正案规定："禁止在合众国及其所辖领土内酿造、出售和运送作为饮料的致醉酒类，并禁止该类酒进口或出口。"

〔7〕以下所谈，后来成为著名的田纳西河流域工程的组成部分。

〔8〕这里的法案即后来实施的《农业调整法》。

1932 年罗斯福竞选总统时的报纸广告

2. 首任就职演讲（1933 年 3 月 4 日）

罗斯福当选总统之时，美国已经经历了三年多的经济危机。大萧条导致无数人深陷苦难之中，社会出现严重动荡，美国制度面临严峻考验。第三十一任总统赫伯特·胡佛面对危机不肯彻底改弦易辙，终致局面无可收拾。民心思变，从 1932 年 11 月罗斯福当选至 1933 年 3 月就职，举国都在企盼新总统上任后扭转危局。罗斯福正是在这样危难重重、众首翘盼的情势下发表了他的第一任期就职演讲。

胡佛总统、首席大法官、朋友们：

今天，对全国人民来说是一个神圣的日子。我肯定，同胞们都期待我在就任总统时，会像我国人民目前的处境所要求的那样，坦率而果断地向他们讲话。

现在正是坦白、勇敢地说出全部实话的最好时机。我们不必畏缩，更不应不敢坦诚地面对我国今天的状况。这个伟大的国家会一如既往地坚持下去，它会复兴并繁荣起来。

因此，让我首先表明我的坚定信念：我们唯一的恐惧就是恐惧本身——一种莫名其妙、毫无根据的恐惧，它把我们转退为进所需的种种努力化为泡影。每当我们国家阴云密布的时刻，坦率而有活力的领导都会得到人民的理解和支持，从而为胜利准备了必不可少的条件。我相信，在目前的危机时刻，你们一定会再次给予我这样的支持。

我和你们都要以这种精神，来面对我们共同的困难。感谢上帝，这些困难只是物质方面的。货币贬值到令人难以置信的地步；税收增加了；支付能力下降了；各级政府面临着严重的收入短缺；贸易受到打击；工业企业衰落；农场主的产品找不到销路；千家万户多年的积蓄付诸东流。更重要的是，大批失业者正面临严峻的生存问题，还有大批人正辛勤劳作却收入甚微。只有愚蠢的乐天派会否认当前的阴暗现实。

但是，我们的苦恼绝不是因为缺乏物资。我们没有遭到蝗虫的灾害。我们的先辈曾以信念和无畏一次次转危为安，与他们相比，我们仍然有许多值得庆幸的地方。大自然仍在慷慨施舍，而人类的努力已使之倍增。富足近在咫尺，但就在我们见到这种富裕并要尽情享受时，它却悄然离去。

这主要是因为主宰人类物资交换的统治者们失败了[1]，他们固执己见而又无能为力，因而已经认定失败了，并撒手不管了。贪得无厌的货币投机商的种种行径，受到舆论与人类心灵和理智的唾弃。

不错，他们是付出过努力。但他们的努力一直局限于过时的传统模式。面对信贷的崩溃，他们提议的只是借贷更多的钱。当其失去诱惑力，不再能吸引我们的人民追随他们的错误领导时，他们就求助于说服，眼泪汪汪地请求人民恢复信心。他们所了解的不过是追逐私利的那一代人的规划。他们没有远见，而没有远见，人民就要遭殃。[2]

是的，货币投机商已从我们文明庙堂的高位落荒而逃了。我们现在可以按古老的真理来复原这座庙堂。衡量复原的标准在于比纯粹金钱利润更高尚的社会价值。

幸福并不在于单纯地占有金钱；幸福还在于取得成就后的喜悦，在于创造性努力时的心灵震颤。千万不要再去疯狂地追逐那转瞬即逝的利润，而忘记了劳作带来的喜悦和激励。朋友们，如果这些暗淡的时日能使我们认识到，我们真正的使命不是要别人侍奉，而是为自己和同胞们服务，那么，我们付出的代价就是完全值得的。

认识到把物质财富当作成功的标准是错误的，随之而来的便是放弃以地位和个人收益为唯一标准来衡量公职和高级政治地位的价值的错误信念；我们必须制止银行界常把那种神圣的委托与无情和自私的不当之举相混淆。[3]难怪人们的信心在减弱，因为增强信心，只有靠诚实、荣誉感、神圣的责任感及忠实地加以维护和无私地履行职责；而没有这些，就不可能有信心。

但是，复原不仅仅要求改变伦理观念。这个国家需要的是行动，现在就行动起来。

我们压倒一切的首要任务是让人们有工作可做。如果我们明智而勇敢地面对这个问题，这就不是什么解决不了的问题。对此，我们可以采用处理战时紧急情况的方式，通过政府直接雇佣来解决部分问题，同时通过这种雇佣，完成急须完成的工程，促进和重组我国丰富的自然资源的使用。

与此同时，我们必须坦白地承认，我们工业中心的人口已经过剩，因而要在全国范围调整人口的分布和资源的使用，为那些最善于利用土地的人创造更好的条件。

是的，为了促进此项工作，我们可以切实提高农产品的价格，由此提高农民对城市产品的购买力；我们可以从实际出发，防止小房产主和农场主因丧失赎回权而不断蒙受损失；我们可以坚决主张联邦政府、州政府和地方政府立即按要求大幅度削减经费；我们可以统筹开展救济工作，避免目前这种分散、浪费和不公平的现象；我们可以由国家统一规划和监督各种运输、交通及其他明确的公共设施。有许多方法来促进这项工作，但光说不做永远无济于事。我们必须采取行动。我们必须赶快行动起来。

最后，在逐步实现人们恢复工作的过程中，我们需要两个保障，以防旧秩序的弊病卷土重来：一是严格监督所有银行、信贷及投资；二是杜绝利用他人钱财进行投机，提供充足而健全的货币。

朋友们，这些就是我们行动的路线。我会立即敦促新一届国会召开特别会议，对实施这些路线的详细措施进行审议，我还会向全国48个州寻求即刻的援助。

通过这个行动纲领，我们要致力于整顿国内的事务，实现收支平衡。我们的国际贸易虽然十分重要，但就时间和必要性而言，其优先度要低于建立健全的国家经济。我赞同把最要紧的工作置于首位这种务实的政策。我将不遗余力地通过国际经济调整来恢复世界贸易，但是，不能等到这项工作完成后再来处理国内的紧急状况。

实现国家复兴的具体措施的这些基本指导思想，并非狭隘的国家主义。[4]它首先考虑的是美国各个部门及多种因素的相互依赖——即认识到这是美国拓荒传统的重要体现。这是复兴之路，是捷径，是复苏得以持久的最有力的保证。

在外交政策方面，我将使美国致力于奉行睦邻政策——我们尊重自己，因而也尊重其他国家的权利——我们尊重自己的义务，也尊重与世界各国的神圣协议。

如果我正确理解了我国人民的性情的话，那么我们现在比以往任何时候都要更加深刻地认识到，我们是相互依靠的，我们不能只是索取，我们还必须奉献；如果我们要前进，就必须像一支训练有素的忠心耿耿的军队，愿意为共同的纪律而牺牲，因为，没有这种纪律，就无法前进，领导者就不可能发挥作用。我知道，我们都已经做好准备，并愿意为这种纪律献出生命和财产，因为这使得以谋求更远大的利益为目标的领导成为可能。这就是我想提供的领导，我保证，这些远大的目标将像一种神圣的义务，它对我们大家产生约束，产生只有在战争时期才会存在的共同责任感。

做出了这样的保证，我将毫不犹豫地率领这支由我们的人民组成的伟大军队，纪律严明地向我们共同的困难发起进攻。

这样的行动，这样的目标，在我们从先辈哪里继承来的政府形式中是可行的。我们的宪法简明而实用，只要在不损及其基本形式的前提下改变其重点和排序，就总能满足各种特殊的需要。这也是我国的宪法体系被证明是现代世界所见证的最持久的政治体系的原因，它经受了大规模的领土扩张、对外战争、痛苦的内战和国际关系带来的种种压力。人们希望，行政权和立法权之间的正常平衡完全可以应付我们面临的前所未有的任务。但是，史无前例的要求和立即行动的需要，或许会使我们暂时背离公共程序的正常平衡。[5]

我准备根据自己的宪法职权为一个危难世界中的危难国家提出一些它所需要的措施。对于这些措施，以及国会根据其经验和智慧所制定的其他措施，我将根据自己的宪法权限谋求迅速实施。

但是，如果国会未能采纳必要的建议，如果国家紧急状态依然如故，我将不回避摆在我面前的明确的尽责方向。我将要求国会准许我使用唯一剩下的手段来应付危机——向非常状况开战的广泛的行政权，如同我国遭到外敌入侵时授予我的那种广泛的权力。

对于大家寄予我的信任，我一定报以这个时代所要求的勇气和献身精神。我一定说到做到。

让我们怀着举国一致的情怀和勇气，怀着寻求传统的、珍贵的道德观念的明确意识，怀着老老少少都能通过恪尽职守而得到的问心无愧的满足，来正视面前的严峻岁月。我们的目标是要保证国民生活的圆满和长治久安。

我们并不怀疑民主制度的未来。美国人民并没有失败。他们在需要之时表达了自己的意愿，即要求采取直接而有力的行动。他们要求有领导的纪律和方向。他们现在选择了我作为实现自己愿望的工具。怀着对人民信任的感激，我接受了这一选择。

在此举国奉献之际，我们谦卑地请求上帝赐福。

愿上帝保佑我们每一个人。

愿上帝在未来的日子里给我指引。

注释：

［1］这里的"失败"主要指 1929 年 10 月的股票市场崩溃。"主宰人类物资交换的统治者们"主要指投机商人，尤其指股票投机者，即下文的"货币投机商"。

［2］这段文字集中批评了胡佛政府的反危机措施。胡佛试图采取自愿合作政策，通过小修小补来挽救危机，但收效甚微，导致民生日益凋敝。

［3］这主要是指某些银行和企业利用储户存款和股东资金进行股票投机。

［4］国家主义指片面依赖国家、由政府包办一切的主张。在美国建国初期曾流行一时。

［5］当时，人们普遍寄希望于新任总统来挽救危局。因此，罗斯福认为，自己上任后所采取的行动必将扩大总统权力而打破原有的三权分立制衡的格局，故在此预先说明。

扫码收听录音

3. 连任就职演说（1937 年 1 月 20 日）

　　1936 年的大选中，民主党获得了空前的胜利，罗斯福以美国有史以来最多的票数当选总统。根据 1932 年 3 月提出、1933 年 2 月获得批准的宪法第 20 条修正案，总统就职日期改为 1 月 20 日，以便迅速完成政府的交接工作，因此罗斯福在一年中更为寒冷的时节发表了他的连任演讲。他坦率承认还没有达到自己在第一任期之初设想的"幸福河谷"的目标，但发誓将继续努力，消除"全国 1/3 的人住不好、穿不好、吃不好"的贫困状态。

　　四年前，当我们聚集在一起举行总统就职典礼时，这个一心沉浸在焦虑不安中的共和国，精神饱满地站在那里。我们当时决心献身于实现一个理想，即促使全体人民早日享有对追求幸福来说至关重要的安全与和平。我们作为这个共和国的一员，发誓要从我们古老信念的殿堂中驱逐那些曾经亵渎这种信念的人，并且不知疲倦和无所畏惧地采取行动，摆脱当日那种经济停滞和灰心绝望的局面。我们首先解决了这些当务之急。

我们的誓约没有就此止步。我们本能地认识到更深一层的需要——需要通过政府来找到实现我们共同目标的手段，为每个人解决复杂的文明社会所不断产生的问题。撇开政府的帮助来解决这些问题的屡次尝试，结果都使我们备受挫折和一筹莫展。譬如，倘若离开了政府的帮助，我们就绝无可能创造出利用道德控制科学的手段，而这种手段使科学成为人类的有用仆人而非无情主人。要做到这一点，我们深知必须找到切实可行的手段以控制盲目的经济力量和盲目的自私自利者。

我们合众国人民认识到一条真理：民主政府天生就有能力保护人民，使他们免遭一度认为不可避免的灾难，解决一度认为无法解决的问题。我们不肯承认，我们不能像在经历无数世纪听天由命的折磨之后终于找到了控制流行疾病的办法一样，找到控制经济危机的方法。我们拒绝把我们的共同福祉问题交给运气的阵风和灾难的飓风去摆布。

在这方面，我们美国人不是在发明全新的真理，而是在我们自治的史册中续写新的篇章。

今年是制宪会议召开 150 周年，那次会议使我们成为一个国家。[1] 在那次会议上，我们的前辈为摆脱独立战争后的混乱局面找到了出路；他们创立了步调一致、坚强有力的政府，使我们足以在当时和现在都能解决个人或地方根本无法解决的问题。他们在一个半世纪以前建立起联邦政府，目的就是增进美国人民的普遍福利，确保美国人民的自由幸福。

今天，我们要动用政府所拥有的同样的权力，以实现同样的目标。

四年来的新经验表明，我们的这种历史传统并未消失。这四年清晰地展示了一种希望，显示从社区、各州到全国的各级政府，都能完成时代提出的任务，而丝毫没有损及其民主体制。我们过去四年的任务并没有迫使民主休假赋闲。[2]

我们几乎所有的人都认识到，由于人类关系日趋复杂，支配这种关系的权力也必须加强——包括抑恶的权力和扬善的权力。我国的民主制和人民安全的依据不是不要权力，而是通过诚实和自由的选举制度，让人民有权定期投票选择总统人选。1787 年的宪法并没有使我们的民主软弱无力。

事实上，在最近四年里，我们使权力的行使更为民主化，因为我们已开始促使各种独断专行的私人权力适当地服从于公众的控制。关于它们凌驾于民主制度之上而不可战胜的神话已经被打破了。它们受到了挑战，并且已被打败了。

我们摆脱萧条所取得的进展乃是有目共睹的，但这并不是你们和我所说的"新秩序"所包含的全部意义。我们立下的誓约，并不仅仅是用二手材料从事一点点修修补补的工作。我们运用社会正义的新材料，已经着手在原有的基础上建造一座更加牢固耐久的新大厦，以便未来几代人更好地使用它。

为了达到这个目的，我们已从思想和精神方面的成就中获得了益处。古老的真理得到了重温，谎言已无人问津。我们向来都懂得，漠不关心他人的自私自利的行为，是十分糟糕的道德表现；现在我们还明白了这种行为在经济学上也是十分糟糕的。曾经造成经济繁荣的人们夸耀那些糟糕的行为是现实可行的。但结果繁荣景象却毁于一旦，于是人们从中获得一个信念：不讲究经济道德终究是要付出代价的。我们正开始消除划分现实与理想的界线，通过这一做法，我们正在锻造一种威力无穷的工具，以建设一个在道德方面更为美好的世界。

这种新的认识，打破了人们一味追逐世俗名利的心理。那些为了利润而背弃生活的基本尊严的人，惯于滥用权力，对此我们已开始感到难以容忍。

在这个过程中，从前习以为常的种种恶劣现象，是不会得到轻饶的。意志坚强的人们不会轻易宽恕冷血狠心的行为。我们正在走向一个感情和睦的时代。但我们也意识到，只有在心地善良的人们中间，才会出现感情和睦的时代。

基于上述原因，我完全有根据认为，我们所目睹的最伟大变革，乃是美国道德风尚的变革。

在心地善良的人们中间，科学和民主一道为个人提供了一种不断富足的生活和不断扩大的满足感。随着我们道德风尚的变革，以及重新发现我们具有改进经济秩序的能力，我们踏上了持续进步的道路。

我们现在应当停止前进，调转头来背对着前面的道路吗？我们能把这个叫作"希望之乡"[3]吗？或者，我们还应当继续前进吗？因为有言道，"每个时代都是一场梦，不是在消逝，就是将要诞生。"[4]

在我们面临重大抉择的关头，听到了许多说法。"安乐"先生表示要"歇一会儿"；"机会主义"先生则认为"这地方不错"；"怯懦"先生则关心"前面的路有多难走"。

不错，我们已经远远地摆脱了那种经济停滞和灰心绝望的日子。国家重新获得了活力，人们的勇气和信心得到了恢复，精神和道德的天地也得到了极大的拓展。

但是，我们目前的成就是在异乎寻常的事态压力之下取得的。处于恐惧与痛苦的刺激下，不前进是不可能的。那种压力是有利于取得进展的。

然而，今天要坚持进步却更为不易。麻木不仁、不负责任、冷酷无情和自私自利的倾向已重新抬头。这种繁荣的景象，有可能成为又一次灾难的不祥之兆。因为繁荣将会检验我们进步的意愿能否经久不衰。

让我们再一次问一下，我们已经达到了我们在 1933 年 3 月 4 日所憧憬的目标了吗？我们已经找到"幸福河谷"[5]了吗？

我看到的是一个伟大的国家，屹立于一片辽阔的大陆，享有极为丰富的自然资源。这里的 1.3 亿人民和睦相处，他们正在把自己的祖国变成一个与世界各国友好相处的国家。我看到的是这样一个美国，它能够证明在民主方式的政府之下，全国的财富可以为广大人民提供前所未有的普遍的舒适生活，可以把最低生活水平提高到远远超出纯粹糊口的标准之上。

但是，我们的民主制还面临着挑战。在这个国家，我看到，占总人口很大比重的千百万人，就在此刻仍被剥夺了今天的最低生活水准所要求的很大一部分生活必需条件。

我看到数百万个家庭收入低微，生活艰难，家庭灾难的阴影日复一日地笼罩在他们头上。

我看到数百万城乡居民每天的生活，仍然处于半个世纪以前被所谓的上流社会称作不体面的状况之中。

我看到数百万人被剥夺了教育和娱乐的权利，得不到改善他们自己及其后代的命运的机会。

我看到数百万人缺乏购买工、农业产品的能力，而由于他们的贫困，又使其他数百万人无法进行工作和生产。

我看到全国 1/3 的人住不好、穿不暖、吃不饱。

我向你们描绘这幅画面，并非出于悲观绝望。我是怀着希望来描绘的，因为全国人民现已看到和了解了国内存在的不公正现象，他们就会愿意共同消除它。我们下定决心，要使每个美国公民都成为国家照顾和关心的对象，我们绝不会把国境内任何一个忠诚守法的群体看作多余者。检验我们进步的标准。并不在于我们为那些家境富裕的人增添了多少财富，而要看我们是否为那些穷困贫寒的人提供了充足的生活保障。

假如我对我国人民的精神和目标略有所知的话，那么他们就不会理会"安逸"先生、"机会主义"先生和"怯懦"先生所说的话。我们要继续前进。

从整体上说，我们共和国的人民都是心地善良的人，他们不仅具有乐于奉献的火热心肠，而且头脑冷静，脚踏实地，朝着预定目标稳步前进。他们会要求民治政府的各个机构都运用有效手段来实现他们的意愿。

一个政府的所有组成人员若都能作为全体人民的受托者而工作，那它就是一个称职的政府。它若能跟上时势的发展，就会取得不断进步。倘若人民能够了解这个政府所作所为的真实情形，那它就会得到正当的支持和受到合法的批评。

假如我对我国人民的意志略有所知的话，那么他们所要求的就是要创造并保持使政府有效运转的各项条件，就是要使我们的国家免受不公正这种"癌症"的侵袭，从而成为一个向往和平的典范，在世界各国中保持强大的地位。

今天，我们重申，在急剧变化的文明时代，我们的国家决心献身于长期备受珍视的种种理想。在每一片土地上，时刻都有使人分道扬镳和使人走到一起的种种力量在发挥作用。在为各遂其志而奋斗的时候，我们乃是个人主义者；但在作为一个国家而寻求经济和政治进步的过程中，我们就成了一个整体主义者，不是全体向上攀登，就是一起坠入深渊。

我们在奋斗中要保持民主作风，这就要求以极大的耐心来处理方法上的分歧，并且做到虚心听取各种意见。不过，在众多声音的吵嚷混乱当中，要了解占主导地位的公众需要。这样，政治领导者就可以表达人们的共同理想，并且有助于这些理想的实现。

借此再度宣誓就任合众国总统之际，我又一次担当起领导美国人民沿着他们选定的前进道路奔向前方的庄严职责。

在担任这个职务期间，我要尽最大努力按照人民的意愿说话，按照人民的意志办事。我要祈求上帝的指引，来帮助我们每一个人，来启发执迷不悟的人，来引导大家走向和平之路。

注释：

[1] 费城制宪会议于 1787 年召开，至 1937 年时已过去 150 年。

[2] 罗斯福扩大行政权力的做法以及种种国家干预措施遭到了反对者的

攻击，如前任总统胡佛在其《对自由的挑战》一书中称"新政"是"社会主义"，是"对整个自由哲学的否定"。

[3]"希望之乡"，也译"应许之地"，指《圣经》中上帝赐给亚伯拉罕的迦南宝地。

[4] 这里引用的是 19 世纪英国诗人阿瑟·奥肖内西的诗句。

[5] 幸福河谷，《圣经》中有"死荫的幽谷"一说，指人在临死前的恐惧阶段，罗斯福在此反其意而用之。

4. 四大自由（1941 年 1 月 6 日）

这是罗斯福致国会的年度咨文。历史发展到这个年份，对美国来说，除国内经济萧条之外，外来的战争威胁已经迫在眉睫。针对内外交困的形势，罗斯福在咨文中谈了政府的内政外交政策，尤其是后者。在此基础上，罗斯福概括出了人类理应享有的四种权利——言论、信仰自由以及不虞匮乏、免于恐惧的自由。后来，人们把这些自由权利概括为"四大自由"。正是这些理念，使这篇咨文成为伟大的思想文献。

我向第七十七届国会的各位议员提交的这份咨文，是在合众国历史上一个前所未有的时刻。我使用"前所未有"一词，是因为此前美国的安全从未像今天这样受到严重的外来威胁。

自 1789 年我们的政府根据宪法成立以来，历史上的多数危机时刻关涉的都是国内事务。幸运的是，只有其中一次——四年的州际战争[1]——曾经威胁到我们国家的统一。今天，感谢上帝，48 个州的 1.3 亿美国人已经忘记了我们在国家统一上的那点分歧。

的确，在1914年以前，合众国也曾不时受到其他各大洲事态的干扰。为了维护美国的利益以及和平通商的原则，我们还和欧洲国家打了两仗[2]，在西印度群岛、地中海和太平洋也有过几次未曾宣布的战争。不过，在所有此类情形下，我们国家的安全从来不曾受到严重的威胁。

然而，我打算告诉大家一个历史事实：作为一个国家，合众国无论何时都明确反对这样的企图——在文明发展的进程中，把我们封堵在一道古老的长城后边。今天，想到我们的孩子和孩子的孩子，我们同样反对这样的企图——把我们自己或者美洲的其他任何部分强制孤立起来。

这种许多年来经久不衰的决心，曾在战争里得到证明——比如在法国革命后的几次战争里。

尽管拿破仑曾因法国有西印度[3]和路易斯安那的据点而威胁到美国，尽管我们不得不在1812年以战争[4]来维护自己从事和平贸易的权利，但十分明显的是，法国、英国或任何其他国家从来都没有打算过统治世界。

同样的是，在1815—1914年的99年间，没有哪一次欧洲或亚洲的战争曾对我们或其他美洲国家的未来构成过真正的威胁。

除了墨西哥的马克西米利安[5]那段插曲之外，从未曾有哪个国家染指这个半球。而英国的大西洋舰队则一直是一支友军——现在仍然是。

甚至1914年骤然爆发的世界大战，对我们美国本身的前途似乎也仅有轻微的威胁。但是，随着时间的推移，美国人民能够想象到民主国家的沦陷对我们美国的民主制度将意味着什么。

我们无须过分强调《凡尔赛和约》[6]的缺陷。我们也无须反复谈论民主国家处理世界重建问题上的失败。我们不应该忘记，与早在慕尼黑会议以前就开始的"绥靖"[7]相比，1919年的和约要公正得多；而今天，当一些国家企图向各大洲扩展专制主义"新秩序"的情况下，这种"绥靖"政策仍在继续。而美国人民一直坚定不移地反对这种"新秩序"。

每一个现实主义者都知道，民主生活方式目前正在世界各地遭受直接的攻击——或者是武力的攻击，或者是秘密散布的恶毒宣传的攻击。散布这种宣传的人，企图在仍然维持着和平的国家破坏团结、制造分裂。

16个月来，这种攻击已经在数目惊人的一批大大小小的独立国家中彻底毁掉了整个民主生活的格局。进攻者仍在步步进逼，威胁着大大小小的其他国家。

因此，作为各位的总统，执行宪法赋予我的"向国会通报联邦情况"的责任，我认为虽然令人不快但还是必须向各位报告：我们国家和我们民主政治的前途和安全，已经与远离我们国境的许多事情不可抗拒地牵连在一起了。

以武力保卫民主生存的战争，现正在四大洲英勇地进行。倘若这场保卫战失败，所有在欧洲、亚洲、非洲和大洋洲的人口和一切资源，都将被征服者控制。这些人口和资源合计起来，远超过整个西半球人口和资源的总数——超过很多倍。

在这样的时代，无论谁吹嘘美国即使毫无准备，一只手绑在背后，单靠一只手也能对付整个世界，都是幼稚的——当然，这也是不真实的。

任何现实的美国人都不能期望从一个独裁者提供的和平中获得国际上的宽容，或真正的独立，或世界性裁军、言论自由、信仰自由，甚至是公平的贸易。

这样的和平绝不会给我们或者我们的邻国带来任何安全。"那些宁愿放弃基本自由以求一时安全的人，既不该享有自由，也不该得到安全。"

作为一个国家，我们可以为自己的仁慈友好而骄傲。但是，我们不能任人摆布。

对于大肆鼓吹"绥靖"主义的人，我们一定要时刻保持警惕。

对于宁肯剪短美国雄鹰[8]的双翼来铺垫自己安乐窝的一小撮自私的家伙，我们尤其要严加提防。

我最近曾经指出，现代战争可以极为迅速地将武装攻击带到我们的身旁，如果独裁国家打赢这场战争，我们就必须预计到这种攻击的到来。

现在有不少人信口胡言，说什么我们不会很快直接受到来自海外的入侵。因为显然易见的是，只要英国海军能够维持优势力量，这种危险就不存在。即使没有英国海军，恐怕也不会有哪伙敌人愚蠢到派兵横跨几千英里的海洋登陆到美洲来攻击我们，除非他们已经事先取得了发动进攻的战略基地。

然而，在过去几年里，我们从欧洲获得了不少的教训，特别是挪威的教训[9]。挪威重要港口的失陷，正是由于背信弃义以及准备多年的突然袭击。

进攻我们半球的第一个阶段，不会是敌人正规军的登陆。必不可少的战略据点的占领，将依靠间谍和受其蒙蔽的人——这样的货色，在我们这里和拉丁美洲早已不乏其人。

只要侵略者保持进攻的态势，进攻的时间、地点和方式就由他们——而不是我们——来决定。

所以，今天所有美洲共和国的前途都处于严重危险之中。

所以，今天才有这份给国会的我们历史上绝无仅有的年度咨文。

所以，所有政府部门的成员和国会议员才能面临艰巨的任务和重大的责任。

当务之急是，我们的行动和我们的政策都应该首先针对——几乎是专门针对——这种来自国外的危险，因为我们所有的国内问题现在都已经成为这一迫在眉睫的危险的一个部分。

正如在国内事务上，我们的国策是以尊重国门以内所有人的权利和尊严为基础，在外交事务上，我们的国策也以尊重所有大小国家的权利与尊严为旨归。道义上的公正原则最后将会而且也必然取得胜利。

我们国家的政策是：

第一，在明确表达公众意愿以及排除党派偏见的情况下，我们要致力于全面的国防。

第二，在明确表达公众意愿以及排除党派偏见的情况下，我们决定对所有反抗侵略而使战火没有燃烧到我们西半球来的英勇民族予以全力支持。我们用这种支持来表示我们对民主事业必胜的信心；我们要加强我国本身的防御和安全。

第三，在明确表达公众意愿以及排除党派偏见的情况下，我们决定声明，道义上的基本原则和我们对自身安全的考虑，将永不允许我们默认由侵略者支配和绥靖主义者所赞许的和平。我们知道，持久和平不能以他人的自由为代价来换取。

在最近的全国选举中，在国家政策方面，两大党并无实质上的分歧；在美国选民面前，也并未在这方面展开什么争论。今天已经十分清楚的是，全国各地的美国公民都认识到了显而易见的危险，正在要求采取和积极支持迅速而全面的行动。

因此，我们的军备生产需要迅速推进。

企业领导和劳工已经对我们的召唤做出了回应。生产速度方面的奋斗指标也已经确定。从某些方面来看，指标正在提前完成；从某些方面来看，指标正在按时推进；从某些方面来看，有少许并不严重的迟延；而在某些方面——很遗憾地说，这是一些重要的方面——计划完成的缓慢情况令我们十分关切。

不过，在过去的一年里，我们的陆军和海军取得了实质性的进展。生产技术和速度正因为实际经验的积累而日渐改进。

我对迄今实现的进展并不满意。负责这项计划的那些训练有素、能力出众、赤心爱国的人，他们对迄今实现的进展也不满意。直到完成任务，我们谁都不会满意。

不管原来设定的指标是高是低，我们都要求更快更好。

这里我给大家举两个例子。

我们的飞机生产落后于计划，我们正在解决诸多问题，争取完成计划。

我们的军舰建造走在了计划的前面，但我们正在努力提前得更多一些。

实现整个国家从平时生产向战时生产的转变，这是一个十分艰巨的任务。其中尤为困难的是，在计划开始之时，首先得制造新样机、建造新厂房、安装装配线、修建新船台，然后才能稳定快速地生产出军用物资来。

不言而喻，国会当然必须随时了解计划的进展。但是，正如国会也能及时认识到的，为了我们自己的安全和我们支援的国家的利益，有些情报当然也有必要予以保密。

新情况不断给我们的安全带来新挑战。我将要求国会大量增加新的拨款，并授权继续进行我们已经开始的工作。

我也要求本届国会授予我足够的权力与经费，以便制造多种多样的军需物资与战争装备，供给那些现在与侵略者作战的国家的人们。

我们最有效和最直接的任务，是充当他们和我们自己的兵工厂。他们不需要人力，他们需要的是价值以十亿美元计的防御武器。

用不了多久，他们就将无力用现款购买这些防御武器。我们不能，也不会只因为他们无力偿付明知他们必须拥有的武器，便告诉他们必须投降。

我不会建议由我们贷款给他们，再由他们用这笔款项支付购买武器的费用——一种需用现金偿还的贷款。

我建议由我们设法使那些国家的人们继续从美国获得作战物资，并让他们的订单与我们自己的计划匹配。一旦时机到来，他们的几乎全部军用物资都会有利于我们自己的防卫。

根据富有经验的军队权威的建议，而且考虑到什么对我们的自身安全最为有利，我们可以自由地决定应该在国内保留多少，应该运给我们的外国朋友多少。他们坚定英勇地抗敌，使我们赢得了为自身防卫充分准备的时间。

我们运到海外的物资，在敌对行动结束后的一段合理时间之内，将会得到同样价值的物资偿还，或者依据我们的选择，得到他们能够生产而我们也需要的其他种类的产品。

让我们对民主国家申明："我们美国人极为关心你们保卫自由的战争。我们正运用我们的实力、我们的资源和我们的组织力量，使你们有能力恢复和维系一个自由的世界。我们会给你们送去数量日增的舰艇、飞机、坦克和大炮。这是我们的目标，也是我们的誓言。"

为了实现这个目标，我们不会因为独裁者的威胁而退缩，这些人认为我们对那些胆敢抵抗他们侵略的民主国家进行支援是违犯国际法的，是战争行为。我们的援助并不因为独裁者单方面宣布就成为战争行为。

作为独裁者，如果准备向我们开战，他们不会等待我方有战争行为。对于挪威、比利时、荷兰，他们都不曾等待他们做出什么战争行为。

他们唯一有兴趣的是一种新的单方面的国际法，这种国际法并不公平，不要求双方共同遵守，从而也就成为他们的压迫工具。

未来几代美国人的幸福，可能要看我们如何有效而迅速地使我们的支援产生影响。没有人知道我们要面对的紧急处境属于怎样一种性质。在事关国家生死存亡的危急时刻，我们国家的双手绝对不能受到束缚。

我们所有的人都必须准备为可能出现的紧急情况——几乎和战争本身一样严重的紧急情况——做出牺牲。任何阻碍进行迅速有效防卫准备的事情，都必须为国家的需要让路。

自由的国家有权期待所有社会群体的全面合作。自由的国家有权期待企业、劳工和农业领袖在自己的群体内部带头起到促进作用。

对付我们中间少数逃避责任和制造麻烦的人，最好的方式，首先是用爱国主义的榜样使他们愧疚；如果这样不起作用，就运用政府的权威来进行管制。

如同人们并非单靠面包生活一样，人们也并非单靠武器来作战。那些坚守我们防御工事的人以及在他们后面建立防御工事的人都必须具有耐力和勇气，而所有这些均来自他们对正在保卫的生活方式的不可动摇的信念。我们号召的伟大行动，不能建立在忽视所有值得为之奋斗的东西的基础之上。

美国民主生活的保持与个人利害攸关，对于促使人民明白这一点而做的种种努力，举国上下，都非常满意，并且从中汲取了巨大力量。这些事情使我们人民的身心坚强起来，巩固了他们的信念，也加强了他们对大家准备保卫的各种制度的忠诚。

当然，现在并非停止考虑各种社会和经济问题的时候，这些问题都是社会变革的根本原因，而这种变革则是当今世界的一个主要因素。

一个健全稳固的民主政治的基础并不神秘。我们人民对政治经济制度所抱的基本期望十分简单。它们是：给年轻人和其他人以均等机会；给能工作的人以工作；给需要保障的人以保障；终止少数人享有的特权；保护所有人的公民自由权；让所有人在生活水平不断普遍提高的情况下享受科学进步的成果。

在我们这个混乱和复杂得难以想象的现代世界里，这些简单而基本的东西绝不能被忽视。我们种种经济政治体制的内在和持久的力量，正来自它们满足这些期望的程度。

有不少与我们社会经济有关的事项，需要立即改善。例如，我们应该使更多的公民享有养老金和失业保险的保障。我们应该扩大使人们享有充分医疗照顾的机会。我们应该制定一套更好的制度，使那些理应并需要获得有薪职业的人们能够就业。

我曾经号召大家做出个人牺牲。我相信几乎每个美国人都乐于响应这一号召。

这种牺牲的一个方面，是指拿出更多的钱来纳税。在我的预算咨文里，我将建议通过增加税收来给这个伟大的国防计划提供大部分资金。任何人都不该也不准利用这个计划发财；各尽所能的纳税原则应该是这项计划的指导方针。

如果国会维护这些原则，爱国为先、赚钱其次的选民就会对各位鼓掌欢迎。

在我们力求安定的未来岁月里，我们期待一个建立在四项人类基本自由之上的世界。

第一是发表言论和表达意见的自由——在全世界的任何地方。

第二是人人都有以自己的方式来崇拜上帝的自由——在全世界的任何地方。

第三是不虞匮乏的自由——就世界范围来讲，这意味着一种经济上的融洽关系，它将保证每个国家的居民都过上和平时期的健全生活。

第四是免于恐惧的自由——这意味着世界范围的裁减军备，要全面彻底地裁减到这样的程度：世界上没有一个国家有能力向任何地区的任何邻国发动武力侵略。

这并不是对一个渺茫的黄金时代的憧憬，而是我们这个时代和我们这一代人就可以实现的一种世界，这种世界与独裁者企图在炸弹的爆炸声中制造的专制主义"新秩序"截然相反。

针对他们那个"新秩序"，我们提出了一个更为宏大的概念——道义秩序，一个优越的社会，在面对各种征服世界的邪恶力量和制造革命的阴谋时将毫无畏惧。

自美国有史以来，我们一直在从事变革——一种持久的和平变革——一种悄然适应变化、稳健迈步向前的变革——并不需要任何集中营或万人冢。我们所追求的世界秩序，是自由国家之间的合作，以及在友好、文明的社会里共同前进。

这个国家，已把它的命运托付给自己千百万自由的人民。头脑和心灵已把自己对于自由的信念交由上帝指引。自由意味着在任何地方都是人权至上。凡是为取得或保持这种权利而斗争的人，我们都予以支持。我们的力量源自我们一致的目标。

为了这一崇高信念，我们不获全胜绝不罢休。

注释：

[1] 这里的战争指始于 1861 年、止于 1865 年的美国南北战争。

［2］指 1898 年的美西战争和下文提及的 1812 年的第二次独立战争。

［3］西印度，旧指美洲，是意大利探险家亚美利哥·韦斯普奇发现哥伦布认为新大陆是印度的错误后为新大陆取的新名称，因美洲在西半球，故有此称。后专指南北美洲间的西印度群岛，包括安的列斯群岛、巴哈马群岛、特立尼达和多巴哥岛。拿破仑一世曾以此和当时属于法国的路易斯安那对美国构成威胁。

［4］这里的战争指 1812 年开始的第二次独立战争。由于英、法严禁美国与欧洲其他国家通商，美国海外贸易受到打击，故于 1812 年 6 月 18 日对英宣战。1814 年 12 月双方签订《根特条约》，英国完全确认美国独立。

［5］马克西米利安为奥地利皇帝弗朗西斯·约瑟夫之弟，曾任伦巴第-威尼西亚王国总督。在法国影响下，他于 1863 年同意出任墨西哥皇帝。后因被部下出卖而被枪杀。

［6］《凡尔赛和约》是第一次世界大战后英、法、美等战胜国与战败的德国于 1919 年 6 月 28 日在巴黎凡尔赛宫签署的条约。该条约牺牲了战败国和被压迫人民的利益，为第二次世界大战埋下了祸根。

［7］绥靖指用让步妥协、牺牲人民利益去满足侵略者的欲望以求得苟安，相关思想、政策称为绥靖主义、绥靖政策。文中提到的慕尼黑会议正是英法等国出卖捷克斯洛伐克、纵容德意法西斯的会议，正是在绥靖政策的纵容下它们才发动了第二次世界大战。

［8］这里的"雄鹰"一语双关。美国国鸟为鹰科的白头海雕，美国国徽图案的主体也是这种鹰科猛禽。

［9］1940 年 4 月，德军进攻丹麦和挪威，丹麦当即投降，挪威则进行了两个月的激烈抵抗，但终因动员迟缓、兵力不足而投降。

5. 第三次就职演说（1941 年 1 月 20 日）

1940 年又是美国大选年。此时，虽然有开国总统华盛顿的典范在前，但宪法并不限制总统二次连任。因此，罗斯福再一次被民主党提名，并打破多年来的政治传统，第三次当选总统。而罗斯福在他的第三任期所要面对的，也许是比大萧条还要惊心动魄的危机。就是在这样的形势下，罗斯福登上了就职演讲的讲坛。

1789 年起，每逢总统就职典礼的全国性日子，人民都要赋予"为合众国做出贡献"以新的意义。

在华盛顿时代，人民的任务在于创立和熔铸一个新的国家。

在林肯时代，人民的任务是维护这个国家，使它避免从内部发生分裂。

今天，人民的任务是挽救这个国家及其制度，使它避免因外部因素而瓦解。[1]

当今世界形势急剧变幻，因而我们已到了一个稍作停留和进行回顾的时候。我们要回顾一下我们在历史上处于何种地位，重新审视我们扮演了何种角色，以及将来可能扮演何种角色。我们倘不如此，就会因动作迟缓而招致真正的危险。

所有国家寿命的长短，要看人类精神能够生存多久。人的寿命大致为 70 年，有人稍长，有人略短。而一个国家的寿命究竟有多长，则要按其生存的愿望而决定。

有些人对此表示怀疑。有人认为，民主作为一种政府形式和一个生活框架，受到某种神秘宿命的限制，或者需要以此来衡量其寿命。这就是说，由于某些无法解释的原因，暴政和奴役已经成为未来的滚滚潮流，而自由则是正在退却的海潮。

但是，我们美国人懂得，这是不真实的。

八年前，当这个共和国的生命似乎因命运所加的恐怖而冻僵之时，我们就已证明这是不真实的。那时我们处于震惊之中，但我们采取了行动，我们迅速、勇敢而果断地采取了行动。

后来的这些年乃是生机勃勃的岁月，对于生活在这一民主制之下的人民来说，也是硕果累累的年代。因为这些年里我们生活得更加安定，而且，如我所希望的那样，还使我们更好地认识到，生活的理想是不应用物质标准来加以衡量的。

对我们的现在和未来至为关键的一段经历乃是，民主制成功地渡过了国内危机，消除了许多弊病，在坚实持久的基础上建立了新的大厦，而且通过所有这些，保持了民主制的实际内容。

这是因为，我们所采取的行动都没有越出美国宪法所规定的三维框架。政府内各个平行同级的部门仍在自由地发挥各自的功能，《权利法案》并未遭到践踏，选举自由得到了完全的维护。那些声称美国民主行将崩溃的预言家们，已经目睹他们的可怕预言化成了泡影。

民主并没有死亡。

我们懂得这一点，是因为我们已经看到民主制得到了复兴，并且在不断成长。

我们知道民主不会死亡——因为它建立的基础是我国男女老少那种未受压抑的首创精神。他们携手投身于一项共同的事业——这项事业的承担和完成，都体现了自由的多数人所自由表达的意愿。

我们知道民主不会死亡，因为在所有的政府形式中，唯有民主制能够调动人们获得开化的意志的全部力量。

我们知道民主不会死亡，因为民主制已经造就了一种没有限度的文明，能够在改善人类的生活方面取得永无止境的进步。

我们知道民主不会死亡，因为我们若透过表象看问题，就会发现民主制仍在各个大陆不断传播，因为它最为人道，最为先进，并且最终也是所有人类社会形态中最不可战胜的一种。

国家就像人一样，也拥有身体，这个身体需要吃、穿、住，需要滋补营养和休息，以便能够适应我们时代的各项目标。

国家就像人一样，也拥有头脑，这个头脑必须保持信息灵通和高度警惕，必须了解自己，也了解其邻居的种种希望和需要。这些邻居是生活于这个小小地球的其他国家。

国家就像人一样，拥有某种较深沉的东西，某种较长久的东西，某种大于其各个组成部分总和的东西，这种东西与国家的未来关系甚大，要求人们努力捍卫国家现在的状况。

对于这种东西，我们觉得难以甚至无法想出一个简洁的词汇加以描述。

但我们大家都知道它是什么，它就是精神，是美国的信念。它是几个世纪的产物。它诞生于从四面八方汇集于此的移民人潮之中。这些人有的地位高贵，但大部分是普通平民，他们或迟或早地来到这里，目的是寻找更大的自由。

人们对民主的向往，并不仅仅是人类历史上最近才有的现象。它与人类历史同在。它曾广泛见之于古代早期人类的生活当中，又在中世纪后重新焕发出光辉，并且在《大宪章》当中得到了反映。

在美洲各国，对民主的向往所造成的冲击，向来是不可抗拒的。操各种语言的世界各国人民都一直把美国叫作新世界，这并不是由于这块大陆是一片新发现的土地，而是由于来到这里的人民相信，他们能够在这块大陆创造出一种新的生活，一种能在自由方面展示全新面貌的生活。

它的活力表现在我们自己的《五月花号公约》[2]之中，表现在《独立宣言》之中，表现在美国宪法之中，表现在葛底斯堡演说[3]中。

那些最初到此以实现其愿望的人们，那些随他们之后抵达的数以百万计的人们，以及他们的子孙后代，都在坚定不移、始终不渝地奔向一个理想，而随着每一代人的传递，这个理想本身也不断成长并日益明确起来。

这个共和国以其所怀有的希望，不可能长久容忍不应有的贫困和自私自利的富裕。

我们知道我们还有漫长的路要走，我们必须在我国的资源和能力可以做到的限度内，尽可能为每个公民提供更大的保障，创造更好的机会，以及传播更多的知识。

但是，仅仅实现这些目标是不够的。仅仅使这个国家的身体有吃有穿，使其头脑得到开发和获得信息，也完全不够。因为除此之外还有精神。在这三者当中，精神是最重要的。

众所周知，如果没有身体和头脑，国家是不能生存的。

但倘若美国的精神遭到了扼杀，即使国家的身体和大脑依然存在，也只是蜷缩在一个陌生的世界里，而我们所熟悉的美国则已无迹可寻了。

这种精神，也就是这种信念，在我们的日常生活中通常以不为人所觉察的各种方式向我们倾诉，因为这些方式对人们来说似乎是习以为常的。它就在我们国家的首都向我们倾诉。它通过 48 个州政府的治理过程向我们倾诉。它在各个县、市、镇和村庄对我们倾诉。它从这个半球的其他国家，从大洋彼岸受奴役或享自由的各国向我们倾诉。有时我们未能听到或未能留意这些呼唤自由的声音，其原因就在于我们已习惯于享有自由的特权。

1789 年，我国第一任总统在他的首任就职演说中，即以预言式的词句宣告了美国的命运，他的那席话似乎是直接针对 1941 年这一年而说的："人们经过深思熟虑，最后确定把自由圣火的保存和共和政府模式的命运，交付在借由美国人民之手而进行的实验之上。"

如果我们失去了这堆圣火，如果我们由于疑虑与恐惧而任它熄灭，那么我们就会抛弃华盛顿曾经如此英勇和成功地为之奋斗而确立的命运。维护这个国家的精神和信念，确能而且必将为我们在捍卫祖国的事业中可能做出的牺牲赋予至为崇高的意义。

我们面临着前所未有的严峻的险恶形势，我们决心捍卫和维护民主的完整。

为此，我们要振作起美利坚的精神和美利坚的信念。

我们不会后退。我们不会满足于原地踏步。作为美国人，我们要遵奉上帝的意志为国效力，走向前方。

注释：

［1］第二次世界大战爆发后，围绕是否参战的问题，美国国内舆论形成了"国际主义派"和"孤立主义派"的对立。

［2］《五月花号公约》是1620年一批抵达北美的清教徒移民订立的公约，规定他们所开拓的殖民地将按多数人的意志进行统治。该公约被认为是美国民主制度的奠基石。由于这批清教徒乘"五月花号"船而来，故有此称。

［3］葛底斯堡演说是美国第十六任总统林肯于1863年11月19日在葛底斯堡国家公墓为纪念阵亡将士而发表的演说。这篇数百字的简短演说中提出了"民有，民治，民享"的民主理想。

6. 第四次就职演说（1945 年 1 月 20 日）

1944 年是决定欧洲战局胜败的一年，显然临阵换帅是不明智的，美国人民举着"我们需要罗斯福"的牌子又一次把他留在了白宫。考虑到罗斯福的健康以及正值战时等因素，这次总统就职典礼仪式相当简单，盛大游行和豪华舞会都取消了，罗斯福也只讲了六分钟。

首席大法官先生、副总统先生、朋友们：

你们会理解，而且我相信也会赞同我的愿望，把这次就职典礼办成一次简简单单的仪式，而我则只发表一个简短的演说。

今天，我们美国人和我们的盟友一道，正经历一次最为严峻的考验。这是一次对我们的勇气、决心和智慧的考验，也是一次对我们根本性的民主制的考验。

我们若能成功而光荣地经受住这次考验，那我们就可以创造具有重要历史意义的业绩，受到人民世世代代的纪念。

今天，我伫立于此，在我国同胞的面前，在我们上帝的面前，进行了庄严的就职宣誓。当此之际，我深知美国的目标要求我们绝不能失败。

在未来的岁月里，我们要致力于建设一种公正而光荣的和平，建设一种持久的和平，就像我们今天正在为战争的彻底胜利而工作和战斗一样。

我们能够而且必将获得这样一种和平。

我们要为完美的局面而奋斗。我们不会马上达到目标，但我们仍要为之奋斗。我们也许会犯下错误，但我们绝不能因为丧失意志和抛弃道义原则而犯错误。

我记得，在我似乎感到安稳无忧的日子里，我的老校长皮博迪博士[1]说过："生活中的事情并不总是一帆风顺的。有时我们眼看就要登上顶峰，可是情况似乎很快急转直下，又开始走下坡路了。但我们要牢记一个重要事实：文明本身的趋势永远是向上的，如果从数个世纪的高峰和低谷之间画出的中线来看，这条线一直都是呈上升趋势的。"

我们的 1787 年《宪法》并不是完美无缺的，而且它至今仍未尽善尽美。但它却提供了一个坚实的基础，供不同种族、不同肤色、不同信仰的各式各样的人们建立一个稳固的民主大厦。

因此，在今天，在 1945 年这个战争的年头，我们用可怕的代价换取了若干教训，我们会从中获益不浅。

我们懂得，单凭我们自己是无法生活在和平之中的，我们自己的富足有赖于相距遥远的其他国家的富足。我们懂得，我们必须像人一样生活，而不是成为鸵鸟或马槽里的狗。[2]

我们懂得了要做世界的公民，要成为整个人类社会的成员。

我们懂得了一个简单的真理，也就是爱默生[3]所说的："只有当朋友，才能交朋友。"

我们在谋求和平时，如果疑虑重重、互不信任和心怀畏惧，也就不能获得持久的和平。只有满怀来自信念的理解、信任和勇气而走向和平，我们才能获得持久的和平。

全能的上帝一直以各种方式赐福于我们的国家。他赋予我们的人民坚强的意志和有力的双手，用以为自由和真理打退各种强大的进攻。他赋予我们的国家一种信仰，在一个苦难深重的世界里，这种信仰已成为各国人民的希望。

因此，我们现在向上帝祈祷，祈求它赐给我们远见，让我们看清我们的道路——一条使我们自己和全人类通向更加美好的生活的道路——一条通往实现上帝意愿和世界和平的道路。

注释：

[1] 皮博迪是罗斯福在马萨诸塞州格罗顿中学时的校长，对罗斯福影响很深，他曾于30年后说："校长夫妇对我的影响仅次于我母亲。"

[2] 马槽里的狗，指自己不吃马草料却躺在马槽里不让马吃的狗。典出《伊索寓言》。后指独占财富而不与他人分享的人。

[3] 爱默生，美国哲人，著有《论自助》《人生法则》等。

图书在版编目（CIP）数据

炉边谈话 /（美）富兰克林·罗斯福（Franklin Roosevelt）著；赵越，孔谧译.
—北京：中国人民大学出版社，2017.5
书名原文：Roosevelt's Fireside Chats
ISBN 978-7-300-24258-3

Ⅰ．①炉…　Ⅱ．①富…②赵…③孔…　Ⅲ．①罗斯福（Roosevelt Franklin Delano 1882—1945）-语录　Ⅳ．①K837.127

中国版本图书馆 CIP 数据核字（2017）第 048705 号

炉边谈话

［美］富兰克林·罗斯福　著

赵越　孔谧　译
Lubian Tanhua

出版发行	中国人民大学出版社
社　址	北京中关村大街 31 号　　　**邮政编码**　100080
电　话	010 - 62511242（总编室）　　010 - 62511770（质管部）
	010 - 82501766（邮购部）　　010 - 62514148（门市部）
	010 - 62515195（发行公司）　010 - 62515275（盗版举报）
网　址	http://www.crup.com.cn
	http://www.ttrnet.com(人大教研网)
经　销	新华书店
印　刷	北京联兴盛业印刷股份有限公司
规　格	145 mm×210 mm　32 开本　　**版　次**　2017 年 5 月第 1 版
印　张	12.5 插页 2　　　　　　　　**印　次**　2024 年 8 月第 6 次印刷
字　数	269 000　　　　　　　　　　**定　价**　68.00 元